이론과 실제를 함께 배우는

프로젝트 접근법

이론과 실제를 함께 배우는
프로젝트 접근법

전정민 저

자료제공: 김정미, 이은주

프로젝트에 의한 학습 활동은 아동의 생리적인 특성,
즉 인간 두뇌의 기능적 특성 및 유아발달 영역에서 보면 매우 유아에게 적합한 방법이다.

한국학술정보㈜

머리말

미래의 세상을 열어갈, 현재의 유아들을 책임지는 교사와 예비교사들에게 이 책을 바친다.

유아교육현장에서 프로젝트는 이제 보통명사처럼 되어버렸다.

한 번쯤은 프로젝트 수업을 위해 실행했거나 프로젝트 수업을 하기 위해 강의를 들었던 분들도 꽤 많은 듯하다.

그런데 실제로 현장에서 프로젝트를 실행하는 데는 많은 어려움들을 말하고 있다. 요즘 유아들은 도리어 프로젝트 교수법을 좋아하고 쉽게 더 잘 받아들이기도 하지만 현재 교사들에게는 프로젝트 접근법 방식의 수업방법으로 과거에 공부한 적이 없음으로 인해 어려워하는 것은 당연하다.

그러나 모든 유아들의 타고난 호기심은 실제 주변에서 놀면서 전하게 되는 유아와 관계 있는 사물과 자연현상에 대해 끊임없이 일어난다. 궁금해하며 지칠 줄 모르는 탐구력과 문제 해결 능력을 가진 유아들을 사랑하고, 이들을 위해 노력하는 유아교사라면 교육과정에서 유아와 함께 즐기고 해결하는 기쁨을 느끼길 원할 것이다.

유아들에게 잘 가르치고 싶은 마음은 있지만, 프로젝트 교수방법을 택하여 수업을 잘 할 수 있을까라는 교사들의 걱정과 의문점이 따를 것이다.

역시 교사들은 좀 더 체계화되고 심도 있으면서도 어렵지 않는 방법의 프로젝트를 원할 것이다. 이런 바람의 소리는 유아교육현장 교사들과 대학의 예비교사들 모두에게 듣게 된다.

이 책은 이러한 교사들의 바람과 유아들의 호기심을 만족시키기 위해 만들게 되었다.

이를 위해 프로젝트 교수방법을 10년 이상 연구하고 프로젝트 기본 이론을 분석하여, 우리나라 현장에 적합하도록 각 유아교육현장에 도입된 사례들을 여러 번의 강의를 통해 수정하게 되었고, 그 중에 체계적인 프로젝트 교수법의 적용에 성공을 확인한 것을 실은 책이다.

이런 도입과 적용은 프로젝트 접근법 이론과 실제를 함께 연결하는 배우는 교수방법을 통해 쉽게 이해가 가도록 구성하였다. 또한 교사들의 현장 사례와 함께 정리함으로써 조금이나마 교사와 예비교사들에게 가깝게 느껴지는 도움이 되고자 구성하였다.

이 책은 크게 3부로 나누어져 있다.

1부에서는 프로젝트 이론과 실제편으로 1장 프로젝트 이론, 2장 일반 프로젝트 실제, 3장 일반 프로젝트 사례, 4장 프로젝트 교육계획안

2부에서는 5장 창의성 프로젝트 이론, 6장 창의성 프로젝트 사례, 7장 레지오 에밀리아

3부에서는 8장 평가, 9장 프로젝트 자료 모음집

으로 구성되었다.

이 책이 구성되기까지 현장 자료 제공과 연구에 많은 노력을 아끼지 않은 김정미, 이은주 프로젝트 연구원에게 감사드리며, 이 책이 나오기까지 열심히 공부하고, 후배들을 위해 자료를 남긴 성균관대학교 아동학과, 국제디지털대학교, 군장대학 학생들과 월간유아, 키드키즈 평생교육원, 신성평생교육원, 창원 천사평생교육원, MB 천안, 아산 평생교육원 수강생, 다음카페 프로젝트 사랑에 자료 제공해주신 모두에게 감사드린다. 아울러 출판을 맡아주신 한국학술정보 채종준 사장님을 비롯하여 좋은 책을 만들기 위해 마지막까지 애써주신 한국학술정보 직원 모두에게 깊은 감사드린다.

2008. 1.
프로젝트사랑 연구실에서
전 정 민

목차

제1부 프로젝트 이론과 실제

제2부 창의성 프로젝트

제3부 평 가

제1부 프로젝트 이론과 실제

장

프로젝트 이론

1. 프로젝트 접근법이란 무엇인가?

1) 프로젝트의 이론적 배경

'**프로젝트 접근법**'의 학습의 아이디어는 실제로 1919년에 **Kilpatrick**이 'The Project Method'라는 제목의 논문을 발표하기 전에 프로젝트에 의한 학습은 1830년대 **Cobbet**에 의한 교육방법으로 그는 그 당시 학생들이 학교에서 실생활과는 무관한 주입식 교육에 대한 불만으로 실생활인 가정에서 필요로 하는 교육활동을 시도하면서 오늘날 프로젝트 학습 방법과 유사한 방법으로 교육을 하였다(Stewart, 1986).

프로젝트법(Project Method)이 수업에 변혁을 가져오기 시작한 것은 19세기 말에 과학과의 실험 수업 방법 및 농업과의 실험 연구 방법으로 활용되면서부터이다(Tanner & Tanner, 1980). 그러나 'project'란 용어가 교육에 처음 등장한 것은 1900년 컬럼비아 대학에서 학생들의 공작 학습에 프로젝트를 활용한 데서 비롯되었다. 그 후 1908년 매사추세츠에 있는 농업학교에서 가정 학습 과제로 'home project'라는 용어를 사용하면서부터 프로젝트라는 용어가 일반화되기 시작하였다(김경식 외, 1993).

프로젝트법에 의한 학습을 교수의 중심으로 삼고자 시도했던 대표적인 인물로는 **Parker**와 **Dewey**를 들 수 있다. **Parker**는 교사 주도의 기계적인 수업 방법을 비판하고 **Pestalozzi**와 **Froebel**이 제안한 바 있는 '**자연에 따른 학습 방법**'을 주장하면서 1875년부터 Quincy School에서 일명 'Quincy System'의 새로운 교육방법이 시도되었고 말하기와 쓰기교육에 아동의 직접 활동이나 경험 및 느낌을 중심으로 하는 학습과 지리교과인 경우 교과서를 읽고 쓰는 대신 학교 주변을 직접 견학하면서 주변의 지형을 스케치하거나 지형의 모형을 만

들었다(Tanner & Tanner, 1980)

Dewey는 1886년에 자신의 실험학교에서 사회생활과 같은 환경을 줌으로써 교사에 의한 피동적 교육이 아닌 아동 스스로의 활동을 통한 학습을 실현하고자 하였다. 이 실험학교 교육과정을 보면 기존 학교와 같은 전통적인 교과목이 아닌 프로젝트식의 일련의 워크숍과 유사한 형태로 구성되었다. 아동 스스로 탐구하고 사고하는 방법과 문제해결력을 길러주는 교육방법이었다.

Farnham-Diggory(1990)는 Dewey 실험학교가 진보주의 교육 운동 및 통합 교육과정 운영에 지대한 영향을 주었다고 했으며, 학습자의 요구에 초점을 둔 통합 교육과정으로 평가하였다.

Rawciffe(1927)는 그의 저서 Practical Problem Projects(1924-1927)의 서문에서 프로젝트 활동을 수행하고 있는 교실을 방문했을 때 받은 느낌이 매우 진지하고 생동감에 넘치는 것이었다고 묘사하였고 Anna Freud는 Dewey 사상의 영향을 받아 직접 학교를 설립하고 아동들의 흥미를 중심으로 자발적인 활동, 실험과 자유토론, 현장 견학 등의 방법을 통해 모든 교과가 통합되도록 프로젝트 중심학습을 시도한 바 있다. 예로서, '에스키모인의 생활'이라는 프로젝트에 지리, 역사, 과학, 산수, 읽기 등이 모두 연관되어 나타나 있었다(Stewart, 1986). 그러나 1920년대와 1930년대 급성장을 보였던 미국의 진보주의 교육 운동은 1950년대에 학문 중심 교육과정이 대두되면서 쇠퇴하기 시작하여 프로젝트법은 관심 밖으로 밀려나기 시작하였다. Tanner(1980)는 무엇보다도 프로젝트법이 극단적인 아동 중심 이론과 연관시켜 이해하려 했다는 점이 문제가 있다고 지적하였다.

이런 문제점의 부각으로 프로젝트 학습의 아이디어는 쇠퇴하고 상대적으로 학문 중심 교육과정에 강조되었으나 1960년대 말 미국에서 부모, 학생, 교육자 등 많은 사람들에 의해 학문 중심이 지나치게 정형화된 교육과정에 대한 비판과 함께 교육의 비인간화 현상을 우려하는 소리가 높아지면서 새로운 대안으로 자유학교 운동(frees school movement)이 등장하였다(은용기, 길형식, 1992). 이런 움직임은 1970년대 교육의 적합성 문제가 제기되고 인간 중심 교육을 비롯한 여러 가지 교육 운동이 전개되면서 인성 계발, 지적 교육과 정의적 교육이 균형을 이루는 교육 등에 대한 관심과 함께 프로젝트법의 관심이 다시 대두되었다(김재복, 1987).

프로젝트 접근법은 1980년대 말부터 **Katz와 Chard**에 의해 미국과 캐나다를 중심으로 세계 각국의 유아 및 초등교육계에 널리 소개되고 있다.

이들은 프로젝트 접근법을 유아들의 흥미, 지식, 경험에 기초한 통합적 교수·학습방법의 모범적인 사례로 평가하고 프로젝트 접근법의 교육적 목표, 교육과정의 다른 부분들과의 상호관련성 및 프로젝트 접근법의 실행에서의 교사와 유아들의 역할에 대해 소개하는 "**Engaging Children's-Mind: The Project Approach**"를 1989년에 출판하였지만, 이전에 이미 1920년대 미국의 진보주의 교육학자들인 Dewey와 Kilpatrick에 의해 어린이들을 위한 바람직한 교수·학습방법으로 제시되어 한동안 교사들에게 각광을 받았었고, 그 이후에 미국의 **Bank Street College**에서 개발된 **Bank Street** 프로그램과 영국에서 1950-1970년도 후반까지 널리 실시된 열린 교육(OPEN EDUCATION)과 유사한 교수·학습방법이다.

현재 Katz와 Chard에 의해 재조명되어 유아 및 초등교육계에 다시 프로젝트접근법이 소개되고 있다.

프로젝트가 다시 소개되는 이유는? Katz와 Chard는 첫째, 지난 20년 동안 이뤄진 많은 연구들이 어린이들의 지적·사회적 발달의 적합한 교수·학습방법으로서 프로젝트 접근법을 지지하고 있고, 둘째, 프로젝트 접근법은 교육과정의 체계적인 교수와 자발적 놀이 학습 간의 균형을 이루게 하기 때문이다.

2) 프로젝트주제선정

프로젝트의 특정 주제에 대한 심층적 연구로서 소집단(또는 대집단 또는 개인)의 유아들이 협력하여 학습할 가치가 있는 특정 주제에 대해 심층적으로 연구하는 목적이 있으며 지향적 활동이다.

예를 들면, "**병원**", "**곤충**" "**과일**", "**물**", "**학교버스**"들과 같은 특정한 주제를 선정하여 교사의 지도와 안내를 받으며, 유아들이 깊이 있는 공동 연구를 하는 것이다.

그러나 프로젝트의 목적은 문제에 대한 정답을 찾는 데 있는 것이 아니라, 유아나 교사 또는 유아 -교사가 함께 어떤 주제가 제시하고 있는 문제에 대한 해답을 얻고자 협력하여 연구하는 과정에서 그 주제에 대해 보다 많은 것을 배우고 깊이 있는 전문가가 되게 한다.

아동의 협력과 전문가 연구를 위해 적합한 주제를 선정하는 일은 매우 중요하다. 적합한 주제선정을 위해서는 다음에 제시된 8가지를 먼저 고려해야 한다.

① 많은 어린이들이 모두 참여가 가능하도록 어린이들에게 친숙한 것인가?
② 심층적으로 연구되고 이해할 만한 가치가 있는 것인가?
③ 많은 어린이들의 흥미를 끌 수 있는 것인가?
④ 현실적이면서 또한 어린이들의 상상력을 불러일으킬 수 있는가?
⑤ 어린이들이 직접 수집 · 실험 · 조작 · 탐구할 수 있는가?
⑥ 표상 활동을 다양한 방법으로 전개할 수 있는가?
⑦ 극 놀이로 연결할 수 있고 가정과의 연계성을 가질 수 있는가?
⑧ 유아에게 의미 있는 구성활동이 될 수 있는 가?

적합한 프로젝트의 주제(topic) 선정을 위해 제시된 8가지 기준들을 검토해 볼 때, 주제와 어린이들과의 친숙성, 영역 간 통합성, 풍부한 학습 내용, 교육기관과 가정에서의 탐구 가능성 등을 고려해야 함을 알 수 있다.

프로젝트의 주제는 대부분 교사에 의해 선정된다. 그러나 프로젝트의 주제가 학급 담임 교사나 어린이들에 의해 선정되지 않는 경우들도 있다. 각 학교의 정책에 의해 때로는 다른 사람들이 정해 준 프로젝트를 하는 경우도 있고, 시사성에 의한 특별히 정해진 프로젝트를 하게 되는 경우도 있다.

주제 선정을 누가 하든 간에 매우 중요하게 고려할 점은 프로젝트 활동은 각 어린이들의 실생활에서의 경험의 차이를 중시하고 어린이들과 교사의 흥미, 요구 및 전문성을 반영시키는 교수 방법이므로 주제를 단순히 일반화시키는 경우는 바람직하지 못하다. 다시 말해서, 도시나 시골, 산촌 또는 어촌 등에 사는 어린이들은 각 경험하는 생활 세계가 다르므로 각각의 학급 어린이들에게 친숙하고도 흥미 있으며 의미를 이해할 수 있는 주제들을 선정하기 위해 노력해야 할 것이다.

프로젝트의 주제가 결정되면 교사는 학급의 어린이들이 그 주제에 대해 무엇을 얼마나 알고 있는지 그리고 어린이들이 직접적으로 어떤 경험을 통해 그러한 지식을 획득하게 되었는지를 생각하며 예비 계획을 세운다. 프로젝트의 예비 계획 단계에서 교사는 주제에 관한 어린이들의 지식과 경험뿐만이 아니라 교사 자기 자신의 경험, 지식, 아이디어, 기술 등도 포함하여 점검해 보고 이를 기초로 거미줄 모양의 주제망(topic web 또는 project web) 또는 중심 개념 지도(concept map)를 미리 조직해 보는 것이 매우 중요하다

3) 프로젝트의 목적

프로젝트 접근법의 궁긍적 목적은 '**아동의 정신(mind) 계발**'에 있다. '정신'이란 지식, 기능뿐만 아니라 정서적, 도덕적, 심미적인 감수성까지를 포함하는 개념이다.

Katz와 Chard(1989)의 프로젝트 접근법의 4가지 목적을 살펴보면
(1) 유아의 주변 세계에 대한 이해를 증진시키고 긍정적인 학습성향의 발전
(2) 학교와 가정과의 연계성 교육을 위한 실생활교육
(3) 집단에 대한 소속감과 공동체 의식함양
(4) 교사의 도전감과 자신감을 갖고 자신의 일에 임하도록 함
또한 **Katz와 Chard**(1989)는 프로젝트 접근법이 유아 학습의 전 영역에 긍정적인 영향을 미친다고 주장, 이를 더 자세히 살펴보면

a. 유아에게 지식을 획득
*__행동적 지식__(behavioral knowledge); 직접적인 경험이나 행동을 통해 얻는 지식
    (예)세발자전거타기, 혼자서 집 찾아오기
*__표상적 지식__(representational knowledge); 정신적 표상과 관계된 지식
    (예)동네를 머릿속에 그려서 지도그리기, 동네위치 말해보기
*__사건적 지식__(event knowledge); 아동이 특정한 사건과 연관시켜 기억해내기
    (예)견학 후 기억하기, 사건 후 회상하기)
*__대본 지식__(script knowledge); 경험들을 말과 글로써 표상하는 지식, 다른 사람들의 경험들을 책이나 이야기 속에서 읽어내는 지식
    (예)경험과 관련된 사람들의 특성이나 시간의 흐름을 말과 글로 표상하기

어린이들로 하여금 새로운 지식을 습득하도록 돕는 것이 목표이며, 지식은 **도식 (schemata), 아이디어, 사실, 개념 정보** 등과 관계가 있다. 어린이들은 조사하고 토론하는 동안 새로운 정보와 개념을 접하게 되고, 이 정보를 자신의 사건 표상 지식(사건에 대해 연상되는 모든 기억)과 대본 표상 지식(사건의 순서를 포함하며 연상되는 지식)에 첨가하여 새로운 경험으로부터 의미를 이해하려고 노력하게 된다. 친숙한 사건에 대해 새로운 구성 요소들은 다른 어린이들로부터 배울 수 있다. 유사하게, 일상적 대본에서도 다양한 각도에서 생각하는 것을 배운다. 예를 들면, "시장 보기" 프로젝트에서 어린이들은 "가게들의 같은 점은 무엇일까?", "어떤 점에서 서로 다를까?", "은행도 가게인가?" 같은 문제들을 다르게 연구하게 된다. 조사와 구성, 극 놀이가 진행됨에 따라 많은 잘못된 개념들이 드러나고 교정된다. 새로운 어휘가 사용되고 친숙한 용어들의 의미가 분명해지고 풍부해진다. 극 놀이는 특히 어떻게 역할들을 연기해야 하는가에 대한 논쟁이 일어날 때 프로젝트의 주제에 대한 지식을 강력하게 해준다

b. 기술의 습득
***사회적 역량**; 차례지키기, 협상하기, 양보하기
***의사소통 능력**; 타인과의 의사소통, 자기표현 능력, 추론능력
***학문적 기능**; 쓰기, 읽기, 셈하기와 같은 기본적인 기능의 습득
***여러 문제 상황파악 및 문제해결 방안세우기**; 원인과 결과를 이해하고 해결방안 찾기

기술(skill)이란 매우 쉽게 관찰될 수 있고 비교적 짧은 시간 안에 실행되는 분리된 행동의 단위이다. 누적된 기술 목록들은 유아교육과정 구성에 공통적 기초가 되어 오고 있다.

어린이들은 프로젝트 활동을 통해 인지적, 사회적, 의사소통 및 신체적 능력 발달에 필요한 기술들을 획득할 수 있다. 예를 들면, 어린이들은 프로젝트 계획이나 활동들에 대해 이야기하면서 기술을 발달시킬 수 있다. 만일 어린이들이 서로 다른 의견이나 대안을 제시함으로써 논쟁이 활기를 띠게 된다면 보다 많은 의사소통 기술을 배울 수 있을 것이다. 조사 활동을 하는 동안 어린이들은 관찰과 질문기술을 적용해 보고 자신의 기술을 강화시킬 수 있다. 목공일, 가위질, 모형을 자르고 붙이는 것과 같이 구성 활동의 다양한 측면에서는

소근육 운동 기술이 필요하다. 어린이들이 주제와 관련된 친숙한 사건과 장소에 대한 인상을 그릴 때 표현 기술이 향상된다. 예를 들면, "불자동차의 호수는 어디에 연결이 되어 있나"에서 요구되는 문제 해결 기술이 흔히 프로젝트의 구성 활동에서 필요하다. 구성 활동에서도 극 놀이에서와 마찬가지로 협력적 노력을 수반되는 사회적 기술들을 모두 발휘해야 한다.

c. 성향의 계발
*바람직한 성향 및 태도 만들어주기

(예)책을 읽고자 하는 성향 / 글을 쓰고자 하는 성향 / 문제를 부딪혔을 때 적극적으로 해결하려는 성향 / 호기심을 가지고 탐구하려는 성향

성향(disposition)이란 여러 가지 다른 상황들에서 겪는 경험에 대해 비교적 지속적으로 독특하게 반응하는 마음과 행동, 또는 경향의 습관을 말하는데, 프로젝트 활동을 하는 과정에서 많은 성향들을 강하게 키울 수 있다. 예를 들면, 어린이들에게 친숙한 물체나 사건일지라도 좀 더 면밀하게 보는 성향을 길러 준다. 탐색 활동에 흥미를 가지고, 몰입하고, 장기간에 걸쳐 문제를 해결하려는 성향 역시 프로젝트 활동을 하는 동안 신장된다. 특히 조사활동에서 어린이들은 보다 나은 이해를 위해 친숙한 물체와 사건에 대해 성인이나 또래들에게 질문을 하는 성향을 기를 수 있다. 탐색 활동들에 대해 실험적으로 접근하는 성향 역시 프로젝트를 실행해 가는 과정에서 계발될 수 있다. 특히 어려움에 직면했을 때에도 과제에 대한 지구력 혹은 지적 호기심을 잃지 않는 성향을 키우는 것은 매우 중요하다. 프로젝트 활동은 성취보다는 학습에 초점을 맞추기 때문에, 노력과 숙련 그리고 도전을 추구하는 성향이 발달될 수 있다.

d. 감정(feeling)의 발달
*주관적 정서 상태, 긍정적인 자아 효능감;

자기 자신은 능력 있고, 가치 있는 존재, 그 집단에서 꼭 필요한 존재로 인식하도록 자아존중감, 긍정적인 자아개념 키우기 위해서이다.

감정(feeling)은 수용감, 자신감, 혹은 불안감 등과 같은 주관적으로 느끼는 감정적 혹은 정서적 상태를 말한다. 교사는 어린이들로 하여금 프로젝트 활동에 기여할 수 있도록 여러 가지 방법들을 안내함으로써 어린이 각자가 집단 생활에 속해 있다고 느끼게 도와줄 수 있다. 어린이들이 서로 상대방의 공헌점을 칭찬해 줄 때 집단에의 소속감을 보다 깊게 해 준다. 또한 교사들과 도움말을 주고받을 때, 어린이 자신의 관찰력과 의문에 대한 자신감을 발달시킬 수 있다. 부모들이 구성 활동과 극 놀이에 필요한 정보와 물품들에 대한 자녀들의 요구를 수용해 주고 자녀들이 프로젝트의 발전 양상을 들려줄 때 흥미를 보인다면, 가정과 학교 간의 연계성, 안정감, 유대감을 높일 수 있다. 친숙한 사건과 장소에 대해 조사는 더 넓은 지역사회에서의 많은 성인들의 사회적 기여와 상호의존성을 존중하고 감사하는 감정을 갖게 해준다.

4) 프로젝트의 특징

a. 필요에 따라 교사와 유아가 함께 주제를 선정하며,

b. 유아가 스스로 자발적인 내적 동기를 갖게 한다.

c. 유아의 개개인에게 유의미한 경험을 중시하며 호기심을 중시한다.

d. 프로그램 구성상 3단계; 도입(25%), 전개(50%), 마무리(25%)로 진행된다.

e. 주변사람, 지역사회, 세계와의 교류와 전문가들과의 교류를 통해 유아들이 전문가처럼 발견하고, 탐구하여 발현적 교육과정으로 이끌어나간다.

f. 통합교육(영역의 통합, 장애아의 통합, 실내와 실외의 통합……)을 추구하며, 유아의 전인 교육을 추구한다.

5) 프로젝트의 의의

(1) 프로젝트에 의한 학습 활동은 아동의 생리적인 특성, 즉 인간 두뇌의 기능적 특성 및 유아발달 영역에서 보면 매우 유아에게 적합한 방법이다.

Caine과 Caine(1990)은 바람직한 교수와 학습이 이루어지기 위해서는 인간의 두뇌가 학습 시 어떻게 기능을 하는지를 알아야 한다고 하면서, 뇌 기능 분석을 통한 '두뇌에 기초한 접근법(A brain Based Approach)'을 제시한 바 있다. 이 접근법에서 12가지 원리 중 제5

원리는 '학습에 있어서 정서와 인지를 분리할 수 없다'는 것이며, 제6원리는 '인간의 뇌는 부분과 전체를 동시에 지각하며 부분과 전체는 개념적으로 상호 작용 하기 때문에 학습은 실제적이면서 전체적인 상황하에서 이루어져야 가장 효율적'이며, 아울러 교과목을 통합하여 능동적인 학습과정을 장려해야 한다고 하였다.

Gardner(1982)에 의하면 인간은 최소한 7개의 영역, 즉 언어지능(Linguistic intelligence), 논리. 수학지능(Logical-mathematical intelligence), 시공간지능(Spatial intelligence), 음감지능(Musical intelligence), 신체·운동지능(Bodily-kinesthetic intelligence), 개인 간 지능(Interpersonal intelligence), 개인 내 지능(Intrapersonal intelligence)을 소유하며, 각 개인은 누구나 한두 가지 영역에서 다른 사람들보다 뛰어난 면이 있음을 주장하면서 이와 같은 장점에 기초하여 각자 독특한 방식의 학습방식이 있어 교사는 가장 효과적인 학습을 유도해야 한다고 말하고 있다.

한편 Caterwood(1994)는 발달의 상호 연관성을 중시하면서 유아교육은 아동의 발달적 측면과 다양한 능력을 함께 고려하는 교육계획이 꼭 필요하다고 하였다. 또한 '총체적인 언어 또는 총체적인 과학과 같은 최근의 교육과정 개혁안은 전인적 아동이라는 발달적 개념으로 도출된 것'이라는 Holl(1992)의 주장이나, NAEYC가 '각 유아에게 의미 있는 교육을 달성하기 위한 구체적인 전략은 통합 교육과정'이다(Bredekamp, 1993)라고 한 점은 프로젝트를 통한 교육과정의 통합적 운영을 지지하고 있다.

(2) 프로젝트에 의한 학습 방법은 유아 개개인의 능동적인 학습 태도를 유도하며 사회 구성원으로서의 필요한 능력을 길러준다.

Vygotsky(1978)는 유아의 인지발달이나 학습에 있어서 사회적 요인의 중요성을 강조하고 있다. 또 Rogoff(1990)는 유아기의 인지발달 과정을 도제에 비유하면서 또래 친구 또는 교사의 행동이나 말을 따라 하고 실습해 보는 과정에서 인지발달이 촉진될 수 있다고 주장하였다. 결과적으로 유아의 프로젝트 학습은 사회적 상호작용, 실생활에서 만나는 사람들과의 관계 속에서 학습 상황이 이루어지는 공동의 목적 추구와 자발적 학습 활동을 추구하는 특성이 있음을 주장하였다.

Vygotsky(1978)의 '**근접 발달 영역**(Zone of proximal development)'의 개념과 이에 기초한 학습과 발달에 관한 주장은 교사와 아동 또는 아동과 아동 간의 적극적인 상호작용과 학습자의 능동적 참여를 장려하는 프로젝트를 지지하고 있다.

New(1992) 역시 **Vygotsky 및 Piaget**의 주장을 근거로 유아교육에서 최선의 방법은 유아의 관점에서 출발하여 학습자의 능동적 참여가 이루어지도록 하는 것이라고 하면서, 그렇게 했을 때 유아의 인지발달이 가장 촉진될 수 있다고 주장하였다.

(3) 시대적. 사회적 요구와 연관 지어 볼 수 있다.

Short(1991)는 유아기 교육도 끊임없이 변화하는 정보화 시대에 부응하는 교육이 되어야 하며, 유아들로 하여금 정보의 선택과 분석 및 판단 능력, 탐구력, 문제해결력 등을 21세기에 생존을 위한 열쇠로 보았으며, 타인에 대한 이해와 여러 가지 상황에서의 올바른 판단 능력을 키워줄 수 있는 학습이 요구되어야 한다고 하였다. 프로젝트 교육은 이러한 능력을 증진시킬 수 있으며, 실제적인 경험과 관련지어 학습함으로써 각 개인이 보다 의미 있는 학습 경험을 할 수 있기 때문이라고 하였다.

Kammii(1992)는 현대 사회의 여러 가지 사회문제는 사회 구성원들의 '자율성' 결핍에서 비롯된다고 분석하고, 따라서 교육의 목적을 '**자율성-지적 자율성과 도덕적 자율성-의 신장**'에 두어야 한다고 주장하였다. 자율성은 스스로 탐구하고 생각하며 적극적으로 상호 작용 하는 기회를 통해 신장될 수 있다고 하였다.

■참고자료

전정민. 이영석(2005), 새 아동교육을 실천 위한 프로젝트접근법 어린이 뜰, pp.10~18.
Sylva C. hard 저, 지옥정 역(1995). 프로젝트 접근법(교사를 위한 실행 지침서) 창지사.
안경숙. 정연희(1999), 프로젝트 접근법의 활용, 다음세대.

장

일반 프로젝트 실제

1. 교사의 준비단계

1) 주제선정 및 주제선정의 이유 적기

유아들의 매일의 일상생활에 즉시 적용할 수 있는 것, 균형 잡힌 유치원 교육과정에 기여할 수 있는 것, 유아들을 미래의 생활에 준비시키는 데 가치가 있을 만한 것, 어떤 다른 곳에서보다 유치원에서 그 주제를 공부함으로써 얻어지는 이익 등을 고려하여 주제를 선정한다.

■ 주제선정의 전략
A. 단원중심에서 주제선정
(1) 기존의 단원 즉 생활주제에서 주제를 선정하는 경우
(2) 학기 초(3월, 4월, 9월)나 초보교사에게 유익
• 주제의 예; 꽃 프로젝트, 동물 프로젝트, 우리나라 프로젝트, 여름 프로젝트……

〈장점〉 교사가 위험부담을 줄이고 처음 프로젝트를 하는 경우 편하게 수업을 진행할 수 있다는 이점, 또한 기존에 자료와 사전 경험이 있어 교사가 전개하기 쉬움

〈단점〉 교사의 의도된 활동으로 교사가 원하는 주제로만 선정됨으로 유아의 흥미가 떨어지기 쉬우며 기존의 단원중심 활동과 별반 차이가 없거나 프로젝트 수업전개가 불가능하거나, 미숙하게 될 수 있음. 아동의 주도된 활동이 축소될 우려가 있음.

B. 아동의 흥미에 의해서 주제선정

(1) 아동의 흥미가 떨어지거나 아동이 특히 관심이 쏠리는 경우

(2) 여름방학, 겨울방학 등 아동의 지루해하는 계절에 유익(7월 8월 12월 1월 2월)

• 주제의 예; 공룡 프로젝트, 솜사탕 프로젝트, 장난감 프로젝트, 과자 프로젝트……

〈장점〉아동의 흥미에 의한 선정으로 아동자신들의 수업에 몰입하고 스스로 수업을 주도해보고 싶어함. 가장 기억에 남는 수업이 되며 수업과정에 적극적인 자세

〈단점〉아동 스스로 교육과정을 계획하거나 교육 주제에 목표와 목적을 정할 수는 없으며, 때때로 자신들이 무엇을 선정했으며 주제선정의 이유가 불확실. 특히 프로젝트를 처음 하는 교육기관의 경우는 아동들이 주제를 선정한다는 것은 불가능할 수 있음. 이때는 교사의 역할이 더욱 필요한데도 교사가 아동의 흥미에 만 의존하는 것은 방임

C. 시사성에 의한 주제선정

(1) 그 해나 그 달에 특히 관심을 갖게 되는 경우-TV나 비디오, 영화, 뉴스 ……

(2) 이미 프로젝트 주제 선정되어 있다고 해도 시사성의 주제로 변경될 수 있음

• 주제의 예; 올림픽 프로젝트, 축구 프로젝트, 텔레토비 프로젝트, 홍수(폭설) 프로젝트

〈장점〉아동에게뿐만 아니라 가족과 사회전체에 관심사가 될 수 있어서 가정과의 연계성 및 사회참여 및 사회적 맥락을 아동이 이해하는 데 많은 도움. 사고의 전환에 도움, 공동체 교육에 큰 시사점 줄 수 있다.

〈단점〉아동에게 벅찬 주제가 될 수 있으며, 이해를 돕기에는 교사 자신이 이 문제에 대하여 많은 준비를 해야 하는 문제점. 연령이 어린 유아에게는 부적합한 방법. 또한 어떤 주제는 교육적 목표나 목적에 부합시키려고 노력하지만 부적절할 수도 있다.

2) 교사의 예비주제 망 짜기

교사는 아동과 수업에 임하기 전에 아동의 마음과 사고를 확장시키기 전에 교사 자신이 먼저 확장되어야 하며 확산적 사고 가진 교사가 아동의 확산적 사고로 이끌 수 있다.

즉 교사가 그 주제에 대하여 현재 가지고 있는 지식과 개념, 아이디어 등을 모두 생각해 내어 망(web)형태로 조직하는 것이 프로젝트 학습활동을 위한 계획의 출발점이다.

예비주제 망을 짤 때는 혼자 짜기 보다는 생각이나, 행동방식이 다른 사람들과 짜는 것이 중요하다(예를 들어 경력이 적은 사람은 경력이 적은 사람/ 여성은 남성과 혁신적인 사람과 보수적인 사람/ 우뇌성향사람과 좌뇌성향 사람/계획에 강한 사람과 행동에 강한 사람……).

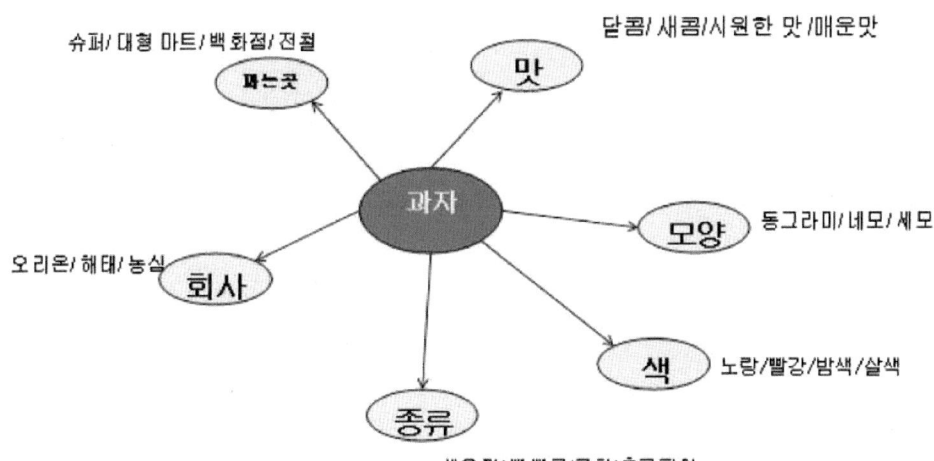

3) 중심개념정리하기(시각언어카드사용)

• 예비주제 망을 짠 후에 각각의 소주제에 대한 사전 지식, 경험이나, 좀 더 보충해야 할 지식이 필요함으로 외부로부터 지식이 투입된다.

(예) 공룡의 이름이나 특성(생태)을 모를 경우 – 백과사전 찾기

과자를 만드는 방법– 요리책이나 과자를 만들어 본 사람에게 정보 받기

과자이름 모를 때– 슈퍼마켓에 가서 과자이름 조사해보기

• 시각언어카드 카드사용

유아들이 글이나 말로 이해하기 어려운 경우는 그림과 문자가 같이 있는 낱말카드 만들어 시각적 효과를 얻을 수 있다.

그림	그림활용 · 신문 / 잡지 · 화보 / 카탈로그 · 학습지 / 클립 아트 · 인터넷 자료	문자활용 · 문자활용 · 컴퓨터 문자체 활용 · 신문 / 잡지 글씨체 · 학습지 글씨체
문자		

4) 자원목록표 만들기(1차, 2차, 3차)

• 주제를 전개시키는 데 있어 필요하리라고 예상되는 자원을 조사하고 준비하는 것이다.
• 1차적 자원은 주제와 관련하여 유아들이 직접 경험해 볼 수 있는 사물, 그 주제에 대해 보다 많이 알고 있는 사람(전문가), 현장 체험이나 관람해 볼 수 있는 현장 견학 장소 등이 포함된다.
• 2차적 자원은 1차적 자원에서 직접 경험할 수 없는 자원들을 간섭 경험하는 것으로 책(백과사전, 동화책, 과학책), 카세트테이프, 비디오, 사진, CD, 화보…… 등이 있다.
• 3차적 자원은 1차적 자원과 2차적 자원을 가지고 활용하고 전달하는 것이다.

1차적 자원 (직접경험)	· 사람(전문가) · 실물(실제 만질 수 있는 사물) · 장소(사물을 볼 수 있는 견학 장소)
2차적자원 (간접경험)	· 신문/ 잡지/ 카다록 · 백화사전/ 인터넷 / 동화책 · 사진/ 기타 시각자료
3차적자원 (전달, 홍보)	· 1차적,2차적 자원을 가지고, 효과적으로 가르치는 교수학습법 · 가정통신문/ 공문

5) 활동목록표 만들기(영역별 web)

교사는 미리 프로젝트를 유아들과 시작하기 전에 예상되는 교사의 활동목록표를 web 형태로 짜본다. 각 영역에 해당되는 활동들을 예상하여 계획해 보면서 교사 자신의 상상력과 이전 경험을 되살려 다양한 활동이 나오도록 종이에 전개해 보는 것이다. 이때 무엇보다 교사 자신의 다양한 생각과 아이디어가 나오도록 개방적인 자세를 가져야 하며, 교사의 mind가 넓어져야 유아의 mind를 넓힐 수 있다.

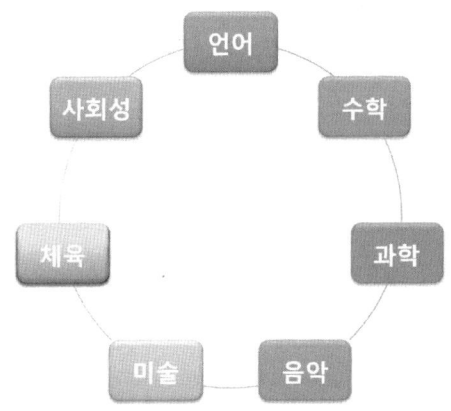

• 활동목록표를 만들 때 참조하면 좋은 영역별 틀

언어	수학	과학	음악	미술	체육	사회성
• 말하기	• 분류하기	• 우리 몸과의 관계, 환경과 관계(자연현상)	• 소리(알아보기, 만들기, 체험하기)	• 미술 감상	• 기본 운동 능력(이동, 비이동)	• 기본생활 습관,
• 듣기	• 순서 짓기		• 노래부르기	• 그리기		• 사회 현상과 환경(직업/
• 쓰기	• 시간관계	• 물체와 물질 탐색(변화탐색; 재료 크기, 무게,높이…)	• 개시하기, 악기(다루기, 만들기)	• 만들기	• 감각 및 신체인식 (감각기관 활용, 신체표현)	경제생활/ 우리나라/ 전통과 세계 문화)
• 읽기	• 공간관계			• 꾸미기		
	• 집합(1:1, 1:2, 1:다수)	• 기계와 도구, 정보 자료와의 관련성 찾기		• 미술놀이	• 건강과 안전	
	• 수세기			• 교구미술		
	• 분수	• 과학자의 태도(조사활동, 호기심, 태도, 마무리 습관)		• 놀이미술		
	• 기초통계(그래프활동)			• 행위미술		

2. 프로젝트 도입단계(1단계)

1) 환경구성

① 게시판;

유아들에게 볼거리 호기심거리를 제공하는 정보판이다. (예) 자동차 프로젝트는 자동차의 여러 종류나 자동차의 역사, 자동차의 부속품들……

② 교실책상배치;

교실의 책상배치나 소그룹 활동할 수 있는 구역 정하기, 가능하면 책상배치가 소그룹활동할 수 있는 위치면 효과적이다.

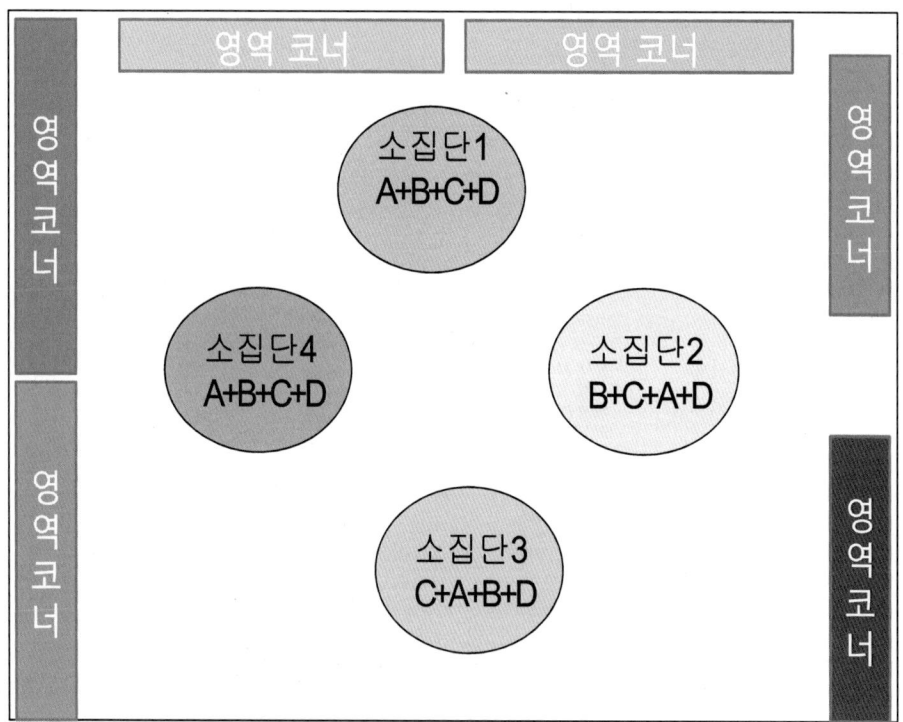

③ 코너 채우기(개설하기)

- (예) 책 보는 코너(도서 영역), 과학실험 코너, 과학체험 코너(탐구 영역), 미술 그리기 코너, 인형극 코너, 역할놀이 코너, 음악 듣는 코너, 노래 부르는 코너(음악영역) ······

- ## 교실환경 평면도

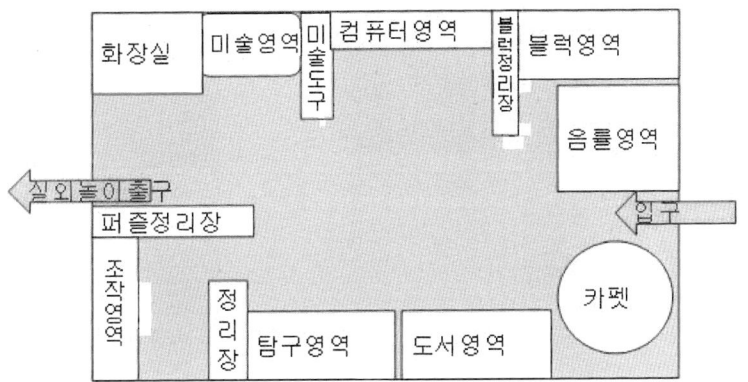

④ 환경미화 및 정리정돈

- 프로젝트에서 또한 중요시하는 것은 교실의 코너마다, 사물함, 자료나 도구들의 정리 정돈을 말한다. 프로젝트 수업을 전개하다 보면 교실 환경이 지저분해지거나 어지럽 혀지는 경우가 많은데 그날그날 유아와 함께 정리하는 것이 필요하다.

2)이전경험나누기

- 유아의 주제에 관한 이야기를 듣는 것은 쉬운 일이 아니다. 아직 주제에 대해 경험을 떠올리기가 어렵기도 하지만, 경험이 부족할 수도 전혀 경험이 없는 유아의 경우도 있다. 경험의 이입을 위해서 교사가 먼저 주제에 관한 이전 경험들을 재미있게 조금은 동화처럼 영화이야기처럼 들려주면 유아들은 선생님의 이야기를 듣는 순간 자신의 경험을 떠올릴 수 있고 상상의 나래를 펼 수 있다.

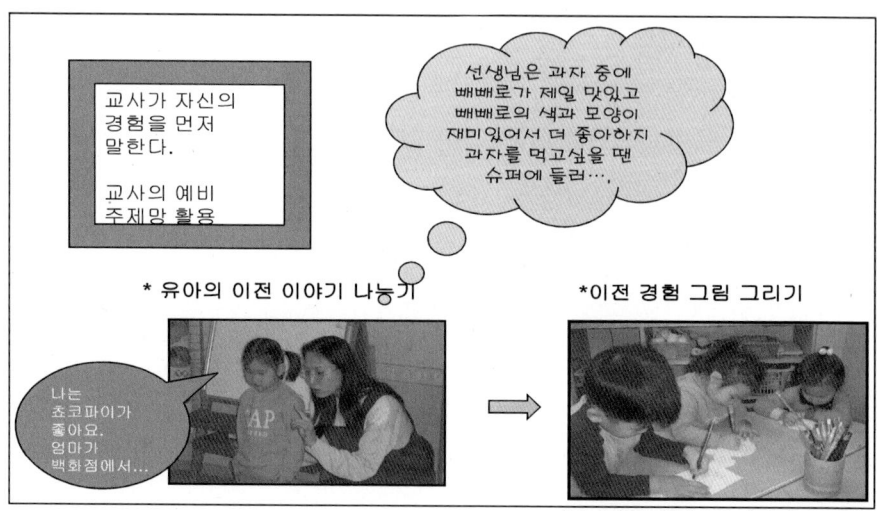

(사진제공; 월간유아 수강생 유영애)

3) 생각모으기(낱말나열하기)

• 이전 경험 이야기나누기와 그리기를 한 후에는 주제와 관련된 낱말을 나누도록 유도해준다.

• 많은 낱말들이 나오도록 할 뿐만 아니라, 다양한 낱말이 나오도록 교사는 낱말을 유도하는 교수법이 필요하다.

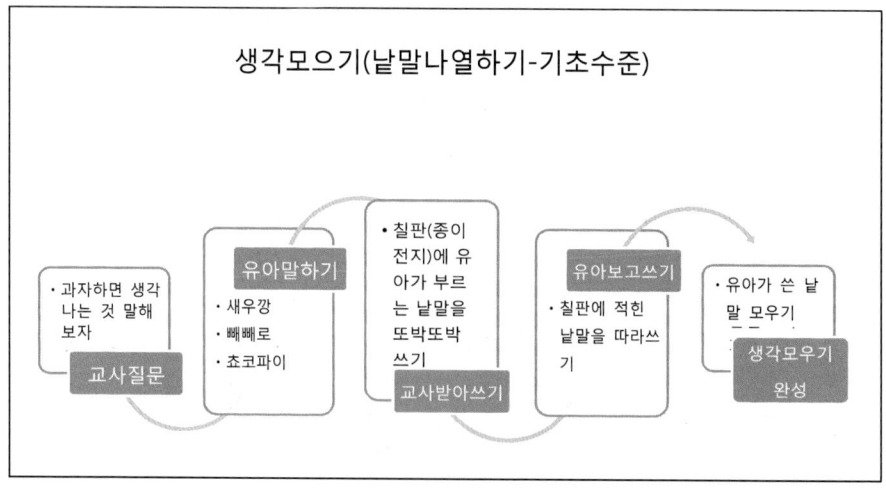

4) 유목화하기(친구 찾기)

- 개별적으로 쓴 낱말들을 모두 한자리에 모아 보지 좋게 펴놓고는 소그룹별로 소주제에 해당되는 같은 종류의 낱말을 골라 다른 큰 종이에 붙이도록 하면 유목화 작업이 된다. 낱말의 비슷한 유목끼리 분류하는 능력을 기르게 된다.

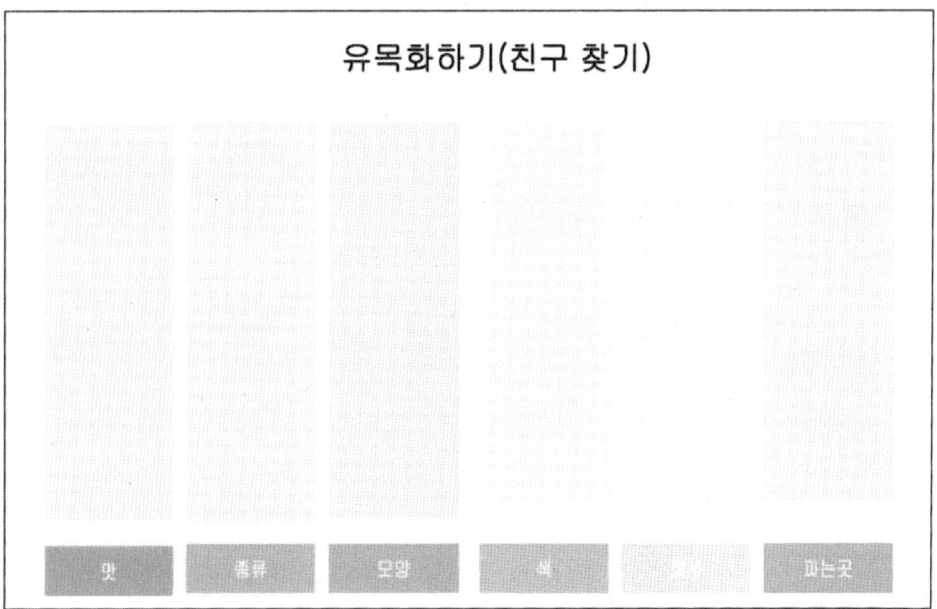

5) 유아와 교사의 공동 주제망

- 유목화가 끝나면 유아와 교사가 공동 주제망을 같이 짜본다. 보통 처음 주제망을 짤 때는 교사의 주제망 관여가 많아서 주로 소주제 부분을 맡게 되는 경우가 많다.

그러나 프로젝트가 여러 번 거듭됨에 따라 교사의 관여가 줄어들면서 소그룹끼리의 공동 주제망, 좀 더 발전적인 형태는 혼자서도 짤 수 있는 개인 주제망, 가정과의 연계성을 주는 부모와 유아의 공동 주제망 등으로 발전해 나갈 수 있다.

유아와 교사의 공동 주제망

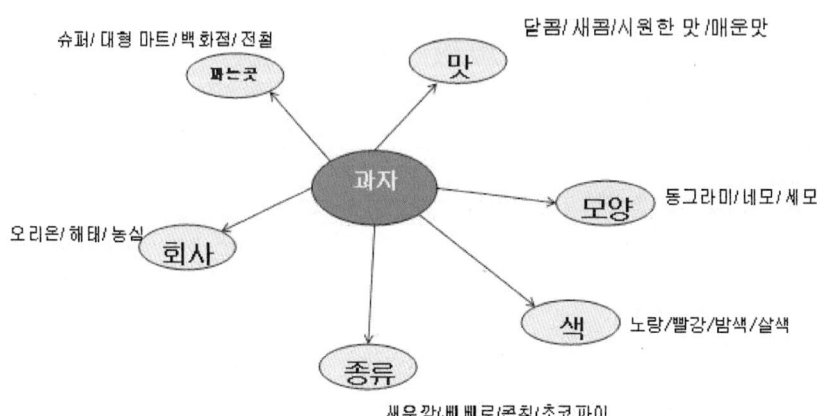

6) 조사활동

- 프로젝트의 보다 나은 전개를 위해서는 가정의 도움과 가정과의 연계성을 유도해야 한다.
- 과제로는 조사활동이 많으며 조사활동의 종류를 살펴보면(과자 프로젝트의 경우)

인터뷰조사	가격조사, 가장 많이 팔리는 과자는? 가장 비싼 / (싼) 과자는?	지역사회
기호도 조사	우리 가족(반)이 좋아하는 과자, 싫어하는 과자	가정 / 원
비교조사	옛날 과자와 오늘날 과자의 가격비교, 공통점과 차이점	가정 / 지역사회
관찰조사	봉지종류가 다를까? 왜 봉투가 필요할 까? 모양, 색 관찰	가정 / 원
실험조사	과자 만드는 법 알아내기(순서표 만들기) 과자 속에 들어가는 재료와 양 조사 재료의 변화(열과 물에 의한)	가정 / 원
설문조사	만족도 (대단위 조사) 우리 아파트 사람들은 어떤 과자를 가장 많이 먹을까?	지역사회
기초통계 조사	조사활동을 통한 그래프 활동 및 통계활동	지역사회 / 원

3. 프로젝트 전개단계(2단계)

1) 질문(호기심)모으기

• 일단은 유아의 호기심을 모으는 데 많은 방법 등이 동원되어야 한다. 호기심이 쉽게 모아질 수도 있지만 호기심 모으는 일이 쉽지 않을 수 있음을 감안해야 한다. 그래서 호기심을 모으는 방법을 연구해야 한다.

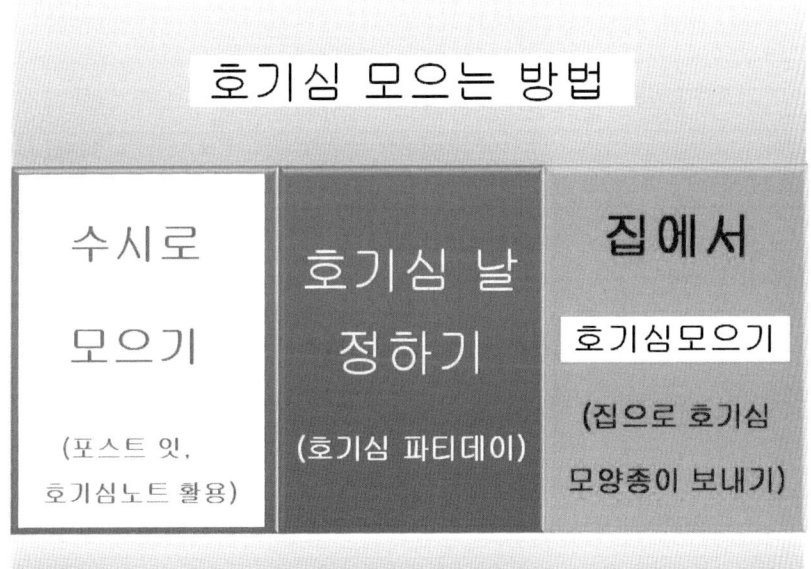

2) 질문(호기심)분류하기

① 같은 호기심끼리 분류하여 해결방안을 찾아보면 무엇보다 호기심 실명제를 통해서 같은 호기심을 가진 친구가 누구인지 어떤 호기심을 누가 가졌는지 알게 된다.

호기심 분류(궁금증 유목화)	유 아 명
1. 과자는 언제부터 먹었나요?	이경실 선생님
2. 과자를 만들 때 어떤 재료가 들어가나요?	김미숙, 이철진, 이우진, 강유진, 박진주, 권수정
3. 과자를 만들 때 어떤 도구가 필요한 가요?	이하나, 송지혜, 박근영
4. 과자 봉투가 왜 필요한 가요?	오수근, 이경주
5. 과자 봉지에 여러 개의 막대기가 쭉 있나요?	김유미
6. 옛날 과자는 어떤 것들이 있나요?	한은주
7. 그 많은 과자를 누가 갖다 놓나요?	강효신, 김철수
8. 왜 과자를 많이 이빨이 썩나요?	이영철, 이주현, 김근혜, 김정숙
9. 이 세상에서 가장 큰 과자를 만들려면 얼마나 재료가 필요한가요?	이동현

② 호기심을 같은 개념끼리 호기심 유목화를 한다.

과자역사	과자재료	과자도구	건강	과자봉투	과자운반	바코드	옛날과자
•과자는 언제부터 먹었나요?	•과자를 만들 때 어떤 재료가 들어가나요?	•과자를 만들 때 어떤 도구가 필요한 가요?	•왜 과자를 많이 이빨이 썩나요?	•과자 봉투가 왜 필요한 가요?	•그 많은 과자를 누가 갖다 놓나요?	•과자 봉지에 여러 개의 막대기가 쭉 있나요?	•옛날 과자는 어떤 것들이 있나요?

3) 질문(호기심)해결방법 계획하기

① 5가지 해결 방법으로 문제해결하기

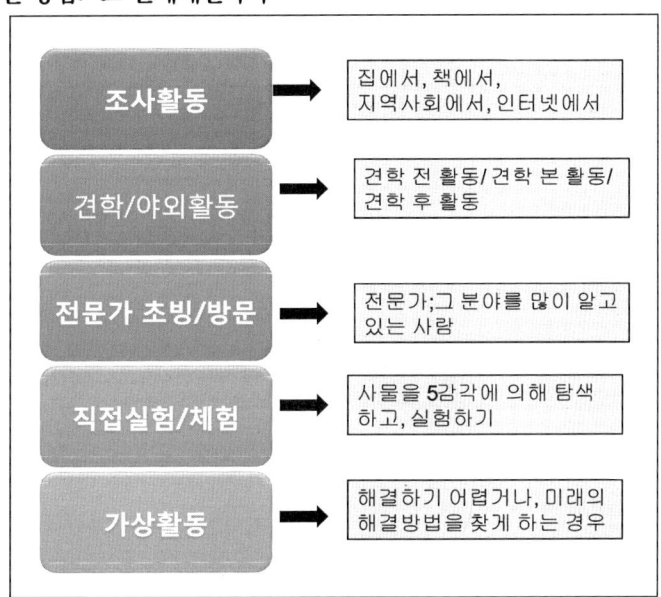

② 질문을 같은 질문끼리 분류한 후에는 해결방법을 의논하여 해결하기

호기심 분류(궁금증 유목화)	유아명	해결방법
1. 과자는 언제부터 먹었나요?	이경실 선생님	조사활동(백화사전)
2. 과자를 만들 때 어떤 재료가 들어가나요?	김미숙, 이철진, 이우진, 강유진 박진주, 권수정	공장견학, 직접실험 전문가 초빙
3. 과자를 만들 때 어떤 도구가 필요한가요?	이하나, 송지혜, 박근영	견학 전문가 초빙
4. 과자 봉투가 왜 필요한가요?	오수근, 이경주	직접실험
5. 과자 봉지에 여러 개의 막대기가 쭉 있나요?	김유미	슈퍼견학
6. 옛날 과자는 어떤 것들이 있나요?	한은주	조사활동(가정)
7. 그 많은 과자를 누가 갖다 놓나요?	강효신, 김철수	슈퍼견학
8. 왜 과자를 많이 먹으면 이빨이 썩나요?	이영철, 이주현, 김근혜, 김정숙	치과견학
9. 이 세상에서 가장 큰 과자를 만들려면 얼마나 재료가 필요한가요?	이동현	가상활동

4) 그 밖의 교사의 의도된 활동

• 교사는 유아의 호기심 해결 방법에 의한 수업 이외도 손 유희, 동화, 노래, 율동, 역할
  놀이 등을 준비하여 실행하는 활동을 말한다. 이때 이 활동들은 이미 교사의 준비단계
  시 만들어 놓은 활동목록표를 활용한다.

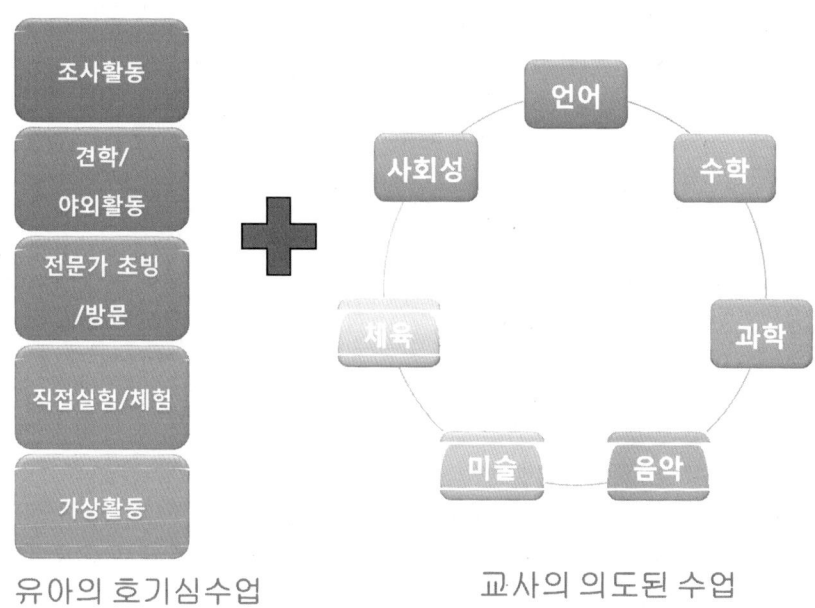

유아의 호기심수업   교사의 의도된 수업

4. 프로젝트 마무리단계(3단계)

1) 전 과정 살펴보기

• 유아들의 결과물이나 과제들, 즉 벽에 전시된 것 전체 살피기 또는 파일에 스크랩된
  것 보기를 하는 시간을 갖는다. 재방문의 기회를 가짐으로써 많은 생각의 회상활동을
  통해서 타인의 작품과 자신의 작품을 비교 평가해볼 수 있는 좋은 기회가 되며 다음
  번 프로젝트에 더 좋은 아이디어를 도움 받을 수 있다.

2) 후기 주제망짜기

• 전 과정을 살펴보면 여러 가지 활동했던 기억들과 함께 확장된 이미지나 낱말들이 더 떠오를 수 있다. 이때 확장된 주제망을 다시 짜보는 것을 말한다.

전 과정 살펴보기(1단계)

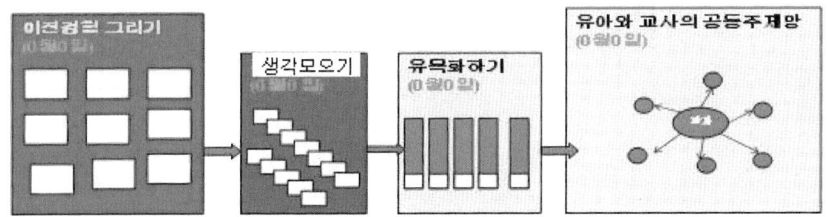

전 과정 살펴보기(2단계)

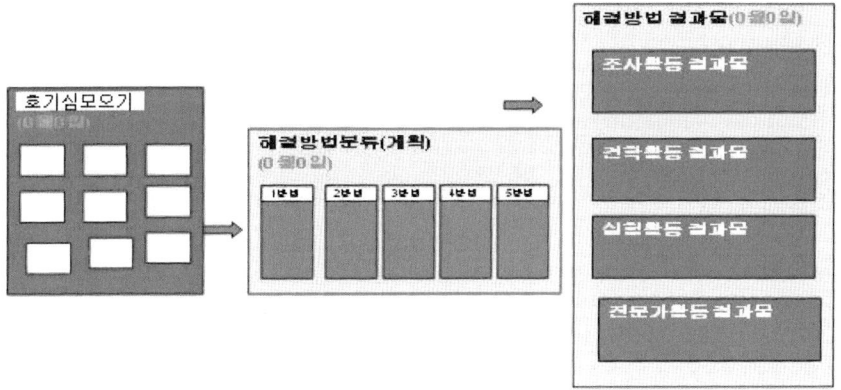

후기 주제망 짜기(초기와 후기 비교)

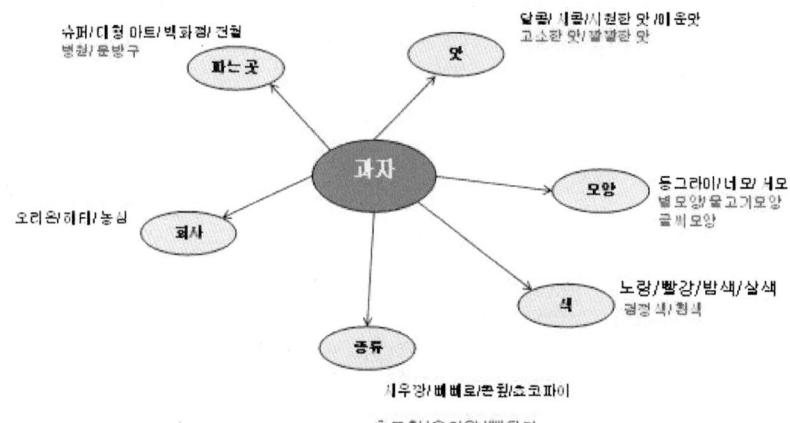

3) 전시하기(전시의 종류)

① 전시방법

전시종류	전시방법	유의(기타)사항	전시장소
순수전시	수업 중에 결과물 전시	부모 안 모심	교실 / 강당
참관전시	전시한 것을 부모님이 참관만 하기	부모 모심	교실 / 복도
참여전시	전시한 것을 부모님이 참관 후 프로젝트 해보기	부모 모심	교실
이벤트전시	전시 + 행사(원의 다양한..)	부모 모심	강당 행사장
발표전시	전시 + 발표회	부모 모심	강당 소극장
작품전시	입체작품 전시	부모 모심	교실 / 강당

② 전시회 역할 분담표 계획

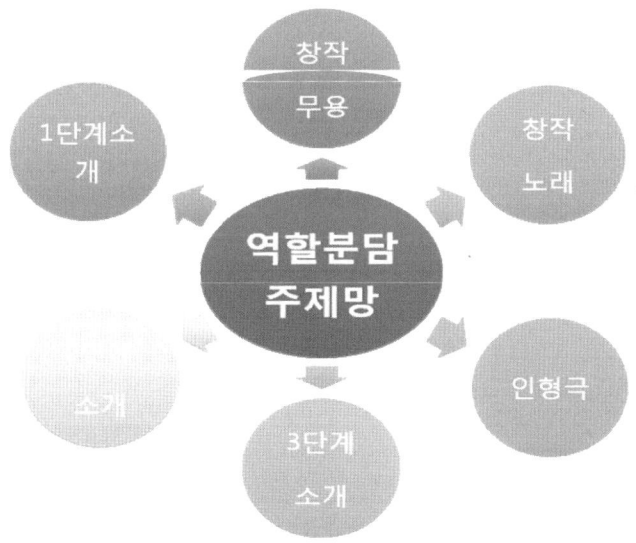

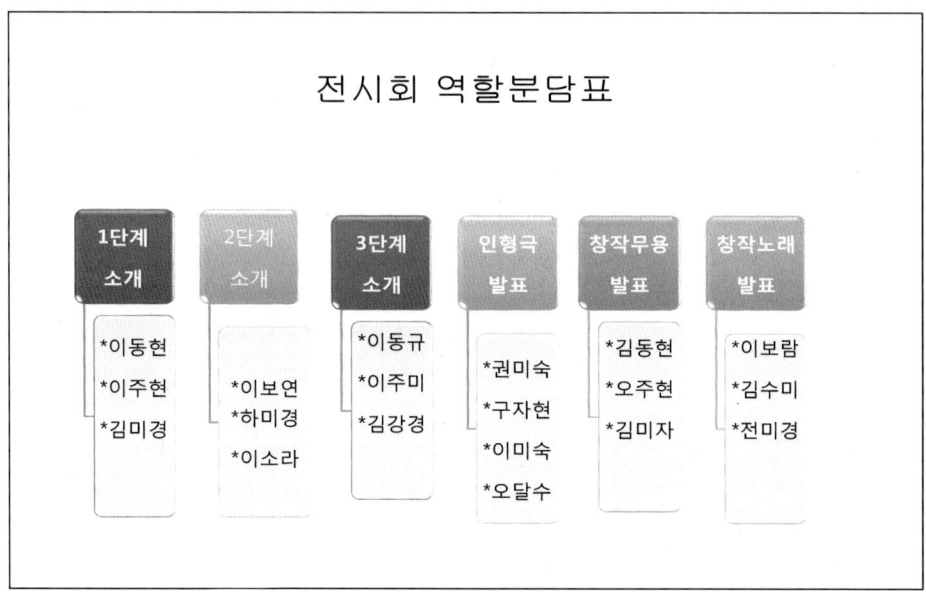

2) 평가하기

• 유아의 평가/ 교사의 평가/ 부모의 평가/ 지역사회의 평가 등으로 나뉘며
• 평가 후엔 다음 번 프로젝트 계획 시 참고할 때 필요하다. 특히 유아교육의 평가는 포트폴리오 평가가 참평가이다.(포트폴리오 평가에 대해서는 8장에서 설명)

① 유아평가

수업 중에 1단계, 2단계, 3단계 각각의 전시 등 교사가 질문을 하는 방법을 통해 말로 평가하는 방법을 취한다. 그 후에는 평가 그림 그리기를 하기도 한다.

② 교사평가

교사는 전시를 통해 많은 것을 평가하게 된다. 역시 다른 반이나 다른 유아교육기관의 전시를 통해 스스로 반성하는 자아평가가 가장 강력한 평가의 방법이다.
인증제를 통해 자격이나 기준을 갖추는 일도 자신을 객관적으로 평가하는 방법이다.

③ 부모평가

부모는 전시를 통해서 다양한 작품과 결과물을 통해 아동의 수준과 담임의 평가가 일어나게 하는 가장 객관적인 평가자이다. 일 년에 몇 번 정도는 부모의 평가를 자연스럽게 받아야 바람직하다.

부모들의 자연스러운 평가를 하기 위해서는 학기 초에 부모 모임이나 부모 교육 역시 필요하다.

④ 지역사회평가

지역사회 평가는 복지사회에서 꼭 필요한 평가의 방법이 될 것이다.

구 단위나 시 단위로 평가 인증제처럼 객관적인 평가를 위해 도움 되어야 하며, 어려움을 겪는 원에 지원과 격려가 필요한 경우 그 지역사회인들의 투자를 통해서 좋은 교육기관으로 나아갈 수 있는 방법이다.

5. 일반 프로젝트 총정리(과자 프로젝트)

〈교사의 준비단계〉

1) 주제선정 및 주제선정 이유 적기

> 유아들이 원에서 나가는 간식이외도 가끔씩 간식을 집에서 가지고 오기를 좋아하고...
>
> 친구들과 나누워 먹기도 하고, 친구들과 과자 때문에 싸우기도 하면서...

2) 교사의 예비 주제망짜기(교사 프로젝트 준비노트)

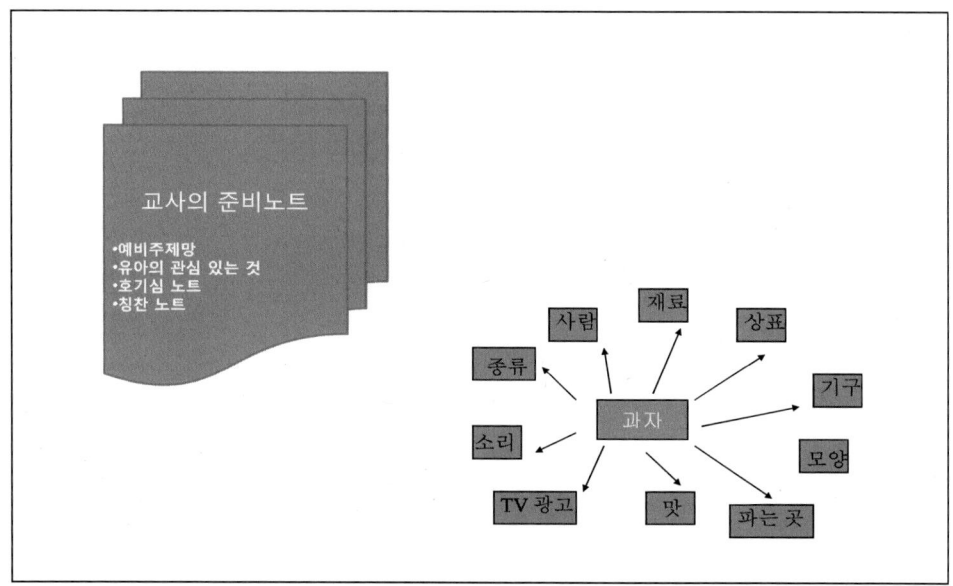

3) 가정통신문 보내기

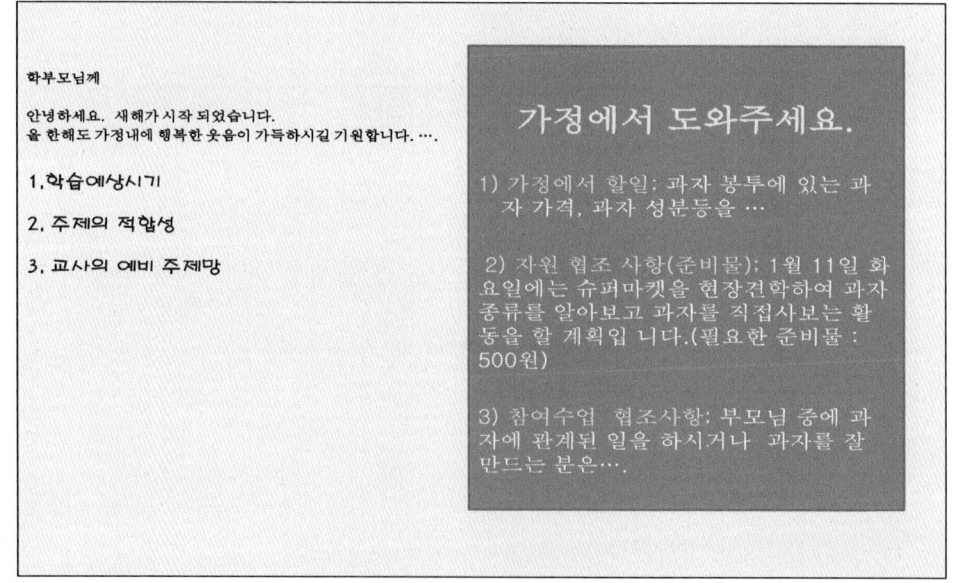

4) 자원목록표 만들기

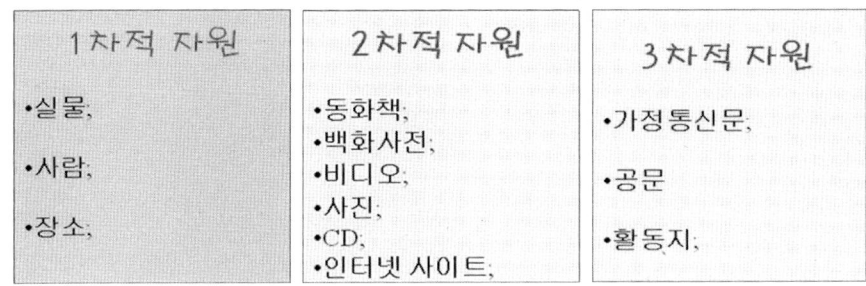

5) 활동목록표 만들기

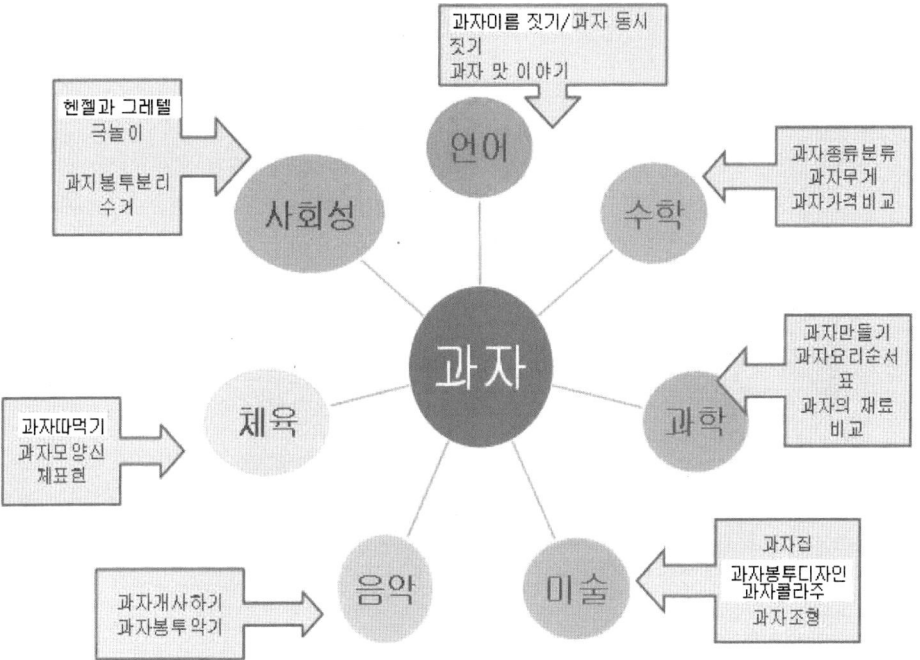

〈1단계 - 도입〉

1) 환경구성 및 교사 이전경험나누기

- **1. 교실환경**
- *게시판에 교사는 여러 가지 과자정보 ...

- *교실 책상을 조별모임...

- *코너에...

- **2. 교사의 경험담 이야기하기**

> 선생님이 어느 날 과자가 너무 먹고 싶어서 슈퍼마켓에 갔단다.
>
> 그곳에는 빼빼로, 콘칩, 양파링, 새우깡, 오감자 .....
>
> 선생님이랑 친구들이랑 같이 앉아서 과자를 나누어 먹었는데 그 맛이...
>
> 모양도 동그라미 모양, 네모 모양, 세모모양 여러 가지 모양이 있었어...

2) 유아의 이전경험 나누기와 생각 모으기

유아의 이전 경험 표현
* 유아의 이전 경험 이야기하기-유아의 이전 경험 그리기

> 저는 요, 어느날 과자가 너무 먹고 싶어서 엄마를 졸라 엄마와 함께
> 슈퍼마켓에 갔어요, 그곳에는 여러 종류의 과자로 가득해서 무엇을 살지
> 망설이다가 빼빼로, 콘칩, 양파링, 새우깡, 오감자 …,,
> 집에 와서 과자를 동생과 함께 나누어 먹었는데 그 맛이…

생각모으기(낱말나열하기)
* 유아의 낱말 나열하기(낱말쓰기)

| 빼빼로 | 짠맛 | 슈퍼마켓 | 밤 색 |

3) 유목화(친구찾기)

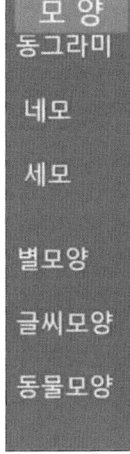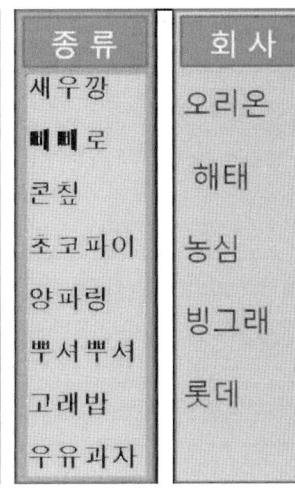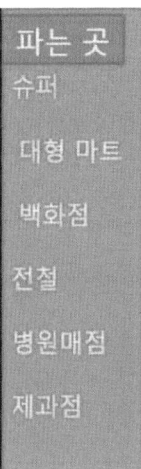

맛	색	모양	종류	회사	파는 곳
달콤	노랑	동그라미	새우깡	오리온	슈퍼
새콤	빨강	네모	삐삐로	해태	대형 마트
시원한맛	밤색	세모	콘칩	농심	백화점
매운맛	살색	별모양	초코파이	빙그래	전철
고소한맛	검정	글씨모양	양파링	롯데	병원매점
짠맛	흰색	동물모양	뿌셔뿌셔		제과점
			고래밥		
			우유과자		

4) 유아와 교사의 공동주제망

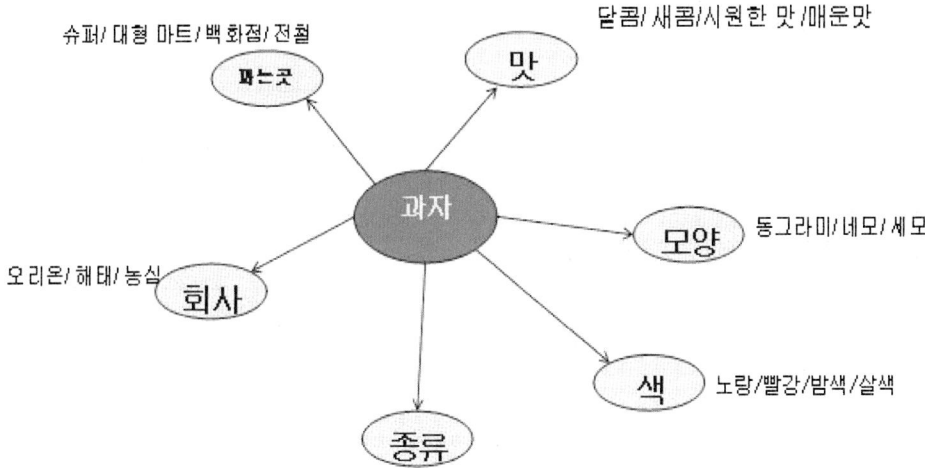

〈2단계 - 전개〉

1) 호기심 모으기와 해결방법 찾기

유아들의 질문	해결방법
과자는 언제 생겨났나요? (선생님)	조사(책, 인터넷에서)
과자는 무엇으로 만드나요? (진홍찬, 이기동)	공장 견학, 전문가초빙
과자마다 모양과 색깔과 맛이 다른가요? (김수홍)	직접조사, 직접체험
과자를 먹으면 왜 이빨이 썩나요? (김민)	재료조사, 치과의사방문
과자는 왜 봉투나 상자 속에 들어 있나요? (최민탁, 이우빈)	토의활동, 직접실험
과자 봉지에 바코드는 왜 그려져 있나요? (신승주)	슈퍼마켓 방문
라면과자는 왜 라면하고 비슷하나요? (김남곤)	토의활동, 공장 견학
옛날에는 어떤 과자를 먹었나요? (이우빈)	조사활동(가정에서)
이 세상에서 가장 큰 과자를 얼마만큼 재료가 들어가나요? (김철수)	가상활동

2) 호기심 해결하기

(1) 우리 가족은 어떤 과자를 좋아하나요? (조사활동)

	종 류	모 양	색	맛	재 료
아빠					
엄마					
오빠					
나					
이모					

(2) 과자는 무엇으로 만드나요? (과자 공장 견학가기)

견학 전 활동	1. 견학 전 그림 그리기 2. 과자 공장에서 보고 싶은 것 이야기 나누기 3. 견학지에서 지켜야 할 약속하기 　➢ 이름표를 달아요(김수홍) 　➢ 마음대로 돌아다니면 안 돼요(최인태) 　➢ 과자를 확~ 뺏어 버리면 안 돼요(이기동) 　➢ 아무거나 만지면 안 돼요(김민, 이수홍) 　➢ 순서를 질 지켜요(이서빈) 　➢ 원복을 꼭 입고 와요(신승주, 진홍찬)
견학 본 활동	1. 과자 공장에서 여러 가지 과자가 만들어지는 과정들을 본다 2. 내가 상상했던 과자 공장과 비교해보기 3. 사진 찍기
견학 후 활동	1. 견학 후 그림 그리기 2. 견학지에서 느낀 점 이야기 나누기(글짓기) 3. 사진 보고 회상하기(재표상하기) 4. 공장 아저씨께 감사의 편지쓰기

(3) 과자마다 모양과 색깔과 맛이 다른가요? (조사활동, 직접 실험)

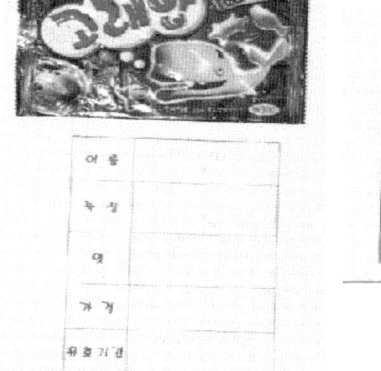 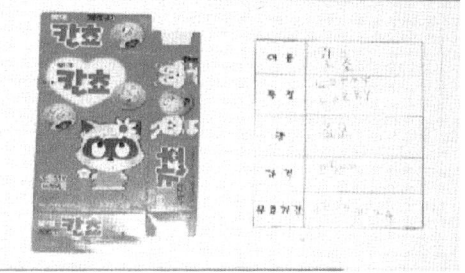

(4) 껌이 손에 묻지 않으려면 어떻게 해야 하나요? (직접실험)

직접 껌을 다른 재료(휴지, 밀가루, 기름, 물, 침……) 등에 섞어서 손에서 떼어내는 실험하고 일지쓰기

• 실험일지쓰기

재 료	실험 전 예측하기	실험 후 결과	느낀 점
침	입에 있는 침만 묻히면 간단히 버리기가 편할 것이다..	오래 두면 말라서 휴지통에 달라붙었다.	껌을 아무데나 버리지 않고 휴지에 싸서 버리면 좋은 것 같아서 앞으로는 휴지에 싸서 버릴 거예요.
밀가루	껌이 손에 묻지 않아 좋을 것 같다.	껌이 휴지통에 묻지는 않지만 손에 밀가루가 묻어서 손을 씻어야 한다.	
기름	껌이 손에 묻지 않아 좋을 것 같다.	기름이 바닥에 떨어지거나 휴지통에 기름이 묻어 지저분해진다.	
휴지	휴지에 싸서 버리면 깨끗하게 버릴 수 있을 것이다.	예측대로 가장 간단하고 휴지통도 깨끗해졌다.	

(5) 과자를 먹으면 왜 이빨이 썩나요? (치과 병원 방문)

이 름	치과견학 전 이야기 나누기	치과 견학 후 알게 된 점	느낀 점
이기동			
김 민			
신현준			
신승주			

(6) 과자 봉지에 바코드는 왜 그려져 있나요? (슈퍼마켓에서 직접 실험)

보고서 쓰기

과자명	바코드 붙이는 난	가격	원산지	무게	성분

(7) 옛날에는 어떤 과자를 먹었나요? (가정에서 조사활동)

옛날 과자명	모양	옛날 가격	색깔	맛	재료

3) 그 밖에 교사의 의도된 활동

● 소꿉놀이(사회성 활동)

● 개사하기(음악활동)

"과 자"

과자사러 갈거야! 그런데, 어디로 가지?

아참, 과자는 슈퍼에 있지.

과자는 맛이 좋아요. 빼빼로 사탕, 양파링,

뿌셔뿌셔 다뿌셔도 있어요

과자 프로젝트는 정말 신나요

● 게임 : 과자 따먹기(동작활동)
● 밴 다이어그램(수학-과학 활동)

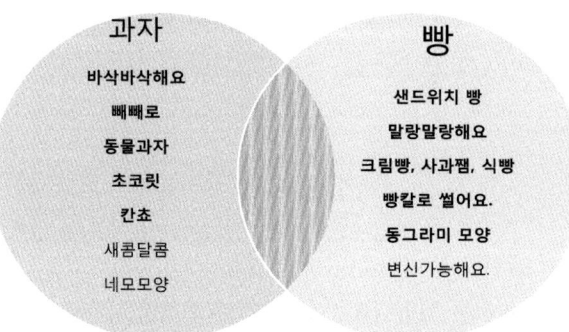

과자

바삭바삭해요
빼빼로
동물과자
초코릿
칸쵸
새콤달콤
네모모양

빵

샌드위치 빵
말랑말랑해요
크림빵, 사과쨈, 식빵
빵칼로 썰어요.
동그라미 모양
변신가능해요.

● 지점토로 과자 만들기(미술 활동)

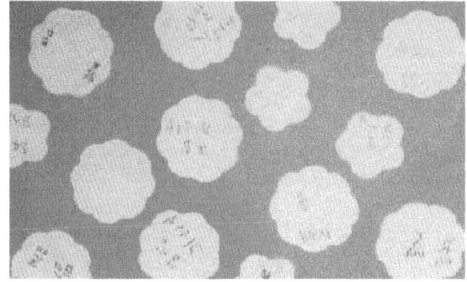

● 과자봉투 콜라주
● 밥풀과자 위에 그림 그리기
● 과자로 얼굴 표정 만들기

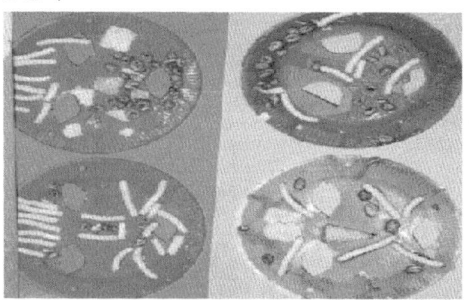

● 여러 가지 과자로 조형활동

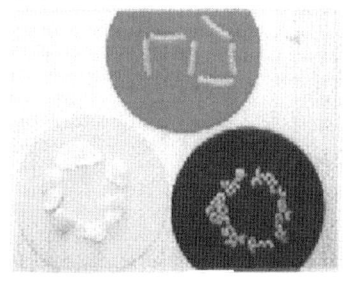 

● 과자 계산해보기(수학활동)

과자 봉투에 있는 과자 가격 계산하기

 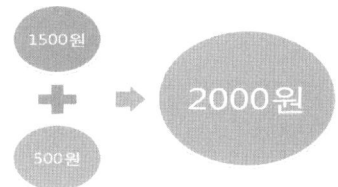

● 내가 좋아하는 과자 그래프활동(수학활동)

좋아하는 과자에 이름 적기(띠 그래프)

5개	신영준				
4개	박예은				
3개	박슬기			김 민	
2개	이기동	강수미	신승주	안정환	
1개	김수홍	이주현	진홍찬	최민영	이우빈
	빼빼로	새우깡	칸쵸	꼬깔콘	양파링

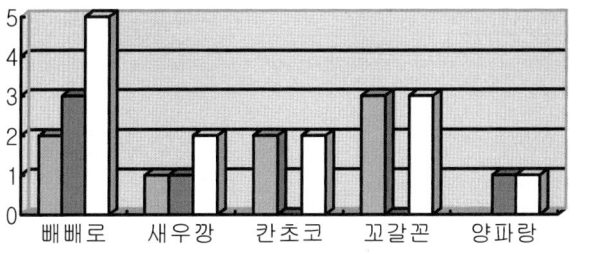

● 과자 포장지 디자인 (미술활동)

● 과자 모양 찍기 (미술활동)

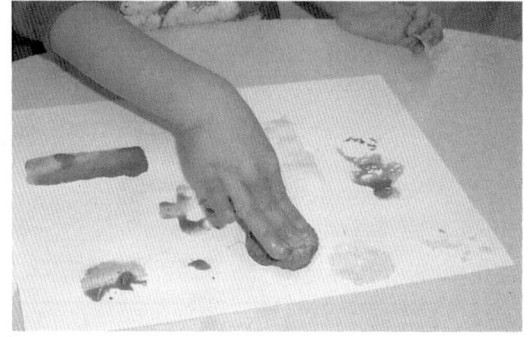

4)그 밖의 교사의 의도된 활동

〈3단계 − 마무리〉

1) 전 과정 살펴보고, 이후 경험그리기

2) 후기 주제망

3) 발표전시계획

● 발표회 때 우리의 자세

> 할머니도 모시고 올거예요.(최언태)
> 아빠랑 엄마랑 누나를 데리고 올거예요.(신영준)
> 잘 할거예요.(김민, 어무빈, 신승주)
> 노래도 잘 할거예요.(여기동)
> 인사도 예쁘게 잘 할거예요.(김수홍, 진홍찬)
> 율동을 예쁘게 잘해요.(박예은)
> 창피해하지 않아요.(최민혁, 안정한)

4) 발표전시 계획

발표회는 무엇을 하는 것인지 유아들과 이야기를 나누고, 발표회에 누구를 초대할 것인지 이야기 나눔. 발표회에서의 역할 정하기 및 우리들의 자세, 교실환경구성에 관한 이야기를 나누었다.

❀ 발표회를 위한 환경 꾸미기
－초대장 보내기
－발표회 안내를 위한 안내문 및 포스터 그리기
－전시 및 발표회장 환경꾸미기

❀ 발표회 프로그램

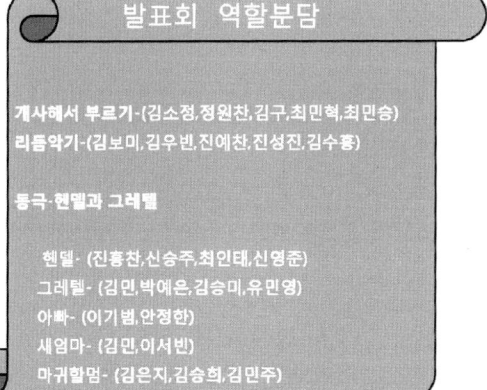

발표회 역할분담

개사해서 부르기-(김소정,정원찬,김구,최민혁,최민승)
리듬악기-(김보미,김우빈,진예찬,진성진,김수홍)

동극·헨델과 그레텔

　헨델- (진홍찬,신승주,최언태,신영준)
　그레텔- (김민,박예은,김승미,유민영)
　아빠- (여기범,안정한)
　새엄마- (김민,이서빈)
　마귀할멈- (김은지,김승희,김민주)

장

일반 프로젝트 사례

1. 프로젝트 사례(꽃)

꽃 프로젝트

〈교사준비단계〉

1) 주제 선정 이유

아이들과 함께 실외놀이를 하던 중 유아센터 화단에 파릇파릇 새싹이 돋아나는 것을 보았다.

아이들은 얼어붙은 땅을 뚫고 나오는 새싹이 신기해서 모두들 "야, 신기하다. 예쁘다" 하면서 소리를 쳤다. 아이들은 자신의 집에 있는 여러 종류의 꽃들과 지난봄에 아침고요수목원에 다녀온 이야기들을 하면서 즐거워했다. 그래서 계절의 변화에 따른 꽃의 종류와 꽃의 특징을 이해하고 관찰해 봄으로써 꽃에 대한 호기심과 신비감을 해소시키기 위해 이 주제를 선정하였다.

2) 기대되는 성과(학습목표)

- 계절에 따라 피는 꽃의 종류를 알아본다.
- 먹을 수 있는 꽃과 없는 꽃에 대해 이야기를 나누고 알아본다.
- 꽃의 구조와 성장조건에 대해서 안다.
- 꽃의 색과 느낌, 우리에게 주는 도움 등에 대해 알 수 있다.
- 꽃씨가 꽃으로 자라는 과정을 알고, 꽃의 번식과정을 안다.

3) 교사의 예비 주제망

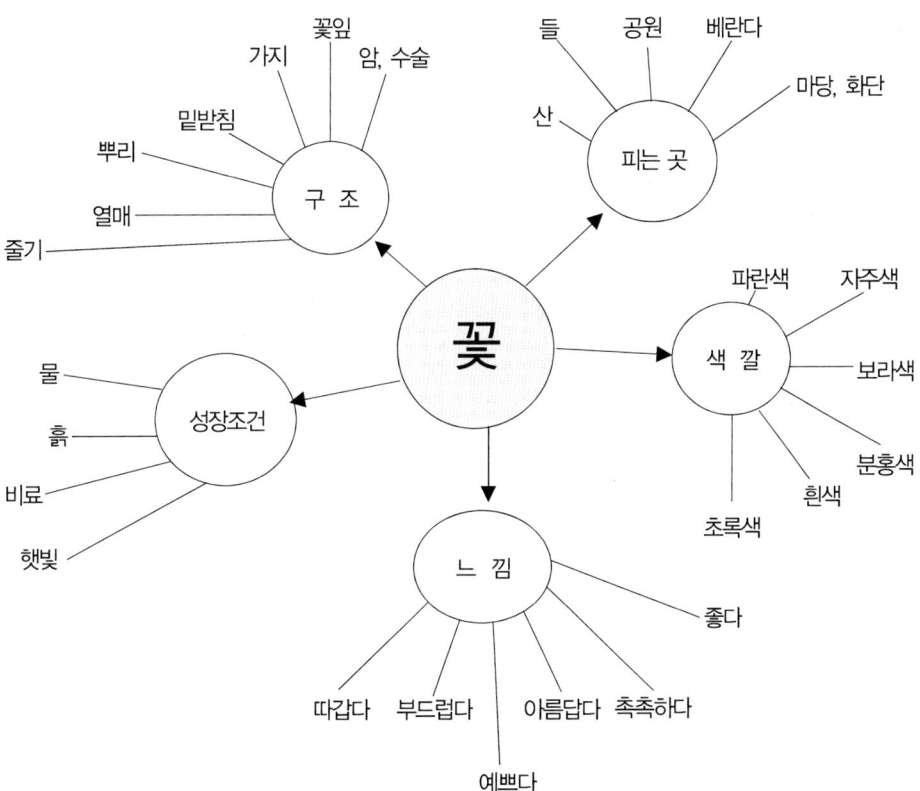

4) 자원목록표

1차	사 람 (전문가초빙)	* 꽃 디자이너, 플로리스트, 꽃가게주인, 꽃 재배자, 꽃 구매자, 꽃꽂이강사
	사 꽃 (실꽃 자료)	* 여러 종류의 꽃, 여러 종류의 씨앗, 화분, 꽃밭, 우리 집의 실꽃
	장 소 (견 학)	* 국화축제(수도권매립지공사), 벚꽃축제(진해), 튤립축제, 장미축제(에버랜드, 서울랜드), * 꽃시장, 인천대공원수목원, 세계 꽃 전시장 * 인근 공원
2차	비디오	* 꽃의 성장과정, 꽃과 나비
	인터넷 사이트	* www.flower.or.kr * 네이버 백과사전100.never.com, * 들꽃사랑 http://nativeplants.co.kr
	참고도서 (책, 사전)	* 꽃(비룡소) * 꽃들에게 희망을(창지사) * 고흐따라 색칠하기 * 건강을 살리는 꽃 생활을 바꾸는 식물(메세나) * 늪, 습지에 피는 꽃(국일 미디어) * 꽃말 이야기 * 우리 결혼 하고 싶어요(중앙교연)
	사진 · 신문 · 잡지	* 여러 종류의 꽃 사진 * 꽃에 관련된 기사 * 꽃 관련 잡지 * 전문서적
3차	가정에서 도움받기	* 가정통신문 * 조사활동

5) 활동목록표

꽃	언 어	* 꽃 이름과 꽃말쓰기 * 꽃과 열매이름 알기 * 꽃 - 동시 짓기 * 꽃 이름 바꾸기 * 내가 만약 ~라면 * NIE - 우리 집 화단 꾸미기 * 꽃의 성장에 필요한 것 찾아서 말해보고 글로 써보기 * 꽃잎 만져보고 느낌 적기 * 꽃 씨앗 심을 계획 의논하기 * "꽃"사전 만들기
	수 학	* 꽃잎수 세기 * 1~50까지 세어보기(무슨 모양이 나올까요?) * 수만큼 화분에 꽃 그리기 * 꽃의 성장 순서 나타내기 * 같은 모양의 꽃잎 분류하기 * 꽃 사진 도미도 카드 맞추기 * 꽃모양 바느질하기
	미 술	* 꽃 관찰 그림그리기 * 꽃나무 만들기 * 골판지 꽃 화단 만들기 * 꽃잎 책받침 만들기 * 꽃 점토 액자 만들기 * 꽃동산 그리기 * 나뭇가지에 꽃 그리기
	음 악	* 꽃밭에는 * 꽃 타령 * 꽃의 왈츠(감상) * 새 노래 (개사하기)-내 동생 * 무궁화
	동작·게임	* 무궁화 꽃이 피었습니다. * 꽃이 피는 과정 몸으로 표현하기 * 꽃이 되어보기 * 우리 집에 왜 왔니? * 꽃가게놀이 * 꽃 배달가기
	사회성	* 꽃 꺾지 않기 * 꽃을 사랑하는 마음 갖기 * 꽃에 물주기 * 꽃을 보호하기 * 팀을 나누어 꽃 키우기 * 문화(무궁화 꽃에 대해 알아보기)
	과 학	* 생화와 조화 관찰 비교하기 * 꽃씨 관찰하기 * 꽃의 성장조건 실험하기 * 꽃이 시든 원인 찾아내기 * 꽃 위에 피는 꽃 * 꽃잎염색

6) 부모협조요청

학부모님께, 안녕하세요.
봄을 재촉하는 단비가 내립니다.
이번에는 아이들과 함께
"꽃" 프로젝트를 준비했습니다.
프로젝트가 진행되는 동안 가정에서의
많은 도움 부탁 드립니다.
*각 가정에 꽃과 관련된 책이나 화보가 있으면
원으로 보내주시기 바랍니다.
*꽃과 관련된 직업이나 꽃에 대해서 잘 아시는
부모님 계시면 원으로 10일까지 연락 주시기 바랍니다.
프로젝트가 진행되는 동안 공지사항이나
안내사항은 수시로 나가도록 하겠습니다.
고맙습니다.

백석유아센터 원장 김정미

〈시작단계〉

1) 영역별 환경구성

여러 종류의 꽃 사진들   아이들의 작품으로 꾸민 환경 판(5세)

아이들이 가져온 여러 종류의 꽃씨들과 화분들

2) 이전경험나누기

–교사의 이전 경험 먼저 이야기하기

교사 – 얘들아, 선생님이 어제 어디 갔다 왔는지 아니? 선생님 가족들이랑 등산을 다녀왔어요. 처음에는 산에 올라가는 것이 힘들었는데 조금 시간이 지나니까 솔솔 부는 바람, 따듯한 햇살 그리고 무엇보다 울긋불긋 많은 꽃들이 선생님을 반겨 주는 게 아니겠니? 산에는 노랗고 빨갛고 하얀 꽃들이 여기저기 피어 있었어요. 얼마나 예쁜지 꺾어 와서 우리 친구들에게 보여주고 싶었는데 예쁘다고 꽃을 함부로 꺾으면 될까요?

● 유아 – 아니요.

● 교사 – 그래요, 우리 친구들도 주말에는 가족들과 산과 들로 나가서 아름다운 자연을 마음껏 보았으면 좋겠는데 혹시 선생님처럼 산이나 들이나 길에 예쁘게 피어 있는 꽃을 본 적이 있나요.

● 유아 - 예, 어제 아빠 차 타고 할머니 집에 갔는데 길가에 꽃 핀 거 봤어요.

● 유아 - 어, 나도 봤는데…….

● 교사 - 그랬구나. 또 다른 곳에서 꽃을 본 친구들은 없나요?

● 유아 - 엄마 따라 꽃집에 갔다 왔어요. 우리 엄마는 교회에서 꽃꽂이해요.

● 유아 - 우리 집에 꽃 많아요. 아빠 방에도 있고, 베란다에도 있어요.

● 교사 - 그래요. 우리 친구들 집에도 예쁜 꽃들이 많이 있구나. 그럼 우리 친구들이
　　　　 집이나 산, 길가에서 보았던 여러 꽃들을 그림으로 그려보도록 해요.

● 유아 - 예

● 아이들이 그린 이전 경험화

-벌과 나비가 꽃을　　-집 앞에 핀 꽃과　-가족들이랑 산에　-엄마방과 거실에　-아파트화단에
　찾아와요　　　　　　 땅속에 있는 두더　 가서 꽃 봤어요.　　 있는 화분　　　　 핀 꽃과 땅속에
　　　　　　　　　　　 지와 지렁이　　　　　　　　　　　　　　　　　　　　있는 꽃씨들

3) 낱말 나열하기

빨강, 나비, 장미, 꽃, 가시, 흙, 공기, 화분, 꽃집, 예쁘다, 아름답다, 나무, 벌, 산, 들,
개나리, 진달래, 벚꽃, 국화, 향기롭다, 씨앗, 새싹, 쑥, 열매, 꽃잎, 선꽃, 백합, 비닐하
우스, 무당벌레, 개미, 부드럽다, 지렁이, 파랑, 두더지, 노랑색, 흰색, 꽃집, 꽃꽂이,
꽃삽, 가위, 조리개, 뿌리, 개미, 벌, 나비, 베란다, 마당, 햇빛, 물, 공기 줄기, 따갑다.
찌른다, 무당벌레

4) 유목화 하기

색깔	느낌	성장조건	피는 곳	구조	도구	곤충
빨강 노랑 분홍 흰색 보라 파랑 주황	예쁘다 향기롭다 부드럽다 기분 좋다 따갑다	흙 햇빛 꽃 공기 씨앗 바람 비료	산 들 마당 화분 화단 베란다 비닐하우스	잎 뿌리 열매 줄기 가시 수술 가루	조리개 꽃삽 수반 가위 오아시스 수레	나비 벌 개미 무당벌레 지렁이 두더지

5) 교사 + 유아의 공동 주제망

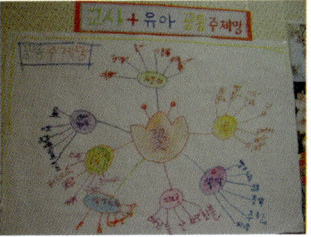
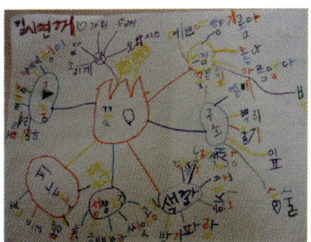

주제망을 쓰는 아이들   7세 개인 주제망   유아 + 교사 공동 주제망

6) 과제 내주기

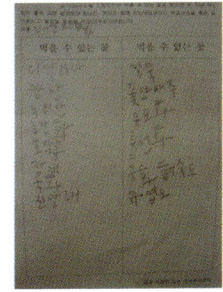

7세 – 먹을 수 있는 꽃과 없는 꽃 조사하기   조사해 온 과제를 발표하는 아이들

7) 조사하기

조사방법으로는 인터뷰조사, 기호도 조사, 비교조사, 관찰조사, 실험, 설문 조사 등 모두 6가지가 있다.

● 비교조사 (밴다이어그램)

생화와 조화를 비교 관찰한 후에 작성한다.

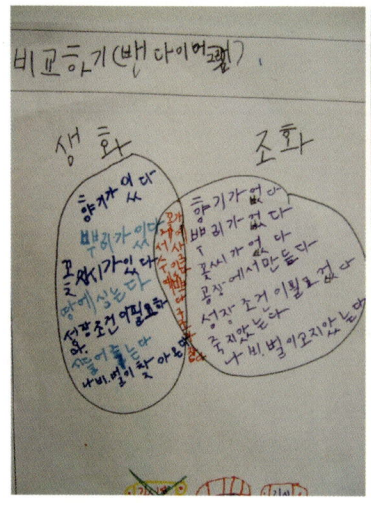

현 서 – 꽃에서 향기로운 냄새가 난다, 그렇지?
민 우 – 난 아무 냄새도 안 나,
대 관 – 나도 냄새 나는데……
교 사 – 그래, 주로 어떤 냄새가 나니?
소 은 – 엄마냄새요, 아주 좋은 냄새요.
교 사 – 그렇구나. 냄새가 안 나는 꽃은 무슨 꽃이지?
유아들 – 만든 꽃이요.
교 사 – 그래. 맞았어요. 이번에는 만든 꽃과 생화를 잘 살펴보고 같은 점과 다른 점을 찾아보도록 해요.
유아들 – 예!

〈전개 단계〉

1) 호기심 모으기

– 호기심박스는 종이접기를 이용해서 가방 2개를 만든 후 붙이고 꽃을 붙여 주어서 "꽃"프로젝트임을 한 번 더 강조한다. 이면지를 잘라서 바구니에 넣어두고, 유아들에게 호기심을 자유롭게 적어 호기심박스에 넣도록 한다.

2) 호기심 분류하기 및 호기심 해결하기

● 호기심 모으기

호기심 모으기	호기심 해결 방안
1. 왜 벌은 꽃을 좋아할까요?	토의 / 인터넷 검색
2. 왜 꽃 색깔이 달라요?	토의 / 책, 인터넷 검색, 전문가 초빙
3. 독이 있어서 먹으면 죽는 꽃도 있나요?	토의 / 현장학습, 전문가
4. 세상에서 제일 큰 꽃은 뭐예요?	토의 / 백과사전
5. 왜 장미꽃에는 가시가 있어요?	토의 / 인터넷 검색
6. 만약 햇빛이 없다면 어떻게 될까요?	토의 / 인터넷 검색

● 아이들이 작성한 질문목록표

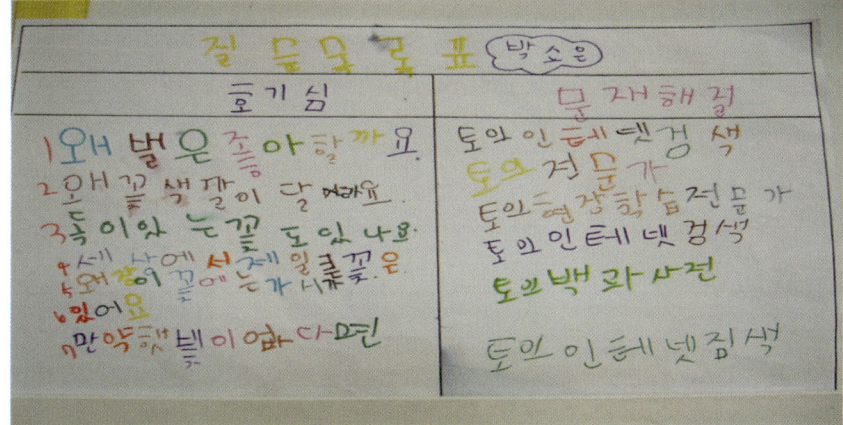

● 세상에서 제일 큰 꽃 알아보기 (호기심 해결)

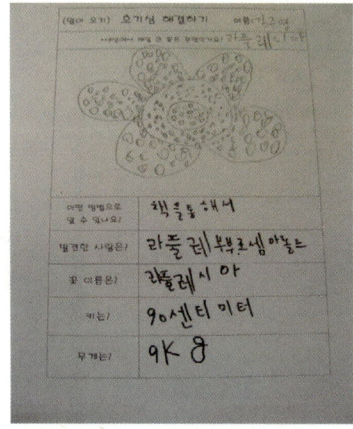
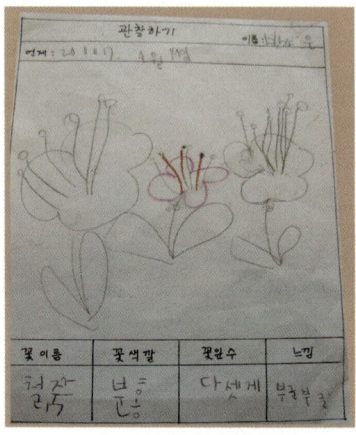

과학 – 철쭉꽃 관찰하기

3) 그 밖의 교사의 의도된 활동

(1) 현장학습 활동을 통해 꽃에 대해 자세히 알기

(2) 식용 꽃인 브라질 아브틸론에 대해 설명하시는 꽃 박사님

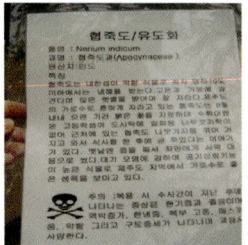

신경을 마비시키는 엔젤트럼펫에 대해 설명하시는 사진작가와 꽃 박사님

-우리가 집과 원에서 흔히 키우는 스
칸디나비아는 잎에 신경을 마비시키
는 독성이 있어 주의를 요했다.
-세계 꽃 전시장에서 박사님께 이야기
를 듣고 있는 아이들
-우리가 집과 원에서 흔히 키우는 스
칸디나비아는 해골그림이 있는 것은
독성이 있음을 표시한 것임

(3)조형 활동

● 색 종이 접어 꾸미기   준비물 – 색종이, 스케치북, 풀

● 점토 액자 와 공동작품 커튼 만들기

점토 액자

준비물 – 점토, 색끈, 물감, 니스
1. 점토를 넓게 펴서 레이스를 대고 눌러 모양을 만들어 놓는다.
2. 점토를 코일링 해서 바구니를 만든 후 속에 휴지를 채워놓는다.
3. 여러 꽃 모양과 줄기, 잎을 만들어 붙인다.
4. 점토가 굳으면 물감을 칠하고 물감이 마르면 니스를 칠한다.
5. 니스가 마른 후 끈을 달고 비닐봉지에 담아 진열한다.

● 공동작품 – 커튼

준비물 – 전지, 물감, 크레파스
1. 전지에 나무줄기를 그려준다.
2. 물감을 손가락에 찍어 진달래와 개나리를 표현한다.
3. 물감이 다 마르면 밑바탕 줄기를 그리고 크레파스로 색칠한다.
4. 스카치테이프를 이용해서 창문에 달아준다.

● 골판지로 꽃 화분 만들기

준비물 – 여러 색의 골판지, 글루건, 신문
1. 골판지를 동그랗게 만들어 놓는다.
2. 눈물모양으로 6개, 하트모양4개를 만들고 꽃잎5개를 만든다.
3. 줄기를 세우고 화분 속에 신문을 넣어서 채우고 줄기를 글루건으로 붙인다.

(4)언어영역 – 꽃잎 만져보고 그 느낌 적기

대부분 아이들이 꽃잎이 부들부들하고 미끄럽다고 함.

(5)음악영역 – 새 노래 개사하기 (내 동생 노래에 가사만 바꿈)

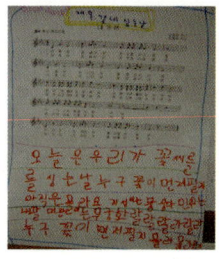

잠깐만!
아이들 이름을 넣어서 불러줄 때 반 아이들에게 어느 꽃씨를 심을지 물어보고 시간이 지나도 아이들 이름을 다 불러주면 너무 좋아함.

(6) 신체표현 – 우리 몸을 이용해서 꽃을 만들어 봐요.

– 꽃이 피는 과정을 몸으로 표현 했습니다.

꽃이 피기 전, 오므라진 꽃잎   꽃잎이 펼쳐지는 모습   활짝 핀 꽃

(7) 게임 – 무궁화 꽃이 피었습니다.

유아 – 야, 걸렸다. 너, 술래야
유아 – 으, 빨리 뛸걸……

(8) 수영역 – 꽃잎 수 세기 (학습능력에 따라 숫자를 기재하면 됨)

나팔꽃은 통 꽃잎이라서 1장임

수만큼 화분에 꽃 그리기

(9) 언어영역 – 꽃 사전 책 만들기

(10) 피라미드 단어

꽃에 대한 생각들을 다시 모아보고 피라미드 글자를 만들어 봤어요.

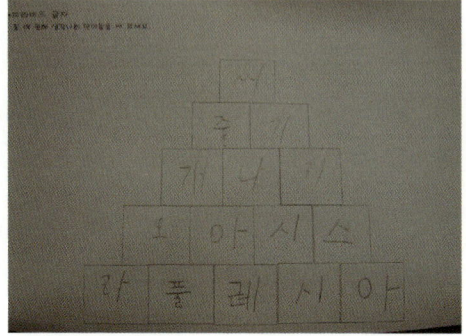

〈마무리 단계〉

1) 프로젝트를 마무리하면서 공원에 다녀왔어요.

〈프로젝트를 마치고〉

● 느낌 점 쓰기

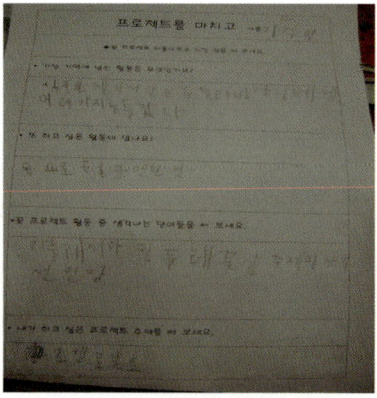

❀ 김사랑 어머님 의견

선생님, 안녕하세요. 많이 바쁘시고 힘드시죠.
꽃 프로젝트를 해서 그런지 부쩍 사랑이가 꽃, 나무
에 관심을 많이 가져요.
화분에 있는 꽃 마다 살펴보면서 암술, 수술 얘기하
고 식물원에 아빠랑 같이 가지고 난리예요.
전에는 꽃에 대해 별로 관심 없었는데...
덕분에 저도 많은 공부 합니다.
특히 라플레시아 얘기는 매일 해요. 세상에서 제일
큰 꽃이라고 하면서. 사랑이가 박사가 된 것 같아요.
프로젝트를 하면서 부쩍 생각이 큰 것 같아 감사할 따
름입니다. 다음 주제는 뭘지 벌써부터 궁금해집니다.
건강하시고 평안하세요.

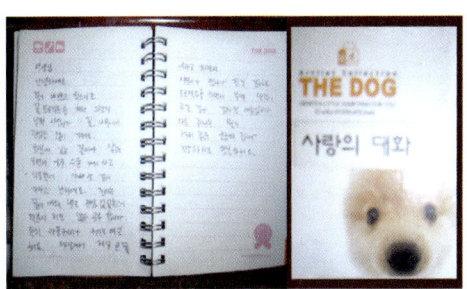

❀ 교사의 평

꽃 프로젝트를 마무리하면서 아이들과 함께 꽃동산을 다녀왔습니다. 꽃과 나비, 벌 등
예전엔 그냥 지나쳤던 작은 풀들에도 아이들은 애정을 가지고 꽃들을 관찰하는 것을 보았
습니다. 꽃 프로젝트를 통해 하나님께서 주신 자연을 사랑하고 자연과 더불어 살아가는 방
법을 알아가는 믿음반 친구들이 됐으면 합니다.

꽃처럼 아름답고 순수한 사랑과 지혜를 닮아가는 멋진 친구들이 되길 바라며 다음 프로
젝트를 기대해봅니다.^^

2. 프로젝트 사례

악기 프로젝트

〈도입단계〉

1) 학습목표

● 악기의 종류와 쓰임새에 대해 알아본다.

● 악기소리에 귀를 기울이며 여러 가지 악기소리를 체험해 볼 수 있다.

● 서로 다른 종류의 악기가 함께 어울려 조화롭고 아름다운 소리를 내는 것을 들어본다.

● 여러 악기 소리를 듣고 그 느낌을 글이나 그림으로 표현할 수 있다.

● 악기가 가진 특성에 따라 재질과 소리가 다르다는 것을 알아본다.

● 악기를 연주하는 방법에 따라 악기이름이 다름을 안다(두드리기, 활로 켜기, 입으로 불기)

2) 중심개념

● 악기소리에 관심을 가진다.

● 여러 가지 재료를 이용하여 다양한 소리를 낸다.

● 자유롭게 리듬악기를 다루어 본다.

● 옛날 악기와 지금의 악기를 비교한다.

● 악기의 종류를 알 수 있다(관악기, 현악기, 타악기, 건반악기).

● 악기를 만드는 재질을 알 수 있다.

● 언주사의 바른 태도와 연주를 듣는 사람의 바른 자세에 대해 알 수 있다.

3) 교사의 예비 주제망

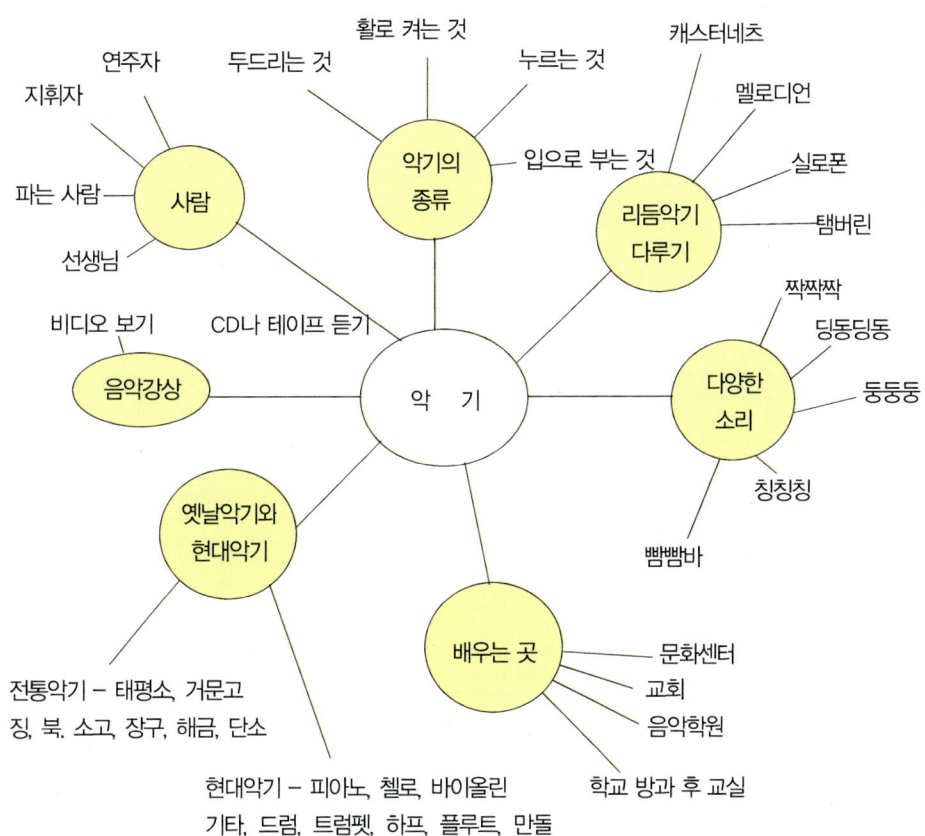

〈시작단계〉

1) 환경구성

– 게시판

– 교실배치

– 코너 채우기

– 환경미화 및 정리정돈

2) 악기에 대한 이전 경험 표상하기(4세~7세 중에서)

교사 – 집에 있는 악기나 책, TV에서 본 악기 등을 그림으로 표현해 보세요

4세

5세

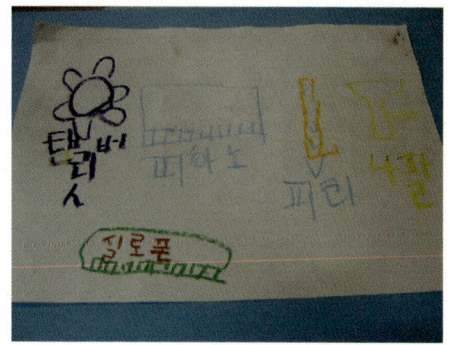

6세

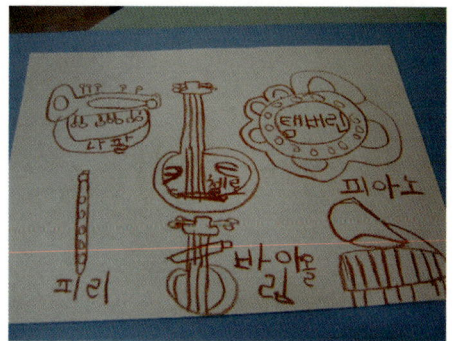

7세

3) 생각나누기

"악기" 하면 생각나는 것 이야기 나누기

교사 – 악기 하면 생각나는 것에는 어떤 것들이 있을까?

유아 – 긴 줄이 있어요. 동그래요. 세모도 있어요. 커요. 까만색이에요. 노란색도 있어요. 손으로 치기도 해요. 소리가 커요.

4) 낱말 나열하기(브레인스토밍)

피아노, 바이올린, 트럼펫, 크다, 동그랗다, 길다, 칭칭칭, 짝짝짝, 딩동딩동, 태평소, 장구, 피리, 거문고, 가야금, 학원, 교회, 문화센터, 리듬악기, 학교, 선생님, 탬버린, 캐스터네츠, 트라이앵글, 큰북, 둥둥둥, 심벌즈, 첼로, 플루트, 시끄럽다, 아름답다, 네모모양, 마트, 백화점, 지휘자, 연주자, 악기점, 입으로 부는 것, 활로 켜는 것, 징, 빰빰바, 끼강깅, 손으로 치는 것

5) 유목화 하기

종 류	소 리	사 람	서양악기	국악기	생김새	배우는 곳
손으로 치는 것 입으로 부는 것 활로 켜는 것 두드리는 것	징징징 짝짝짝 딩동딩동 빰빰바	지휘자 연주자 선생님 악기 사람 파는	피아노 첼로 바이올린 멜로디언 트럼펫 실로폰 플루트 하프	태평소 징 단소 소고 장구 거문고 가야금	움직일 수 있는 것 움직일 수 없는 것 둥그렇다 세모모양 네모모양 길쭉하다	문화센터 음악학원 교회 학교 (방과 후 교실)

6) 주제망 짜기

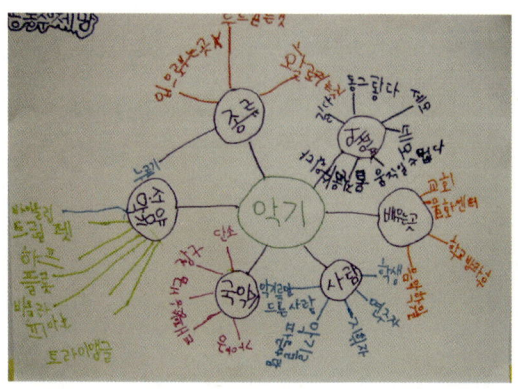

7) 과제내주기(조사활동)

(1) 악기의 종류조사

집에 가서 아빠, 엄마와 함께 인터넷이나 책 등을 통해 악기의 종류 알아오기

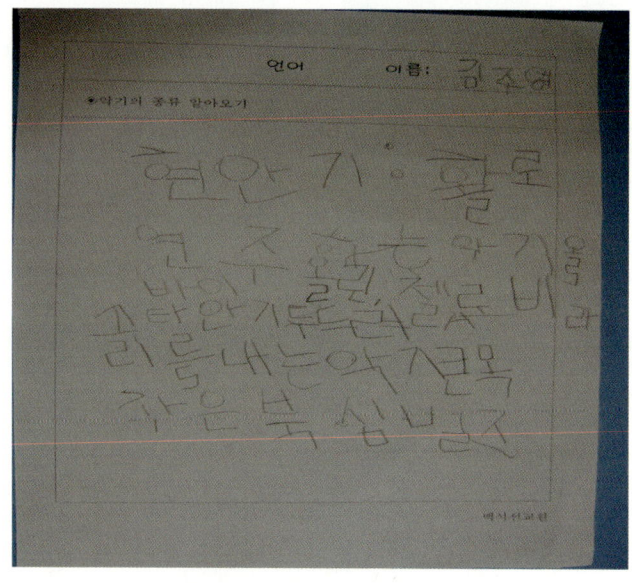

〈언어활동 – 악기종류 알아오기〉

(2) 기호도 조사

학부모님께,

안녕하세요, 이번에 "악기"프로젝트를 진행하면서 우리 가족들이 좋아하는 악기는 과연 무엇인지 알아보기로 했습니다. 꼭! 표시하셔서 월요일 등원 때 원으로 보내주시기 바랍니다.

우리 가족이 좋아하는 악기는?										
종 류	할아버지	할머니	아빠	엄마	언니1	언니2	누나	형	남동생	나
피아노						○				
트럼펫			○							
프루트				○						
리코더										
가야금										
큰북										
하모니카										
오카리나		○								
드럼					○					○
기타 등등										

(3) 비교조사 (벤다이어그램) – 언어활동 –

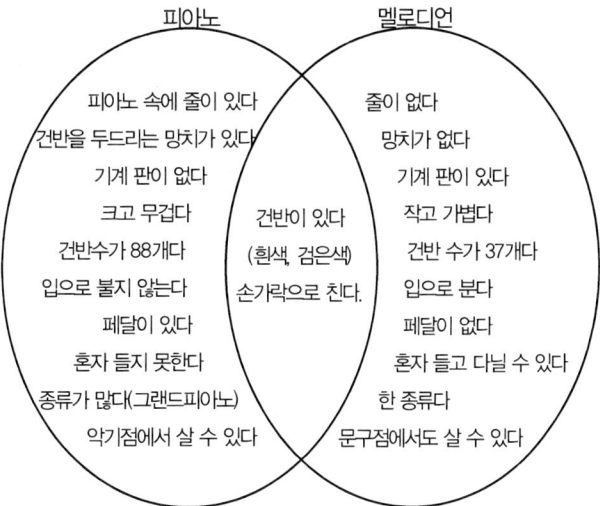

피아노   멜로디언

피아노 속에 줄이 있다
건반을 두드리는 망치가 있다
기계 판이 없다
크고 무겁다
건반수가 88개다
입으로 불지 않는다
페달이 있다
혼자 들지 못한다
종류가 많다(그랜드피아노)
악기점에서 살 수 있다

건반이 있다
(흰색, 검은색)
손가락으로 친다.

줄이 없다
망치가 없다
기계 판이 있다
작고 가볍다
건반 수가 37개다
입으로 분다
페달이 없다
혼자 들고 다닐 수 있다
한 종류다
문구점에서도 살 수 있다

(4) 관찰조사

−피아노 속 관찰하기

(5) 실험조사

−악기소리 듣고 그 소리 적기

(6) 설문조사

−가장 큰 악기와 가장 작은 악기의 이름은 무엇인가요?

〈2단계〉

1)호기심 모으기

−호기심 박스는 악기 모양 중에 하나로 택해 만들고, 이면지를 잘라 또 다른 바구니에
담아 유아들이 수시로 호기심을 적도록 한다.

크리넥스통으로 만든 호기심박스

2) 호기심 분류하기 및 호기심 해결 계획세우기

● 질문 목록 표 작성하기

질문목록표	
호기심	문제해결
–악기소리는 왜 서로 달라요? –악기는 누가 만들었어요? –피아노 속에는 뭐가 들어 있나요? –처음 만들어진 악기는 뭐예요? –악기는 어떻게 분류했어요?	–토의 / 전문가 초빙 –토의 / 인터넷 검색, 조사활동 –토의 / 관찰실험 –토의 / 조사, 검색 –토의 / 조사, 검색

3) 호기심 해결하기

● 전문가 초청해서 여러 종류의 악기에 대해 듣기

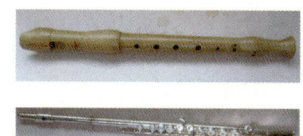

코넷   오카리나   리코더&플룻

여러 종류의 악기를 연주하는 전문가

● 과학실험–피아노 속 열어보기

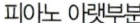

피아노 아랫부분   피아노 윗부분   건반을 눌러보는 아이들

● 관찰 실험 후 아이들 의견나누기

교　사 – 피아노 속을 직접 보니 여러분들이 생각했던 것하고 어떤가요?

하　림 – 피아노 속에는 여러 가지의 줄로 되어있어요.

은　서 – 줄의 굵기가 다 달라요. 점점 가늘어졌어요.

동　진 – 피아노 속에는 망치 같은 것이 있어요.

주　영 – 피아노를 치면 망치 같은 것이 두드려서 소리가 나요.

승　환 – 피아노 속에 녹음기 같은 것이 들어 있어서 소리가 나는 줄 알았어요.

교　사 – 그랬군요. 선생님도 예전에는 너희들하고 똑같은 생각이었어요.

유아들 – 정말요?

교　사 – 그럼요. 이제는 피아노를 치면 어떻게 소리가 나는지 잘 알았나요?

유아들 – 예.

4) 여러 가지 교사의 의도된 활동

(1) 수 활동 표상 – 내가 좋아하는 악기 그래프 활동 내가 좋아하는 악기그래프활동

김하연				
정다솜			정혜영	
심예은			박수연	강대기
김은혜	정선아		김정원	김주영
노하림	이예성	박현빈	서희진	김가영
송은서	정다윗	서동진	김승환	오원재
피아노	트럼펫	기타	바이올린	드럼

(2) 악기 책 만들기

① 전통악기책

소망반 친구들과 우리나라 전통악기에 관한 책을 만들었습니다.

전통악기에는 소고, 태평소, 징, 거문고, 장구, 가야금, 북 등이 있습니다.

· 우리나라 악기 표지
송은서 정혜영 김승환 정다솜

· 우리나라 악기 표지
정선아 서희진 김하연 김주영

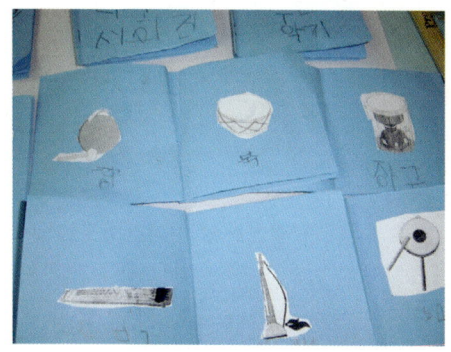

· 우리나라 전통악기 내용
소고 거문고 태평소 징 장구

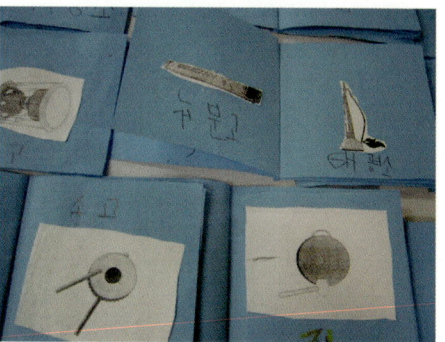

· 우리나라 전통악기 내용
징 북 장구 거문고 태평소 소고

② 현대 악기 책

믿음반 친구들이 현대 악기책을 만들었습니다.

강대기 김은혜 박현빈
이예성 정다윗 심예은

피아노

기타

 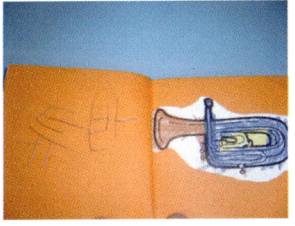 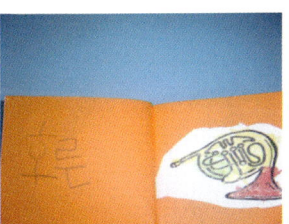

첼로   튜바   호른

● 수영역

현악기 및 건반악기 줄 세어 숫자 쓰기

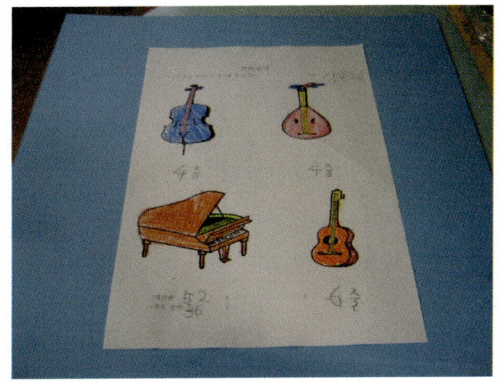

수영역 – 현악기 및 건반악기 수 세어 적기

*첼로 / 4줄, 비파 / 4줄, 기타 / 6줄, 피아노 / 88건반(흰 건반 – 52, 검은 건반 – 36)

● 조형놀이

〈장구 만들기〉

준비물: 스티로폼그릇, 본드, 한지, 두꺼운 종이, 가위, 풀, 태극모양

만드는 방법: ① 스티로폼그릇 입구에 본드를 바른 후 둥글게 자른 종이를 붙인다.

           ② 고동색 한지에 본드와 풀을 바른 후 용기에 여러 겹 붙인다.

           ③ 한지를 다 붙였으면 두 개의 그릇을 막힌 부분끼리 본드로 붙인다.

           ④ 둥근 면에 미색 한지를 붙인다.

           ⑤ 한지를 다 붙였으면 태극문양을 색칠한 후 둥근 면 가운데에 붙여준다.

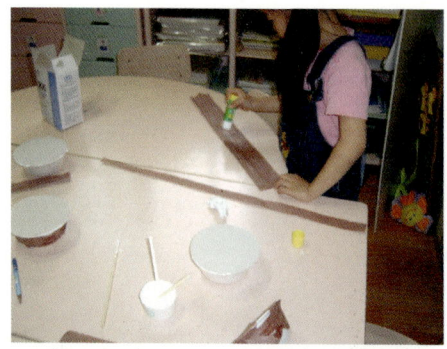

스티로품 용기와 한지에 본드를 바르는 모습

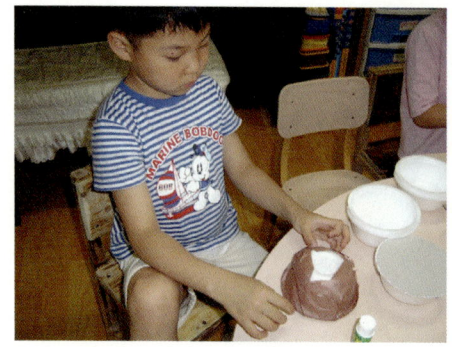

스티로폼용기에 한지를 입힌다   완성된 장구 모습

● N. I. E활동

−신문에서 악기이름 찾아서 붙이기

신문에서 악기이름 찾고 있는 아이들

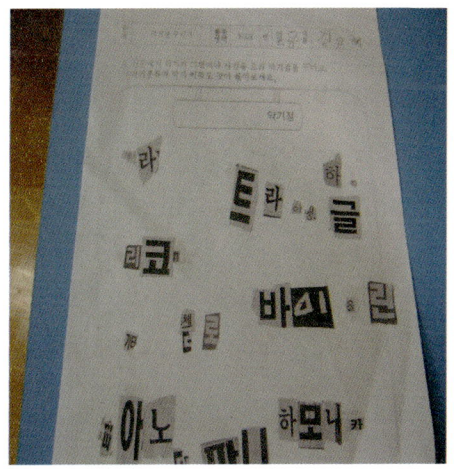

● 언어활동

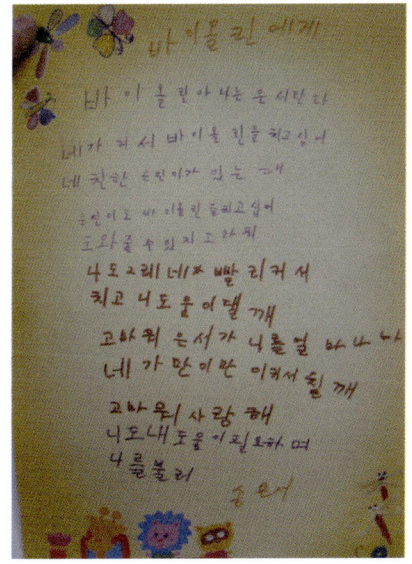

내가 좋아하는 악기에게 편지쓰기

과학실험 – 악기소리 들어보고 쓰기

● 신체표현

음악에 맞춰 몸 움직이기

● 게 임

따르릉 따르릉 비켜나세요. ~ 몸으로 자전거 표현하다가 피아노 소리에 멈추기

〈마무리 단계〉

1) 전 과정 살펴보기

 -브레인스토밍, 유목화, 주제망 등 그 밖의 조사활동 등의 내용을 환경판을 통해 하나
  씩 살펴보고 이야기하는 시간을 가진다.

교 사 - 지금까지 프로젝트 하면서 가장 재미있고 또 하고 싶은 것이 있니?
유아1 - 예, 주영이 아빠 오셔서 트럼펫 불었을 때요.

유아2 – 그때 저 트럼펫 소리 났어요.

교 사 – 맞아요. 그때 우리 친구들 여러 악기 소리 듣고 내가 좋아하는 친구에게 편지도 썼
지요.

유아3 – 예. 저는 바이올린에게 편지 썼어요.

유아4– 나는 피아노에게 썼는데…….

유아3 – 선생님, 저는 피아노랑 멜로디언 뜯어 봤을 때 진짜 신났어요. 아주 신기했어요.

유아들 – 예, 맞아요. 그랬어요.

교 사 – 우리 친구들이 많이 좋아하고 기억에 남는다니 선생님도 기뻐요.
이제 악기 프로젝트 끝나고 다음 주제로 프로젝트 진행할 때도 우리 기쁘고 신
나게 즐겁게 하자, 할 수 있지?

유아들 – 예. 할 수 있어요.

2) 발표회에 대한 준비

－악기 프로젝트를 하면서 유아들이 연주하기 쉬운 리듬악기를 연습해서 작은 음악회를
개최하기로 함.

－교사의 준비

여러 종류의 악기를 전시해서 연주해 볼 수 있도록 한다.

프로젝트를 진행하면서 나온 결과물들을 게시판에 전시한다.

음악회를 잘 진행할 수 있도록 반별로 악기연습을 한다.

초대장을 만든다.

－유아들 준비

포스터를 만든다.

악기 연습을 한다.

● 포스터 만들기

● 작은 음악회 사진 촬영하기

사회: 원장선생님

전체 연주

실로폰 연주

음악회(악기 프로젝트)

멜로디언과 리듬악기

울고 있는 다니엘

입장을 기다리며

악기 프로젝트에 참여하신 부모님들

● 그룹별로 악기 연습하는 아이들

사랑반 – 탬버린, 트라이앵글

기쁨반 – 캐스터네츠

믿음반 – 멜로디언

소망반 – 실로폰

유아용 면담 지			
대　상	음악회에 참여한 유아모두	날 짜	2007년 3월29일 (목)
주 제 명	악기 프로젝트(작은 음악회) 후 활동		
평가내용	악기 프로젝트(작은 음악회) 후 느낀 점을 이야기하기		

1. 악기 프로젝트 끝난 후 느낌은?

　교사 – 이제 작은 음악회를 마쳤는데 기분이 어때요, 또 어떤 것이 가장 기억나나요?

　대기 – 섭섭해요. 다시 했으면 좋겠어요.

　은혜 – 엄마가 너무 좋아하셨어요.

　다윗 – 목사님이 연주 하신거요.

　예은 – 아빠도 목사님께서 연주하신 틴휘슬이 참 좋았대요.

　주영 – 넥타이가 멋있어요.

　승환 – 다니엘이 울었어요. 애기만 우는 건데

유아용 면담지			
대　　상	음악회에 참여한 유아모두	날 짜	2007년 3월29일 (목)
주 제 명	악기 프로젝트(작은 음악회) 후 활동		
평가내용	악기 프로젝트(작은 음악회) 후 느낀 점을 이야기하기		

혜영 - 엄마가 꽃을 사가지고 오셨어요.

다솜 - 우리만 실로폰 한 것이 좋았어요.

하림 - 예, 실로폰 너무 재미있어요.

2. 기억에 남는 것은?

교사 - 그래. 그런 것 들이 다 재미있었고 기억에 남는구나, 그럼 아쉬웠던 점은 없었니?

현빈 - 조금만 더 연습했으면 더 잘할 수 있었을 텐데 그게 아쉬워요.

예성 - 통통통 연주할 때 계명이 틀렸는데 아빠, 엄마들이 알까 봐 깜짝 놀랐어요.

교사 - 그렇구나, 아쉬운 점도 있었네. 그래도 모두들 열심히 잘해줘서 너무 기뻐.

가영 - 다시 하면 더 잘할 수 있을 것 같아요.

정원 - 맞아요. 한 번 더 했으면 좋겠어요.

교사 - 그래요. 우리 연습 많이 해서 학습발표회 때 한 번 더 하자.

유아들 - 예

교사 - 그럼 우리 모두에게 잘했다는 박수 쳐주자. 잘했다는 박수로

유아들 - 잘했다 잘했다 잘했다(짝짝짝)

교　　사　　평

악기 프로젝트를 하면서 아이들이 너무 신나 하고 재미있어 했다. 6세 소망반 친구들은 계이름 따로 실로폰 건반 따로 해서 연습하느라 많이 힘들었을 텐데 부모님들을 모시고 발표회를 한다고 하니 모두들 얼마나 열심히 연습을 했든지 완벽하게 연주를 했다. 4세 친구들의 캐스터네츠도 박자 맞춰가면서 진지하게 연주하는 모습이 참 예뻤다.

7세 믿음반은 맏형답게 멜로디언 연주를 완벽하게 해서 부모님들의 많은 박수를 받았다.

프로젝트를 진행하면서 4세~7세 아이들 모두 하나가 된 것 같았다.

하나의 주제를 가지고 전체가 실시한 것도 처음이었지만 아이들도 좋아하고 부모님들께서도 흡족해하셨다.

또 다른 주제를 가지고 아이들과 함께 프로젝트를 진행할 생각을 하니 가슴이 벅차오르는 것 같다.

〈 프로젝트를 마치고 나서〉

❀ **김주영 어머님 의견**

집에서는 실로폰 연습도 안하고 무조건 "엄마, 나 잘해" 해서 "연습도 안 했는데 어떻게 해" 했더니 원에서 연습했다고 하더니 선생님들 정말 수고 많이 하셨어요. 악기 프로젝트 한 이후에는 악기에 얼마나 관심이 많은지 아빠 트럼펫도 매일 불고(소리가 곧잘 남), 어제

는 누나 멜로디언을 가져다가 학교 종을 연주하더라고요. 마냥 애기인 줄 알았는데……

원장선생님 이하 모든 선생님들 그리고 목사님 수고 많이 하셨어요. 고맙습니다.

참, 그날 목사님 연주 짱이었어요.

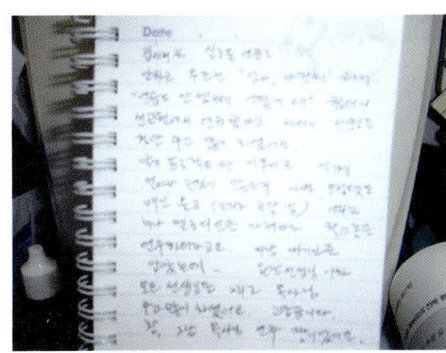

✿ 정다윗, 다니엘의 어머니 의견

다윗이는 잘 했는데 다니엘이 울어서…… 뒤에서 "노래가 슬픈가 봐", "엄마가 안 왔나 봐" 그러는데 제가 그 얘기 듣고 얼마나 웃음을 참았는지…… 선교원 다닌 지가 4년째인데 이번이 젤 잘한 것 같아요. 작년 겨울에도 잘 한 것 같고…… 다니엘은 우는데 다윗은 이제 다 컸는지 여유로워 보이고 알아서 척척 하는 모습이 대견스러웠습니다. 예전엔 "엄마, 엄마" 그랬는데…… 부모교육도 너무 좋았어요. 잘 고쳐지지 않는 부분을 다시 확인하고 더 잘하고 애들한테 대하는 모습을 좀 바꿔야겠다고 생각도 하고, 유익한 시간이었습니다.

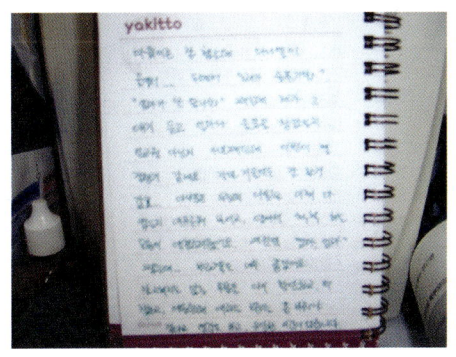

프로젝트 교육계획안

I. 교육계획안이론

1. 교육계획안 이론

프로젝트의 연간교육계획안, 월간교육계획안, 주간교육계획안, 일일 교육계획안 짜는 방법을 배우며, 그에 따른 각각의 교수방법을 알아본다.

- 연간교육계획안은 미리 선정하였다가 유아의 호기심이나 그달에 특별한 시사성의 주제가 있는 경우 변경을 할 수 있다. 프로젝트를 처음 진행하는 경우는 단원 중심 (생활주제)에서 선정해 놓는 것이 안전하다.
- 월간교육계획안은 이미 정해놓은 주제를 점검하여 확정된 주세를 결정한 후에는 4~5주의 프로젝트의 1단계, 2단계, 3단계를 잘 배분한다.
- 주간교육계획안은 유아의 의도된 수업과 교사의 의도된 수업을 잘 배분하여 전인 교육이 되도록 프로그램을 구성한다.
- 일일 교육계획안에는 자유선택학습(개별활동), 전체학습(대그룹활동), 팀별학습(소그룹활동)이 골고루 배분되어서 하루의 수업을 보다 효과적으로 진행되어야 한다.

1)년간 교육계획안 짜기

- 연간계획안; 미리 1,2월에 단원이나 생활 중심 주제에서 예상 주제 계획한다

월	단원주제 (생활주제)	예상주제	선정된 주제(확정된 주제)
3월		미리 1월, 2월에 선정	아동의 흥미 또는 시사성을 고려
4월			
5월			
6월			
7월			
8월			
9월			
10월			
11월			
12월			
1월			
2월			

2) 월간교육계획안 짜기

● 월간교육계획안; 그달이 되어서 미리 짜놓은 주제와 아동의 흥미, 시사성을 고려하
여 선정된 주제(확정된 주제)를 결정한다.

1단계	• 1주
2단계	• 2주. 3주
3단계	• 4주(5주)

	단계	월	화	수	목	금
1주	1단계	이전경험 나누기 이전경험 그리기	낱말나열하기 유목화하기	유목화하기 유아와 교사의 공동 주제망	유아와 교사의 공동 주제망짜기 호기심모으기	호기심 모으기 과제토의 (조사활동)
2주	2단계	과제 발표 호기심분류 호기심해결방법	**호기심해결1** 과제(조사) 그래프활동	견학(전 활동)	**호기심해결2** 견학(본 활동)	견학 (후 활동)
3주		전문가초빙 (전 활동)	**호기심활동3** 전문가초빙 (본 활동) 전문가초빙 (후 활동)	**호기심활동4** 실험(체험) 전 실험(체험) 본 실험(체험) 후	**호기심활동5** 가상활동이야기 가상활동 글쓰기 가상 그림 그리기	**호기심활동** (마무리) 부족한 활동 보충
4주	3단계	전 과정 살펴보기 전시계획하기	전시계획1	전시계획2	전시계획3	전시회 날

3) 주간교육계획안 짜기

주간교육계획안; 보통 4주이며 1단계(25%), 2단계(50%), 3단계(25%)

1주 주간교육 계획안

	교수방법	월	화	수	목	금
1주	유아와 교사공동 활동	이전경험 나누기 이전경험 그리기	낱말나열하기 유목화하기	유목화하 유아와 교사의 공동 주제망	유아와 교사의 공동주제망짜기 호기심모으기	호기심모으기 과제토의 (조사활동)
	교사의 의도된 활동					

2주 주간교육 계획안

	교수방법	월	화	수	목	금
2주	유아와 교사공동활동	과제 발표 호기심 분류 호기심해결방법	호기심해결1 과제(조사) 그래프활동	견학(전 활동)	호기심해결2 견학(본 활동)	견학(후 활동)
	교사의도활동					

3주 주간교육 계획안

	교수방법	월	화	수	목	금
3주	유아와 교사공동활동	전문가초빙 (전 활동)	호기심활동3 전문가초빙 (본 활동) 전문가초빙 (후 활동)	호기심활동4 실험(체험)전 실험(체험)본 실험(체험)후	호기심활동5 가상활동이야기 가상활동글쓰기 가상그림그리기	호기심활동 마무리 부족한 활동 보충
	교사의도활동					

4주 주간교육 계획안

	교수방법	월	화	수	목	금
4주	유아와 교사공동활동	전 과정 살펴보기 전시계획	전시계획1 역할분담	전시계획2 전시준비	전시계획3 전시준비	전시회 날

4) 일일 교육계획안 짜기

시간	교수법	교사주도	유아주도
8시~10시	자유선택학습 (개별 활동)		
10시~12시	전체학습 (대그룹 활동)		
	팀 별학습 (소그룹 활동)		

시간	교수법	교사주도	유아주도
	전체학습 (대그룹 활동)		
12시~ 1시30분	점심시간 휴식시간		
1시30분~ 2시30분	자유선택학습 (개별 활동)		

2. 프로젝트 교수학습 방법

1단계	• 1주(개념학습, 탐구학습,설명학습)
2단계	• 2주. 3주(문제해결학습,탐구학습)
3단계	• 4주(5주)(문제해결학습, 협동학습)

1)교수학습방법의 종류

프로젝트는 여러 가지 교수학습 방법을 사용한다. 유아교사들에게 프로젝트 자원만큼이나 교수학습 방법을 잘 알아서 적절한 시기에 적절한 교수법으로 지도하는 것이 매우 중요하다.

교수학습 방법에 대해 간략하게 정리하면 다음과 같다.

(1) 설명 학습;

● 설명학습은 설명법의 교사의 설명에 의해 수업이 진행되며
● 교사가 미리 준비한 내용을 전달 점에서 장점을 말할 수 있고
● 단점으로는 유아들의 학습과정에서 수동적이어서 능동적 탐구 어려움을 가질 수 있다.
● 처음 수업 소개 시 사실적 내용 학습에는 유용한 학습법이다.
● 특히 언어를 매개로 학습을 하기 때문에 유아들에게는 구체적인 매체를 필요로 한다.

● 프로젝트에서는 호기심을 해결하기에서 조사활동, 전문가 초빙 등에서 설명학습이 활
  용된다.

(2) 개념학습

● 개념이란 공통점에 근거하여 같은 집단에 속하는 것으로 구분되는 것으로 사물, 조건,
  사건의 집합으로 이해하는 방법이다. 이런 방법은 모든 학습의 기본이 된다.
● 개념학습의 주요접근으로는 연역적 접근과 귀납적 접근이 있다.
● 프로젝트에서는 유목화(친구찾기) 등을 통해 자연스럽게 중심개념을 익혀가게 한다.

(3) 발문학습

● 학습요소의 내용과 방향을 제시하는 교수의 단계로 학습자의 사고를 유발시켜 새로운
  탐색, 추구, 상상을 확대하고 사고나 행동의 작용을 할 수 있도록 치밀하게 계획된 의
  도적 물음을 하여 수업 진행을 하는 방법이다.
● 발문을 이용하여 교사의 말하기 감소시켜서 학생들 말하기 증가시킨다.
● 단, 그 질문이 폐쇄적 발문이 아니라 개연적 발문이어야 한다.
● 학습자들이 적극적인 참여를 다양하게 분산시키는 데 사용된다.
● 프로젝트에서는 발문학습은 이전경험 나누기와 호기심 모으기 등 수업 과정에 중점을
  둔 전략이다.

(4) 탐구학습

● 교사의 설명에 의하기 보다는 아동이 설정한 질문에 대한 답을 찾아가는 방식으로 구
  성주의적 방식이다.
● 전통적 학습은 교사들이 구성한 교육과정과 교육계획을 실행 하지만 탐구학습은 아동
  에 의해 이루어지며 교사는 안내자이며, 촉진자의 역할을 한다.
● 그렇기 때문에 유아들은 즉흥적 수업을 하나 교사는 계획하고 더 철저히 준비하여야 하며
  탐구학습은 유동적이며 다양한 학습내용에 적용할 수 있다.
● 교사의 설명에 의존하지 않고 아동의 흥미와 호기심으로 탐구한다.
● 전통적 학습은 학습 영역별로 구분되나 탐구학습은 다양한 영역이 통합되고 융통성
  활동이 이루어진다.

● 전통적 학습은 인지영역에 비중을 크게 두는 반면 탐구학습은 신체적, 정서적, 인지적 영역 모두에 비중을 둔다.
● 프로젝트에서 탐구학습은 매우 중요한 교수방법이다. 호기심을 해결해가는 과정에서 지식을 스스로 구성해나가는 과정을 배우는 학습 방법이다.

(5) 문제해결학습

● 어떤 학습 상황이든지 문제에 의해서 학습이 진행되는 교수방법이다.
● 학생들은 문제를 해결하기 위해서 정보와 기술이 필요성 인식하게 된다.
● 정보에 접근방법과 비판적 사고 방법, 문제해결 기술 사용방법을 익히게 하는 방법이다.
● 아동중심학습법으로 아동들이 자신의 호기심을 해결해나가는 방법을 통해 문제해결 능력을 기르게 된다.
● 주로 소집단 구성으로 구성하여 집단별로 문제를 해결해 나간다.
● 이때 교사는 지시자나 설명자가 아니라 안내자 촉진자의 역할을 한다.
● 문제가 문제해결기술을 발달시키는 원동력이 되기 때문에 자기주도적인 학습을 통해 새로운 정보 흡수하게 된다.
● 프로젝트에서 문제 해결학습은 자연스럽게 유아들의 궁금증과 해결 방법을 잘 유도해 주는 교육방법이다.

(6) 협동학습

● 협동학습은 소집단의 구성원들이 공동으로 노력하여 주어진 학습과제나 학습 목표에 도달하는 수업방법이다.
● 협동학습은 개별학습이나 전통적 수업보다 학업성취도를 향상시키는 데 효과적이며,
● 협동학습은 학습과제에 대하여 긍정적인 감정을 지니게 되어 학습 태도 개선 및 학습 동기유발에 기여하게 된다.
● 협동적인 사회적 상호작용의 필요성을 인식하고 이에 적응하도록 함으로써 미래 사회에 대비시키는 교육에 필수적 교육방법이다.
● 프로젝트에서 협동학습은 공동작업 시나 마무리 단계에서 전시를 할 때 함께 구성작업을 하는 중요한 교육방법이다.

2) 프로젝트의 교수학습이론적 배경

이론	발달 및 지식관	교수주도	유아주도
성숙주의 (루소, 게젤)	내적 성숙/준비도	*준비된 환경	*개별학습 (자유선택활동)
행동주의 (스키너, 왓슨)	외부환경의 자극과 경험	*직접교수법 *설명교수법	*전체학습 *개별활동
구성주의 (삐아제, 존듀이)	유전과 환경의 상호작용/개인차 구성적 지식	*개념학습법 *발문교수법	*탐구학습 *문제해결학습
사회구성주의 (비고츠키)	사회적 상호작용		*협동학습 *문제해결학습

3) 교수유형(프로젝트 수업 상호작용 시)

프로젝트는 아래의 다양한 교수법이 알맞게 진행될 때 성공적인 프로젝트가 이루어질 수 있다.

비시지적 교수유형			중재적 교수유형			지시적 교수유형	
인정하기	모델 보이기	촉진하기	지원하기	비계설정하기	함께 구성하기	시범보이기	지시하기

교수유형	교수활동	실제
인정하기	유아가 활동을 지속하도록 긍정적 격려	자전거를 잘 탄다고 칭찬
모델보이기	바람직한 행동을 보여주기	자전거를 제자리에 갖다 두기
촉진하기	다음단계 기능습득을 위해 일시적 도움	자전거탈 때 뒤를 잡아주기
지원하기	지속적인 도움(교사의 단계적 도움)	보조바퀴 달기 - 떼기
비계설정하기	외부적 지지를 지원 후 점차 제거하는 과정	혼자 잘 타면 도움제거
함께 구성하기	교사와 유아가 함께 공동의 학습	교사와 유아 함께 자전거타기
시범 보이기	교사의 지시적 (교사의 적극적 참여)	자전거 앞바퀴를 바르게 하기
지시하기	유아행동의 방향을 구체적으로 제시	자전거와 충돌 않게 조심시키기

● 교수유형비교(단, 몬테소리나 프뢰벨도 현재의 교수방법을 발전시키면 중재적, 비지지
적 방법이 포함된다)

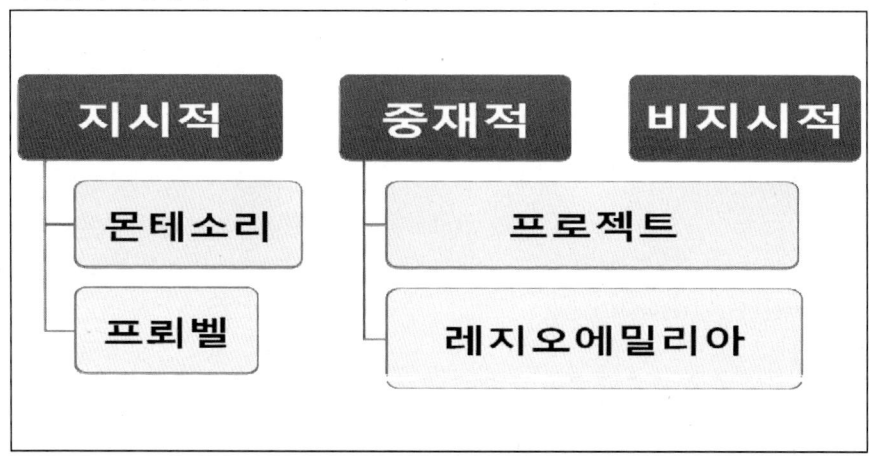

4) 프로젝트 교수학습의 이론과 실제

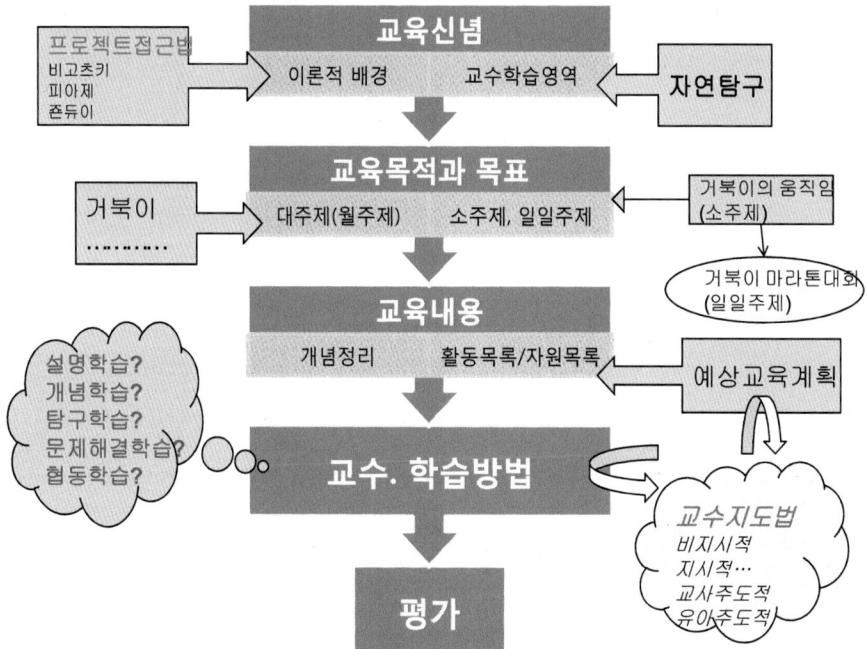

교사는 프로젝트를 실천하는 데 있어서 이론에서 실제를 하나로 연결고리를 가지고 프로그램을 짜고 교육계획안을 짜고 교수방법을 택하며 평가를 해야 한다.

● 교육신념은 프로젝트의 이론적 배경을 잘 이해하는 데 있다.

   이에 적합한 역시 교수학습 영역을 전체적으로 살펴본다.

● 교육목적과 목표는 대주제(월주제)와 소주제, 일일 주제 등을 잘 구성해야 한다.

● 교육내용은 프로젝트 주제에 대한 중심개념 및 활동목록표와 자원목록표 등 교사가 미리 준비해 놓으면서 교사 자신이 교육내용을 잘 이해하고 있어야 한다.

● 교수·학습방법은 예상교육계획을 짜면서 이미 어떤 교수 방법으로 지도할 것인가를 예측할 수 있어야 하며 이때 설명학습, 개념학습, 탐구학습, 문제 해결학습, 협동학습 등을 적절한 수업 과정 자연스럽게 그리고 유아들에게는 발현적 교육과정이 되도록 진행되어야 한다.

● 평가는 유아의 평가, 교사의 평가, 부모의 평가, 지역사회의 평가 등 다양한 평가를 미리 기획하여 포트폴리오 평가가 되도록 일년을 천천히 정확하고 신빙성 있는 평가가 되도록 해야 한다.

II. 교육계획안 실제

● 안경프로젝트(자료 제공; 유아 수강생 최미정)

1) 주제선정 이유 및 교사의 예비주제망

주 제	"안경"
주제선정 이유	수업시간 중 교사의 안경 쓴 모습을 보고 아이들이 "선생님은 왜 안경을 쓰세요" 라는 질문을 받고 안경을 쓰는 이유를 말해주게 되면서 안경은 무엇으로 만드는지… 왜 안경을 쓰는지… 어디서 파는지, 시력이 나빠지지 않으려면 어떻게 해야할지 등 안경에 대한 호기심을 해결하기 위해 이 주제로 선정하게 되었다.
활동기간	시 작 : 2007년 3월 5일 ~ 3월 9일 전 개 : 3월 12일 ~ 3월 23일 마무리 : 3월 26일 ~ 3월 30일

예비주제망

2) 자원목록표

《자원목록표》

	1차	2차	3차
시 작	● 안경실물자료 (돋보기안경, 안경, 선글라스, 물안경 등)	● 안경과 관련된 동화책 ● 안경이 들어간 잡지나 팸플릿	조사활동지
전 개	● 전문가초빙 (안과의사)	● 잡지에서 여러 가지 안경 오려오기 ● 선글라스를 쓴 우리 가족 사진 ● 패션쇼 비디오	
마무리	● 안경점 견학		

3) 활동목록표

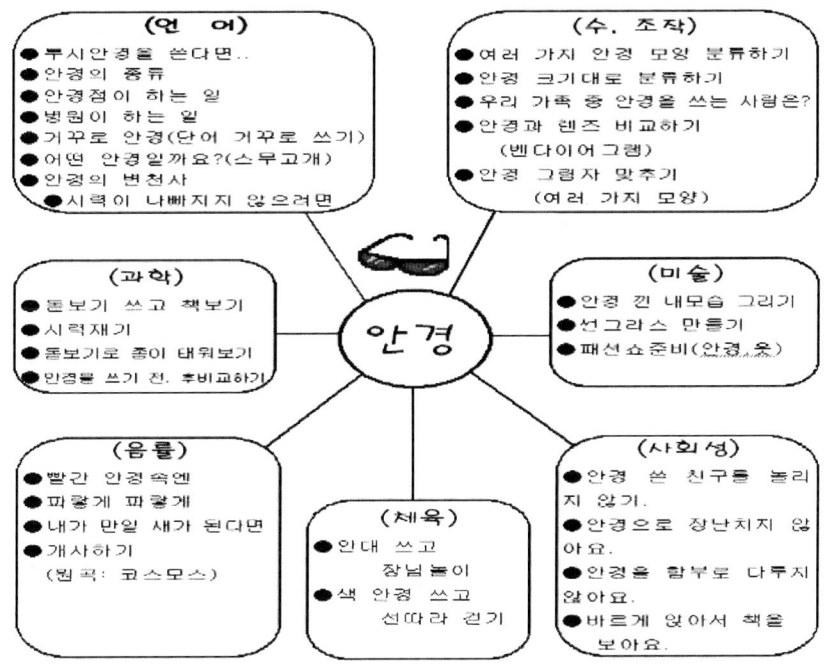

4) 이전경험나누기

●교사:

●예전에 선생님이 학교 다닐 때 칠판에 글씨가 잘 보이지 않아
안과에 가서 검사를 받았는데 시력이 안 좋아서 안경을 써야 했어.
안경을 처음 썼을 때는 조금 어지럽기도 했는데 멀리 있는 것이
잘 보여서 편리하기도 하더라.

●어렸을 때 할머니가 안경을 끼고 계신 모습을 보고 안경이 너무
신기해서 나도 껴 보고 싶다는 생각을 했었어. 실제로 써
보았더니 가까이에 있는 글씨가 무척 크게 보였어. 그 안경은
돋보기라고 한 대.

●아동:

●성하아빠도 눈이 나쁘셔서 안경을 쓰고 계셔요. 엄마도요.

●안경을 썼는데 친구가 얼굴을 때려서 안경이 떨어졌어요.
그래서 코에 상처가 났어요.

●집에 있는 아빠안경을 몰래 써보았더니, 무척 어지러웠어요.

●앞이 잘 보이지 않아 엄마랑 안경점에 가서 안경을 샀어요.
안경을 썼더니, 앞이 잘 보였어요.

●할머니, 할아버지가 쓰시는 안경은 돋보기라고 했어요.

5) 낱말나열하기(생각모으기)

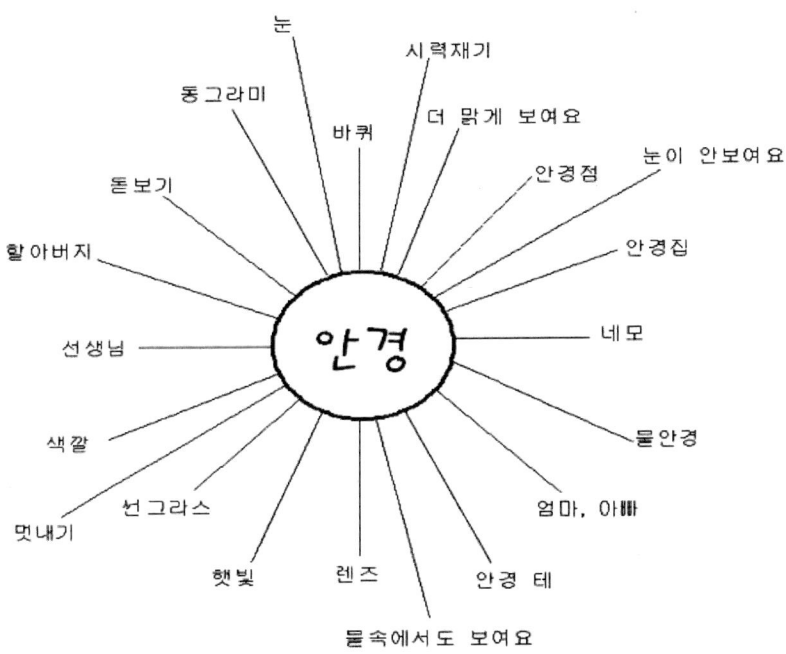

6) 유목화하기

			멋내기	
	아빠		눈이 안보여요	색깔
네모	엄마	물안경	물속에서도 보여요	안경집
바퀴	선생님	선그라스	햇빛을 가려요	안경테
동그라미	할아버지	돋보기	맑게 보여요	렌즈
모양	쓰는사람	종류	용도	구조

7) 주제망 짜기

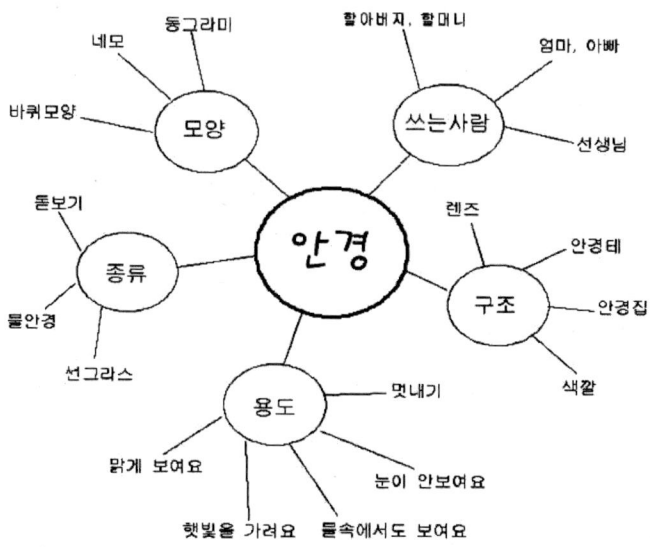

8) 호기심 모아서 해결하기

<<조사(질문목록)>>

(1)안경은 어떻게 만들어 지나요?	(2)안경에 있는 유리는 어떻게 잘 보이게 할 수 있나요?
(3)안경의 종류는 무엇이 있어요?	(4)왜 사람마다 시력이 다른가요?
(5)안경이 망가지면 어디에서 고치나요?	(6)안경 대신 사용할 수 있는 것이 무엇이 있나요?

9) 월간시간표

	월	화	수	목	금
1주 <1단계>	· 이야기나누기 · 그리기(1차표상) · 음률	· 낱말나열하기 · 유목화하기 · 언어(상상하기)	· 주제망짜기 · 수. 조작 · 과학	· 질문모으기 · 미술	· 질문분류 (5가지방법) -과제토의 · 언어
2주 <2단계>	· 과제발표 · 전시하기 · 질문분류체크하기 · 음률	· 수. 조작 -벤다이어그램 · 언어	· 견학 전 활동 · 미술 · 체육	· 견학 (질문목록, 조사하기)	· 견학 후 활동 · 그리기
3주 <2단계>	· 언어 · 과학	· 질문목록 약속하기 · 수. 조작 · 음률-개사하기	· 전문가초빙 후 활동 · 언어	· 과학 · 언어	· 미술 · 체육
4주 <3단계>	· 전과정 살펴보기 · 패션쇼계획하기 · 음률	· 패션쇼준비과정 · 미술: 패션쇼준비-안경, 옷 · 언어: 초대장쓰기			· 패션쇼

10) 주간시간표

	월	화	수	목	금
<1단계> 3월5일~9일	이야기나누기 그리기(1차표상) (음률)빨간 안경속엔	낱말나열하기 유목화하기 (언어)상상-투시안경 을 쓴다면..	주제망짜기 (수. 조작)여러가지 안경 모양 분류하기 (과학)돋보기 쓰고 책보기	질문모으기 (미술)안경 낀 내모습 그리기	질문분류 (5가지방법) -과제토의 (언어)안경의 변천사
	월	화	수	목	금
<2단계> 3월 12일~16일	과제발표 전시하기 질문분류체크하기 (음률)파랗게 파랗게	(수. 조작)안경과 렌즈 비교하기 -벤다이어그램 (언어)안경점과 병원이 하는 일	견학 전 활동 (미술)썬그라스 만들기 (체육)안대 쓰고 장님놀이	견학 (질문목록, 조사하기)	견학 후 활동 (그리기)견학을 다녀와서
	월	화	수	목	금
<2단계> 3월 19일~23일	(언어)거꾸로 안경 (단어 거꾸로 쓰기) (과학)시력재기	질문목록 약속하기 (수. 조작)안경 그림자 맞추기 (음률)개사하기 -원곡: 코스모스	전문가초빙 후 활동 (언어)전문가에게 감사편지쓰기	(과학)돋보기로 종이 태워 보기 (언어)어떤 안경일까요? (스무고개)	(미술)썬그라스만들기 (체육)색 안경 쓰고 선 따라 걷기
	월	화	수	목	금
<3단계> 3월 26일~30일	전과정 살펴보기 패션쇼계획하기 (음률)내가 만일 새가 된다면	패션쇼준비과정 (미술)패션쇼준비-안경, 옷 (언어)초대장쓰기			패션쇼

11) 일일 교육계획안

1주

날짜	2007년 3월 5일(월요일)		
시간	활동명	목표	준비물
8:00 ~10:00	자유선택활동 (안경색칠하기, 수막대) (1:1학습)	등원 후 정리정돈을 시킨 다음, 자유선택활동을 한다.	도안자료, 수막대
10:00 ~12:00	이전경험나누기 (전체학습)	안경에 대한 이전경험을 이야기 나누어본다.	
	1차표상그리기 (소그룹활동)	교사와 아이의 이전경험을 서로 이야기를 나누어본 다음 실물을 보지 않고 1차표상을 한다.	종이, 연필 ,지우개
	(음률) 빨간양경속엔 (전체학습)	안경과 관련된 새노래를 배워본다.	가사판
12:00 ~1:00	점심 및 양치지도	음식을 남기지 않고 골고루 먹는다.	
1:00 ~2:00	(언어)끝말잇기 "안경"부터 시작 (1:1학습)	끝음절의 첫소리로 새로운 단어를 만들어본다.	

2주

날짜	2007년 3월 14일(수요일)		
시간	활동명	목표	준비물
8:00 ~10:00	자유선택활동 (칠교놀이, 동화책보기) (1:1학습)	등원 후 정리정돈을 시킨 다음, 자유선택활동을 한다.	색종이(칠교종이),동화책
10:00 ~12:00	(이야기나누기) 견학 전 활동 (전체학습)	견학시 지켜야 할 주의사항을 듣고, 견학시 질문할 목록을 분류한다.	
	(미술)썬그라스 만들기 (소그룹활동)	준비된 재료로 나만의 썬그라스를 예쁘게 만들어본다.	모루, 셀로판지, 마분지, 가위등
	(체육) 안대쓰고 장님놀이 (전체학습)	활동방법: 술래가 된 친구가 안대를 쓰고 다른 친구들은 박수를 치면서 있다는 걸 소리로 표현해준다.	안대
12:00 ~1:00	점심 및 양치지도	음식을 남기지 않고 골고루 먹는다.	
1:00 ~2:00	(언어)안경나라에 간다면.. (1:1학습)	상상하기-내가 생각하는 안경나라는 어떤 곳일까 생각을 하여보고 그림이나 글로 표현해 본다.	

3주

날짜	2007년 3월 20일(화요일)		
시간	활동명	목표	준비물
8:00 ~10:00	자유선택활동 (퍼즐맞추기-안경 ,NIE-안경단어찾기) (1:1학습)	등원 후 정리정돈을 시킨 다음, 자유선택활동을 한다.	퍼즐, 신문지, 활동지, 가위, 풀
10:00 ~12:00	(이야기나누기) 질문목록약속하기 (전체학습)	전문가 초빙에 앞서 질문목록을 분류하고 지켜야 할 약속을 정하여 본다.	
	(수. 조작)안경 그림자 맞추기 (소그룹활동)	여러 모양의 안경 그림을 준비한다음 같은 모양의 그림자를 찾아본다.	그림자카드
	(음률) 개사하기 원곡-코스모스 (전체학습)	원곡(코스모스) 노래를 들어보고, 안경에 맞는 가사를 만들어 개사하여 본다.	가사판
12:00 ~1:00	점심 및 양치지도	음식을 남기지 않고 골고루 먹는다.	
1:00 ~2:00	(게임)낱말 찾는 안경 (전체학습)	대그룹 활동으로 서로간의 협동심을 기를 수 있다.	교구

4주

날짜	2007년 3월 26일(월요일)		
시간	활동명	목표	준비물
8:00 ~10:00	자유선택활동 (NIE-안경단어따 라쓰기, 동화책보기) (1:1학습)	등원 후 정리정돈을 시킨 다음, 자유선택활동을 한다.	NIE활동지 연필, 지우개
10:00 ~12:00	전과정 살펴보기 (전체학습)	지금까지 안경에 대해 배워본 내용을 교실에 전시된 활동지를 보면서 살펴보는 시간을 갖는다.	
	패션쇼 계획하기 (소그룹활동)	"안경패션쇼"를 앞두고 초대장, 안경, 의상, 환경등 계획하여 본다.	
	(음률) 내가 만일 새가 된다면 (전체학습)	안경과 관련된 새노래를 배워본다.	가사판
12:00 ~1:00	점심 및 양치지도	음식을 남기지 않고 골고루 먹는다.	
1:00 ~2:00	(종이접기)안경 (소그룹활동)	막대접기를 응용해 안경을 만들어본다.	색종이, 풀

● 년간계획안 브레인 스토밍

− 1학기 예상계획안

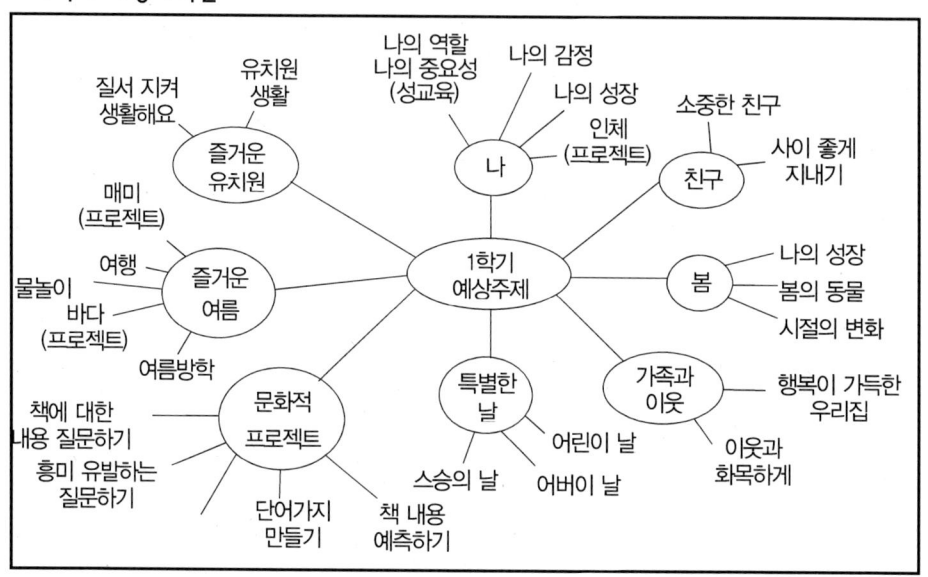

− 2학기 예상계획안

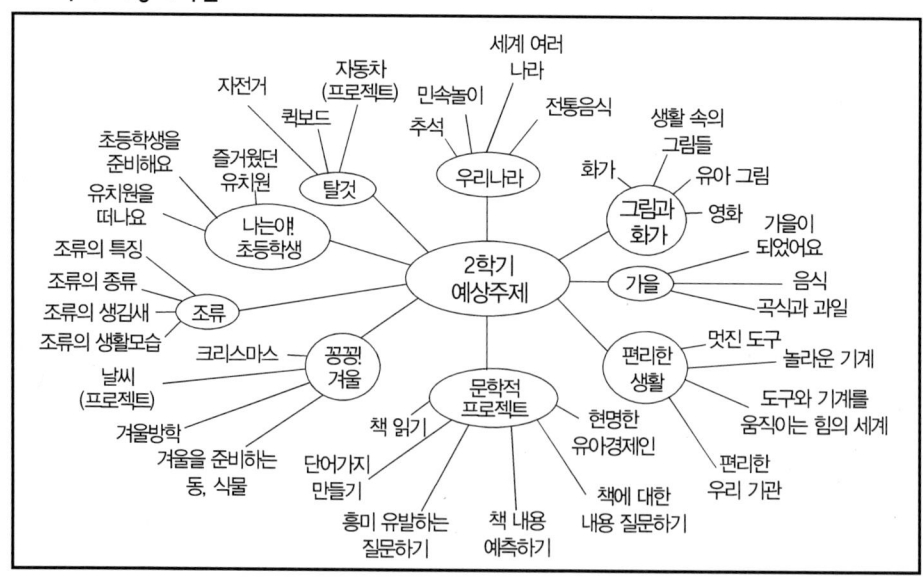

- 추가 예상 주제(아동의 흥미와 시사성 포함)

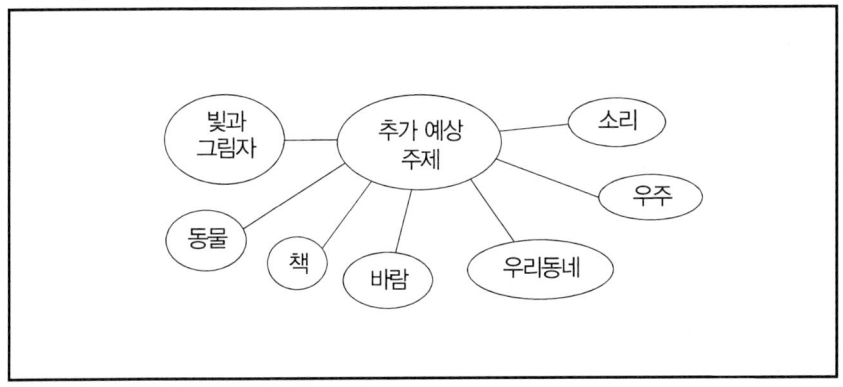

2부 창의성 프로젝트

장

창의성 프로젝트 이론

I. 창의성 프로젝트 이론

1. 프로젝트의 종류(방향)

1) 일반 프로젝트

일반 프로젝트는 일정한 틀이 있고 특히 유아의 눈에 보이고 직접 만들 수도 있고 그 주제가 있는 장소, 즉 현장견학 장소가 있는 경우 일반 프로젝트라 한다.

일반 프로젝트는 가장 많이 사용하는 프로젝트의 방법으로 요즘 현장에서 쉽게 프로젝트를 할 수 있게 다음과 같은 틀을 갖추고 있다.

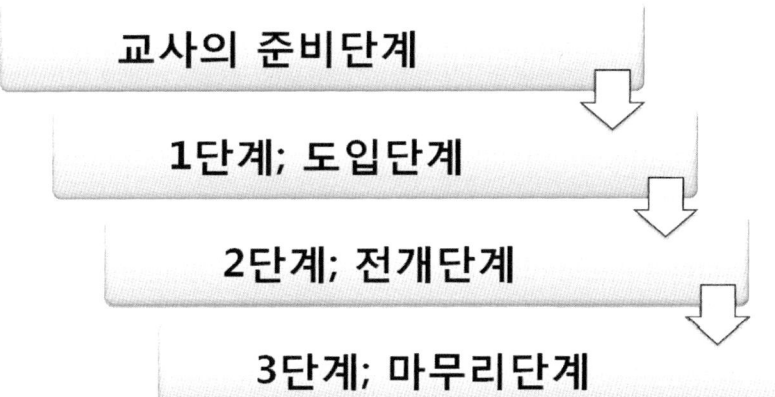

2) 인성 프로젝트(감성지능 프로젝트)

인성 프로젝트의 경우는 일반 프로젝트와는 달리 유아의 눈에 보이지는 않지만 존재하는 주제를 하는 경우이다. 이런 주제의 예로는 '엄마의 사랑', 친구의 우정', '아버지의 마음' 등등 주제 자체가 유아들에게 어려운 주제일 수 있다. 이런 인성 프로젝트의 경우는 일반 프로젝트를 오래 한 유치원이나 연령이 6~7세 이상의 경우는 필요한 주제이기도 하다.

인성 프로젝트를 많이 있는 교육기관은 종교재단의 경우가 많다.

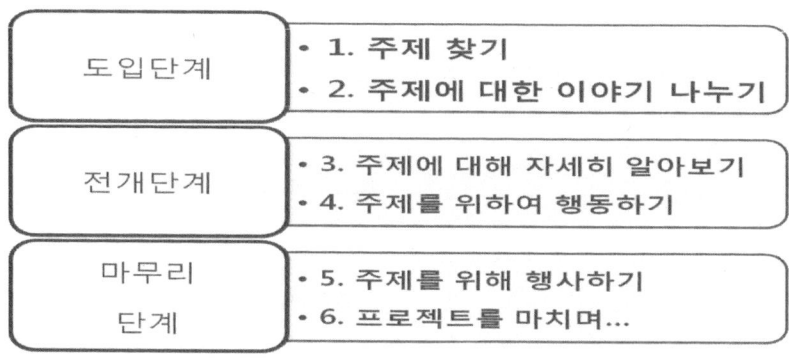

2. 창의성 프로젝트의 원리와 종류

창의성 프로젝트는 다양한 프로젝트의 종류를 만들어낼 수 있다.

일정한 틀도 없고, 일반 프로젝트처럼 평범한 주제부터 특별한 주제에 이르기까지 심지어는 프로젝트 기간에 있어서도 월 단위의 주제인 경우도 있지만, 주 단위, 하루 단위의 이벤트성 주제도 존재한다.

다음의 다양한 창의성 프로젝트의 종류를 살펴보기로 하겠다.

● 창의성 프로젝트의 종류
  (1) 전체통합 프로젝트
  (2) 부분통합 프로젝트
  (3) 한 영역을 중심으로 한 프로젝트
  (4) 한 이론을 중심으로 한 프로젝트
  (5) 교육과 경영 프로젝트

다음은 창의성 프로젝트의 여러 형태를 소개한다.

소개되는 프로젝트를 이해 하기 위해서는 자유로운 생각의 발상이 요구된다.

프로젝트를 이해하는 것은 하나의 완성된 이론으로 보지 말고 좋은 이론 만들기의 연장선에 있다고 생각하고 다양한 종류의 프로젝트가 나올 수 있게 연구하여 다음과 같이 간략하게 아이디어를 제공을 한다.

(1) 전체통합 프로젝트

전체통합 프로젝트는 일반 프로젝트처럼 5~6개 영역을 통합하여 주제를 중심으로 활동을 전개하는 경우이다. 그러나 한 달 단위로 끝날 때도 있으니 레지오 에밀리아처럼 6개월, 1년, 2년…… 등 장기 프로젝트가 가능하다.

또한 일반 프로젝트의 틀을 유지하기도 하지만 1단계, 2단계, 3단계의 틀을 순서대로 하지 않을 수도 있고, 순서를 뒤바꿔 할 수도 있다. 현장의 변화하는 상황에 맞추기 위해 형식의 변화를 요하는 경우에는 창의성 프로젝트라고 할 수 있다.

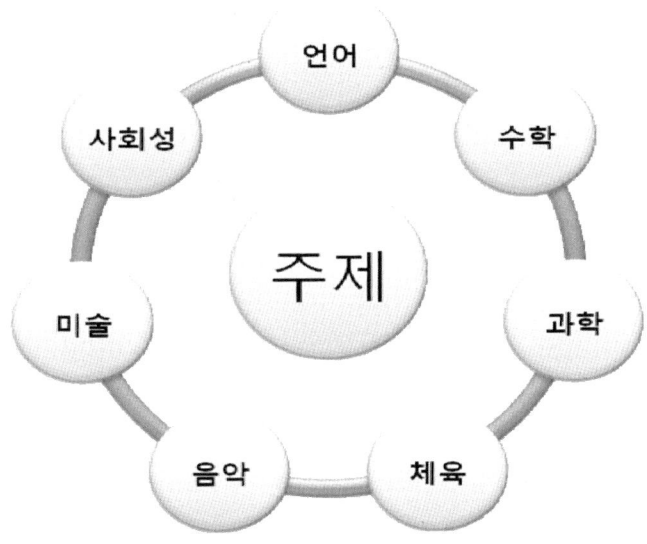

(2) 부분통합 프로젝트

전체통합 프로젝트의 경우는 한 주제를 중심으로 여러 영역이 함께 수업 중에 활동되나 부분 통합 프로젝트의 경우는 영역 간 통합을 말한다. 주로 이런 경우는 프로젝트의 기간이 짧아지거나 연령에 따라 필요하거나 중점을 주어야 하는 경우 활용된다.

2영역끼리 통합, 3영역끼리 통합, 4영역끼리 통합하여 주로 코너학습, 자유선택학습 시 활용된다. 각 영역끼리 통합하면 좋은 영역들이 있어 이런 부분통합을 연구하면 학문의 통합이 또 다른 학문간 통합으로 학문의 발전을 예고한다고 할 수 있다.

기존의 학문은 세분화되고 각 학문 간의 교류가 없어서 생활 속에서 그 학문을 활용하기란 매우 힘들었다. 실용화되고 생활에 유용한 학문이 되기 위해서는 서로 유용한 학문끼리는 통합되어야 한다. 프로젝트는 이런 영역 간 통합을 통해 보다 생활에 실용화되고 유용한 교육으로 자리매김해가고 있다.

다음에 부분통합 프로젝트의 다양한 통합을 제시한다.

● 부분통합 프로젝트 – 2영역 통합

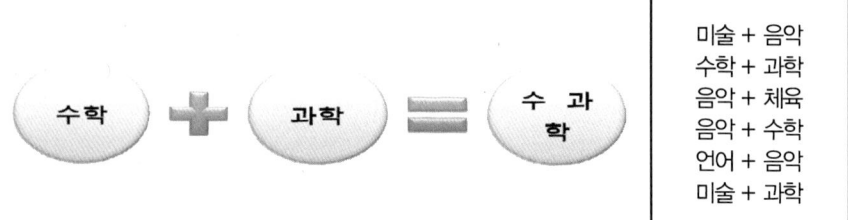

● 부분통합 프로젝트 – 3영역 통합

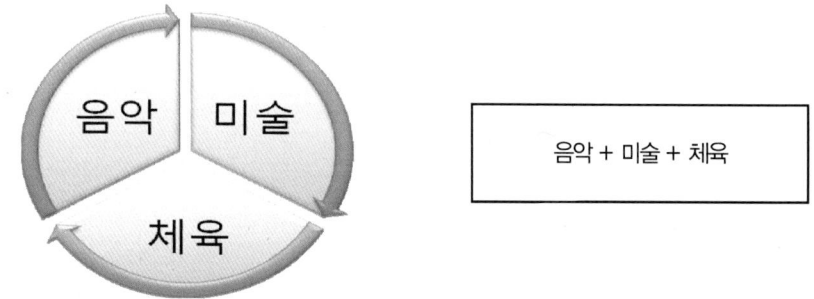

● 부분통합 프로젝트 - 4영역 통합

언어 + 음악 + 미술 + 체육 = 드라마

(3) 한 영역을 중심으로 한 프로젝트

● 미술중심 프로젝트

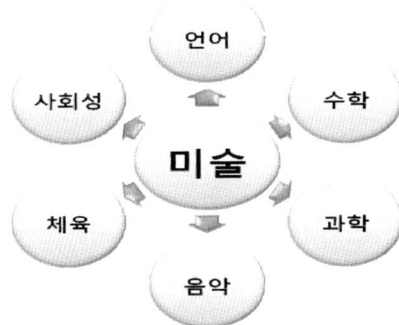

미술 + 언어
미술 + 수학
미술 + 과학
미술 + 음악
미술 + 체육
미술 + 사회성

● 음악중심 프로젝트

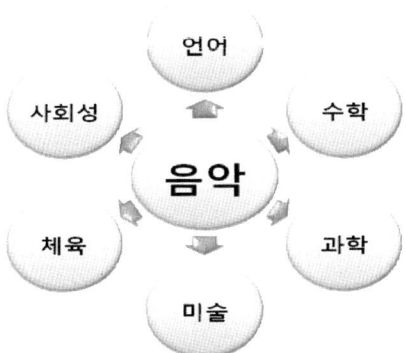

음악 + 언어
음악 + 수학
음악 + 과학
음악 + 미술
음악 + 체육
음악 + 사회성

● 동화중심 프로젝트

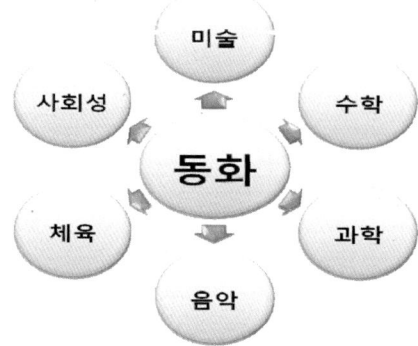

동화 + 미술
동화 + 수학
동화 + 과학
동화 + 음악
동화 + 체육
동화 + 사회성

● 동시중심 프로젝트

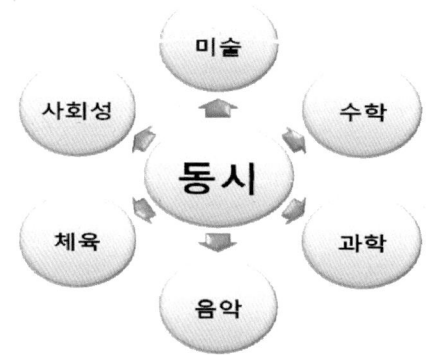

동시 + 미술
동시 + 수학
동시 + 과학
동시 + 음악
동시 + 체육
동시 + 사회성

● 문학중심 프로젝트

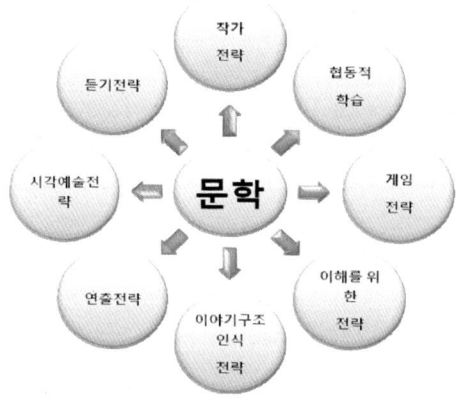

문학 + 미술= 시각예술
문학 + 언어=듣기, 이해
문학 + 논라= 이야기구조인식
문학 + 체육=게임
문학 + 사회성=협동적 학습
문학 + 극놀이=연출

● NIE중심 프로젝트

NIE + 미술
NIE + 수학
NIE + 과학
NIE + 음악
NIE + 체육
NIE + 사회성

● 놀이(게임)중심 프로젝트

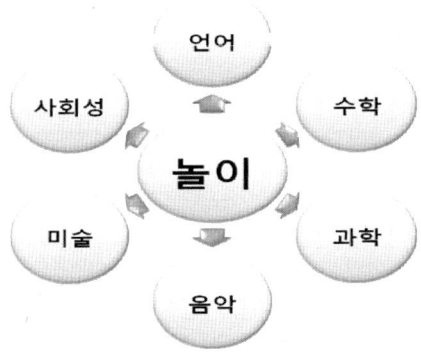

놀이(게임) + 언어
놀이(게임) + 수학
놀이(게임) + 과학
놀이(게임) + 음악
놀이(게임) + 체육
놀이(게임) + 사회성
=

● 극 놀이중심 프로젝트

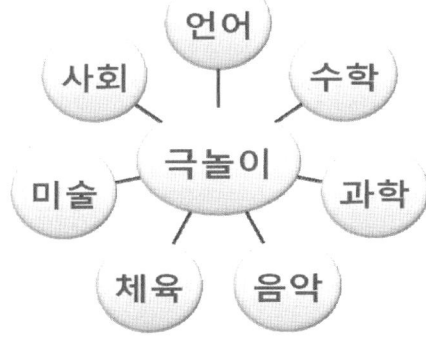

극놀이 + 언어
극놀이 + 수학
극놀이 + 과학
극놀이 + 음악
극놀이 + 체육
극놀이 + 미술
=

(4) 한 이론을 중심으로 한 프로젝트

기존의 이론들을 다시 재기획하여 보다 유아들에게 도움이 되는 이론이 되도록 프로젝트
할 수 있다.

● 몬테소리 프로젝트

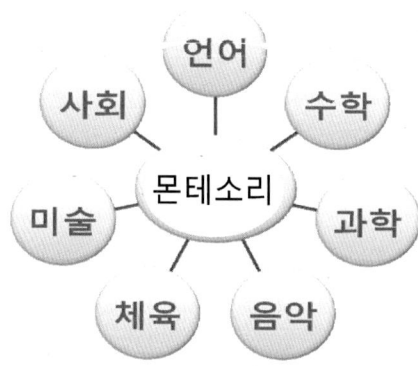

일상 = 사회성 + 체육
수교육 = 수학 + 언어
언어교육 = 언어
문화교육＝언어＋사회
감각교육＝체육＋미술
생물교육＝과학＋수학
지리교육＋과학＋사회
음악, 체육＝음악＋체육
미술교육 = 미술
종교교육＝사회＋언어
사회교육＝사회

● 삐아제 프로젝트

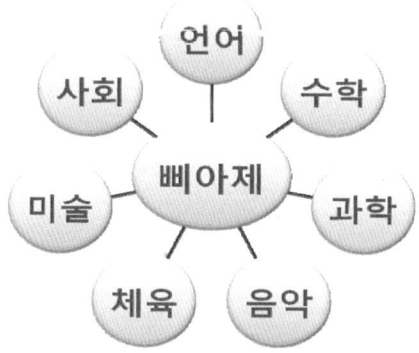

물리적지식＝체육＋미술＋음악
논리적지식＝수학＋과학＋언어
사회적지식＝언어＋사회

● 프뢰벨 프로젝트

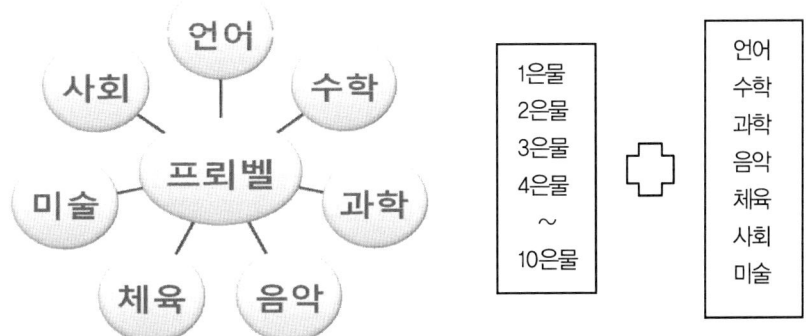

(5) 교육과 경영 프로젝트

교육과 경영은 함께 공유되는 것으로 프로젝트란 교육과 경영모두에게 도움을 줄 수 있으며 함께 운영되어야 한다.

예를 들어 프로젝트가 들어간 교육기관은 교육도 잘되고 경영도 잘된다.

원장은 경영자이지만 교육을 알고 경영을 하고 교사는 교육자이지만 자신이 맡고 있는 경영을 역시 책임지는 자이다. 원장과 교사는 아동을 위해 교육과 경영을 함께 생각하고 실천해 가는 자라고 할 수 있다.

이렇듯 다양한 프로젝트가 존재할 수 있다.

프로젝트의 종류는 앞으로도 더욱 다양한 종류의 프로젝트가 존재할 수 있다.

예를 들어 예술통합 프로젝트, 창의영재 프로젝트, 영어통합 프로젝트…… 무한대의 프로젝트가 존재할 수 있다.

3. 창의성 프로젝트의 교육적 시사점

1) 장기 단기 프로젝트가 가능하다.
2) 영아~초등까지 다양한 수준의 프로젝트가 가능하다.
3) 부분 통합 프로젝트로 자유선택학습의 활성화를 도울 수 있다.
4) 학문 간의 통합으로 새로운 과목(영역)를 만들어낸다.
5) 아동의 잠재능력을 위해 또래와 교사와 부모의 창의력을 발휘할 수 있는 공동의 기회를 갖게 된다.
6) 지금의 교육과정의 문제점을 개선할 수 있는 대안적 교육과정을 제공한다.
7) 창의적 유아를 위한 창의적인 교사와 창의적인 부모와의 연계성을 가진다.

II. 창의성 이론

1) 창의성의 정의

- 창의성(creativity, creativeness)이라는 개념의 본질을 그 동안 많은 연구들이 있어 왔지만, 다양한 의견들이 분분하다.
- Maslow는 창의성을 일상생활 전반에 나타나며, 매사를 보다 창의적으로 수행할 때, 나타나는 성향이라고 했다. 즉 자신의 맡은 일에서 얼마나 창의적으로 사고하고 행동할 수 있느냐를 기준 삼는다.
- 가장 많이 알려진 창의성은 Guilford(1967)가 언급한 창의적인 문제 해결 과정에 중점을 둔 확산적 사고(divergent thinking) 중심의 인지적 능력으로 여겨지고 있다.

2) 창의적인 사고

- Guilford(1956, 1959, 1967)는 인지능력을 강조하는 지능구조 모델(Structure of Intellect: SI 모델)을 통하여 창의성의 개념을 설명하고 있다.

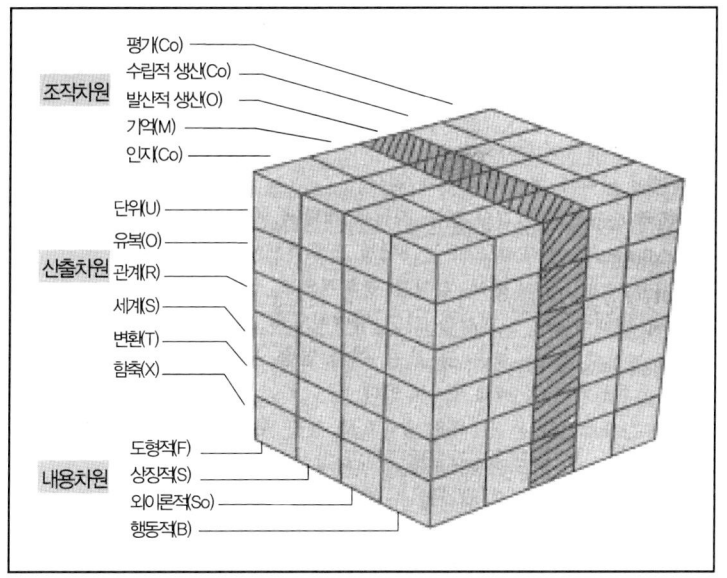

● Guilford(1967)는 이 확산적 사고를 구성하는 요인문제… …
● 민감성(sensitivity to problem)
● 유창성(fluency)
● 독창성(originality)
● 융통성(flexibility)
● 분석능력(analysis)
● 종합능력(synthesis)
● 복잡성(complexity)
● 평가(evaluation) 등의 8개를 가정
● 8개의 구성요인 중, 유창성 독창성 융통성 정교성의 중요한 인지 능력

창의성구성요인 중, 유창성 · 독창성 · 융통성 · 정교성이란?

(1) 유창성(fluency)

특정한 문제 상황에서 가능한 한 많은 양의 아이디어를 산출할 수 있는 능력이며, 이는 사고의 풍부함과 연관된 양적인 능력

(2) 융통성(flexibility)

고정적으로 사고하는 것이 아니라, 관점이나 시각, 사고방식 자체의 틀을 깨고 다각적이고 다방면으로 사고를 변화시키고 다양한 아이디어나 해결책을 통찰해내는 능력

(3) 독창성(originality)

기존의 사고에서 탈피하여 직면한 문제에 대하여 참신하고 독특한 아이디어를 산출하는 능력

(4) 정교성(elaboration)

처음 제안된 아이디어를 다듬고 발전시켜 표현하는 능력, 단순한 틀에 세부적인 것을 덧붙여서 골격을 완성시킬 수 있는 능력

다음은 창의성의 일반적 기준으로 3가지 요소는 함께 공존할 때 진정한 창의성이라 할 수 있다.

● 창의성의 일반적인 기준

3) 창의성과 지능

● 지능과 창의성 간의 상관관계는 매우 낮다.
● 단, Guilford의 가설적인 연구에 따르면 지능이 높은 집단일수록 지능이 낮은 집단에 비해 창의성의 폭은 높다.
● 창의성은 지능보다는 환경의 영향이 더 크다.
● 환경의 영향이란 교사, 부모, 지역사회의 영향이다.

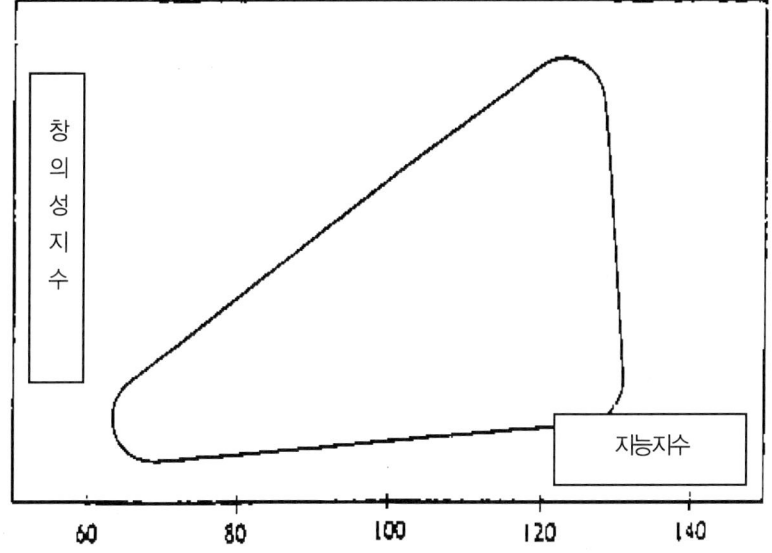

다음은 지능(일반지능)과 창의성에 의한 아동의 분류를 나타내고 있다.

● Wallach와 Kogan(1967)지능과 창의성 관계된 아동의 4분류

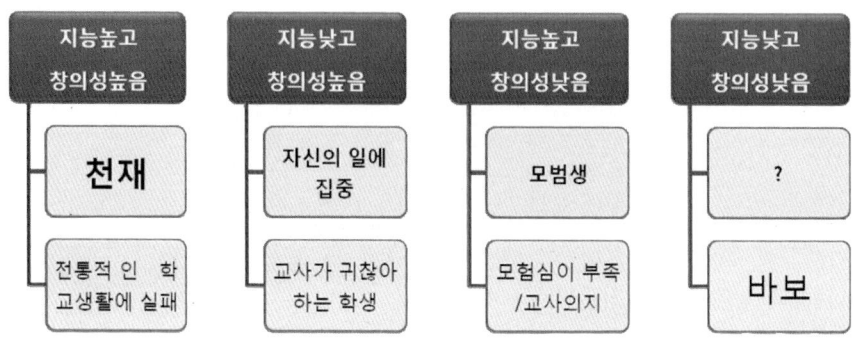

4) 확산적 사고

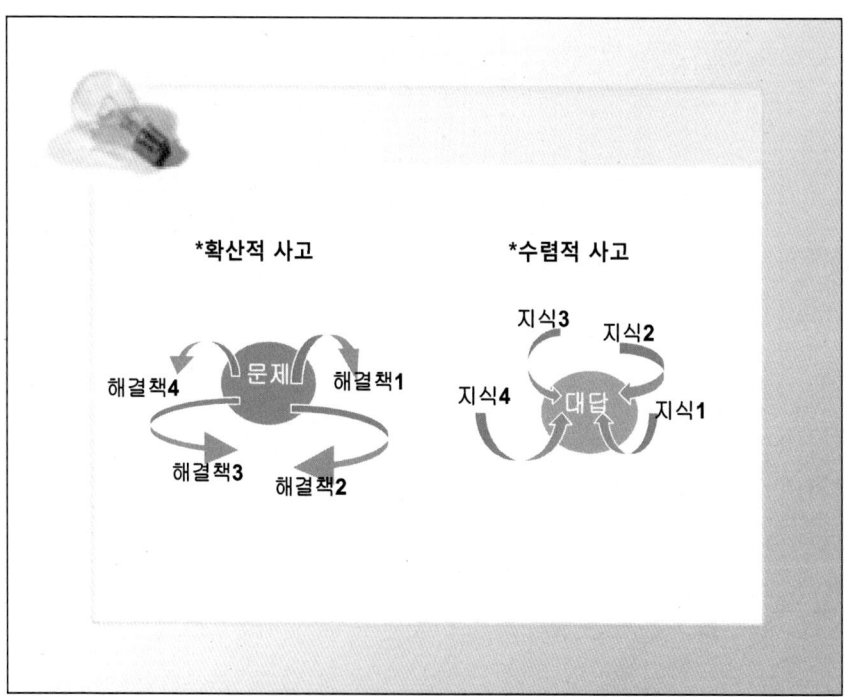

5) 창의적인 아동의 특성

1) 질문이 많다.
2) 사소한 일이나 상상의 세계에서 일어나는 일도 이치를 따져보며 논리적 생각하는 경향이 있다.
3) 침착하지 못하고 주의가 산만한 경우가 있다.
4) 어휘표현 수준이 높고 자유롭다.
5) 유머감각이 뛰어나다.
6) 호기심이 많다.
7) 틀에 박힌 규율을 싫어한다.
8) 어떤 물건을 생각할 수 없는 방법으로 활용한다.
9) 아이디어가 풍부하다.
10) 실수를 두려워하지 않고 모험을 즐긴다.
11) 앞뒤가 맞지 않는 모순된 일에 민감하다.
12) 일상적인 사물을 통해 독특한 아이디어를 개선한다.
13) 사물을 결합하거나 변형하는 융통성이 있다.

6) 창의성을 방해하는 요소

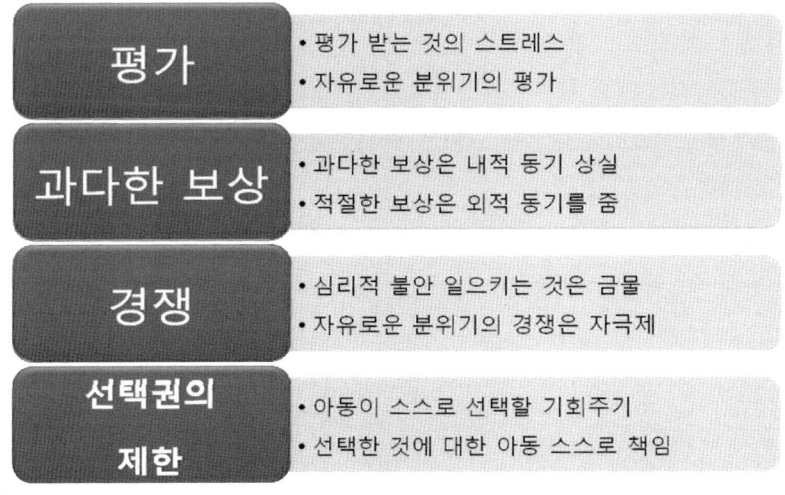

● 창의성을 저해하는 말들······
다음의 말들은 무심코 사용하는 경우가 많다. 유아들에게는 조심해야 할 말들이다.

➢ 말도 안 되는 소리 하지 마.
➢ 얼씨구 잘한다.
➢ 웃기고 있네.
➢ 아, 이리 줘, 내가 해 줄게.
➢ 쓸데 없는 짓 좀 그만해.
➢ 어린애가 그런 것 알아서 뭐하니?
➢ 너 또 어지럽혔구나.
➢ 넌 만날 왜 그런 것만 물어보니?
➢ 시키는 대로 해야지, 그대로 해야 돼.
➢ 너는 너무 어려서 안 돼.
➢ 웬 말이 그렇게 많니? 하라면 할 것이지.
➢ 여자 애가 말이야, 남자 애가 말이야.
➢ 참견 말고 네 일이나 해.
➢ 너 바보냐?
➢ 도대체 넌 커서 뭐가 되려고 그러니?
➢ 야! 네가 지금 그런 것 할 때니?
➢ 네가 하는 다 그렇지 뭐.
➢ 하늘은 하늘색으로 칠해야지. 그런 색은 하늘에 없어.
➢ 넌 도대체 누굴 닮았냐?
➢ 아니, 뭘 당연한 걸 가지고 그러니?
➢ 그런 건 해보나마나 안 돼.

7) 창의성을 증진하는 단계

다음의 5단계를 활용하여 교사들은 아동의 창의성을 증진할 수 있다.

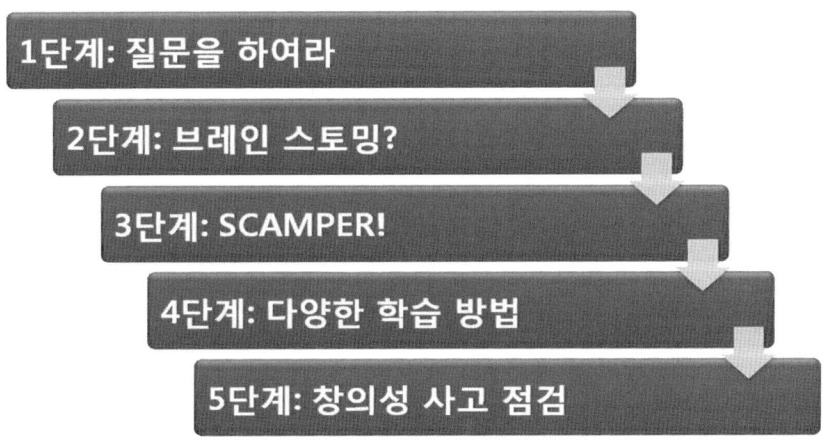

(1) 1단계 – 질문을 하여라.

(2) 2단계 - 브레인 스토밍를 함께 하라.

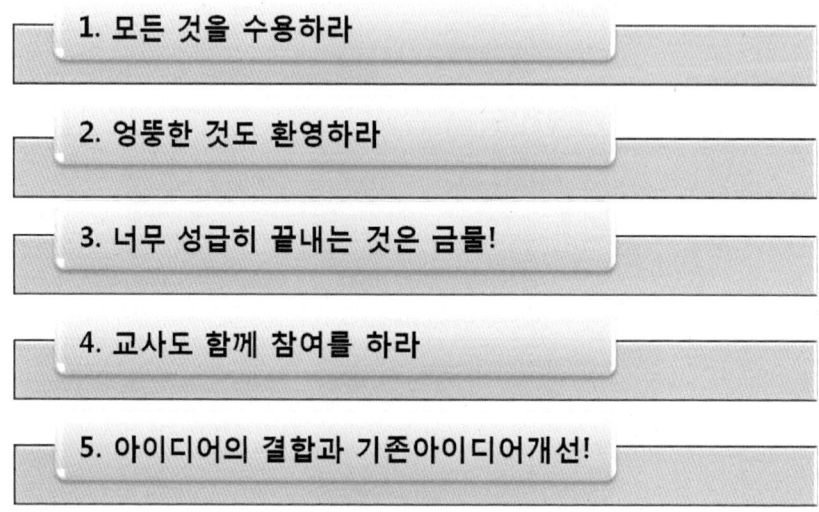

1. 모든 것을 수용하라

2. 엉뚱한 것도 환영하라

3. 너무 성급히 끝내는 것은 금물!

4. 교사도 함께 참여를 하라

5. 아이디어의 결합과 기존아이디어개선!

(3) 3단계 - SCAMPER기법을 활용하라.

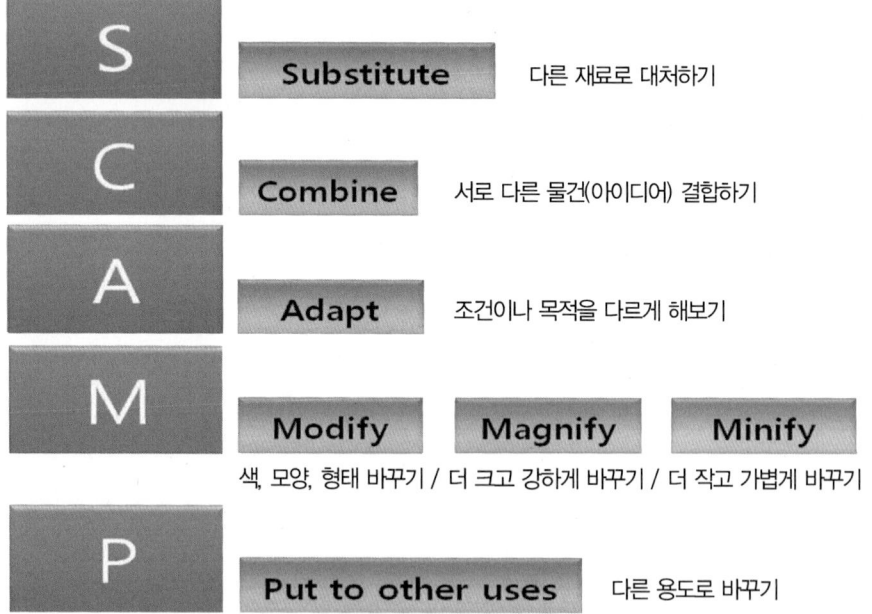

S Substitute 다른 재료로 대처하기

C Combine 서로 다른 물건(아이디어) 결합하기

A Adapt 조건이나 목적을 다르게 해보기

M Modify Magnify Minify
색, 모양, 형태 바꾸기 / 더 크고 강하게 바꾸기 / 더 작고 가볍게 바꾸기

P Put to other uses 다른 용도로 바꾸기

E **Eliminate** 빼거나, 제거하기

R **Reverse** **Rearrange** 변경하기, 재조정하기

(4) 4단계 – 다양한 학습 방법을 활용하라.

● 창의적인 교수학습방법들

　① 다양한 자료를 제공하라

　② 훌륭한 질문기법을 사용하라

　③ 자율활동의 시간을 충분히 주어라

　④ 스스로 사고하는 시간을 제공하라

　⑤ 아동의 생각을 무조건 수용하고

● 때로는 강화(칭찬과 수용)를 적절한 때를 잘 활용하라.

(5) 5단계 – 창의성 사고를 때때로 점검하라.

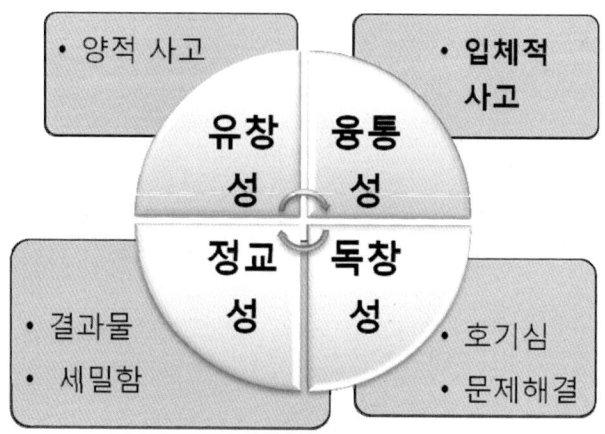

프로젝트에서 활용되는 창의성 점검

(1) 유창성 점검

다양하고 많은 양을 낱말이나 생각모으기 능력

(2) 융통성 점검

많은 양을 낱말을 같은 개념끼리 유목화하는 능력, 주제망을 잘 구성하는 능력

(3) 독창성 점검

독특한 호기심을 가지고 있는 능력과 호기심을 해결하는 능력

(4) 정교성 점검

전시나 수업 후 유아들의 작품결과물의 세밀하고 정교함 정도

8) 창의성과 전뇌 기능 비교

	우뇌	좌뇌
표현능력	비언어적(시각적)	언어적
	얼굴을 기억	이름을 기억
	대화 시 신체표현	대화 시 단어사용
사고능력	직관적(은유적)	분석적(논리적)
문제해결방법	직관적 문제해결	체계적 문제해결
학습 채널	기하학적 학습	논리적 추리를 통한 학습
	공간적, 시각적 학습	수학학습에 익숙
성격 및 선호	감정적, 예술적	이성적, 인지적
	감정발산	감정억제, 지적
	새로운 사실 발견 선호	기존의 것을 선호
	환상적, 상상적 선호	사실적, 현실적인 것 선호

9) 창의적이기 위한 20가지 전략

다음은 성인(교사, 부모)이 아동에게 제시하는 창의적인 전략이다. 때때로 다음의 문장을 머리에 가슴에 새겨보고 실천해 보자.

- 아동의 창의성은 성인(부모, 교사)의 창의성에 비례
- 먼저 부모(교사)가 창의적이 되어라.
- 고정관념에서 벗어나라(융통성 있는 사고와 행동).
- 아동의 잠재력을 정확히 파악하고 개성 살려주어라.
- 인내심을 가지고 아동을 지지해주라.
- 성 전형적인 사고에서 벗어나라.
- 독서를 통해 확산적 사고를 키워주어라.
- 창의적인 사람과 시간을 보내라.
- 잊어버리지 않도록 아이디어를 기록하라.
- 웃어라. 또 유머감각을 높여라.
- 무엇이든지 가능하다고 생각하라.
- 모든 긍정적인 것을 열거해보라.

장

창의성 프로젝트 사례

1. 동화중심 프로젝트-콩쥐와 팥쥐

참고문헌 ; 문학 중심 프로젝트 숭의여전

1) 교육주제 - 동화를 읽은 후 동화 프로젝트와 동화 중심 프로젝트의 차이를 알아보자.
  교육목표 - 동화 속의 내용을 자유선택활동과 집단활동으로 나누어 활동해 본다.

2) 동화 선정의 이유

추석을 지내고 나서 자신의 경험을 이야깃거리로 소개하는데 한 유아가 추석 때 새로 산 한복, 노리개, 버선을 이야깃거리로 선택하였다. 유아들은 버선에 대해 궁금해하였고, 버선을 신을 때 신는 신발로 고무신을 이야기하여 모양이 다른 고무신, 꽃무늬가 그려져 있는 신 등을 역할놀이 영역에 준비하여 주었다. 유아들은 꽃신을 신어보면서 만든 재질, 모양, 크기를 살펴보고 한복을 입으며 즐겁게 놀이하였다. 이때 언어영역에는 우리 나라 전래동화를 준비하였다. 몇몇 유아는 콩쥐팥쥐를 보면서 흥미 있어 하였고 콩쥐가 꽃신을 강물에 빠뜨리는 장면을 가리키면서 콩쥐의 꽃신에 대해 유아들끼리 많은 이야기를 나누는 것을 볼 수 있었다. 또한 콩쥐가 독에다 물을 길어 붓고 있을 때 유아들은 "불쌍하다", "슬프다", "너무 한다 새엄마가", "도와주고 싶다" 등의 표현으로 콩쥐의 감정을 공유하고 있었다.

행복함, 슬픔, 놀람, 화남의 기본 감정이 이야기 내용 속에 모두 포함되어 있는 동화를 통해 교사는 동화의 등장인물, 행동, 상황에 대한 유아들의 감정을 다양한 방법으로 표출

하도록 활동을 전개 하였다.

3) 환경구성

◆ 출판사와 편집(글 엮음), 삽화가에 따른 다양한 콩쥐팥쥐 동화책 전시

◆ 옛날과 오늘날의 생활상을 비교하여 볼 수 있는 그림 전시

◆ 한복을 입은 사람들의 모습이 나타난 화보, 사진게시

◆ 두레박, 댕기, 항아리, 바구니, 절구 등 옛날 사람들이 사용했던 물건 전시

◆ 동화 주인공과 등장인물의 모습이 그려진 막대, 손가락 인형전시

● 유아들의 생각을 모은 주제망

콩쥐 귀엽다/예쁘다 /말을 잘 듣는다 착하다 /불쌍하다/ 항상 웃는다	원님 착하다/이방/친절하다 한복을 입었다	팥쥐 주근깨가 있다/심술궂다 나쁜 언니/말을 안 든다
두꺼비 이상하게 생겨서 징그럽다/ 뚱뚱하다/녹색이다	참새 몸이 작다/ 짹짹 날아다닌다/동물이다	황소 일을 잘한다/이상하다/크다 더럽다/힘이 세다

● 콩쥐팥쥐 활동전개

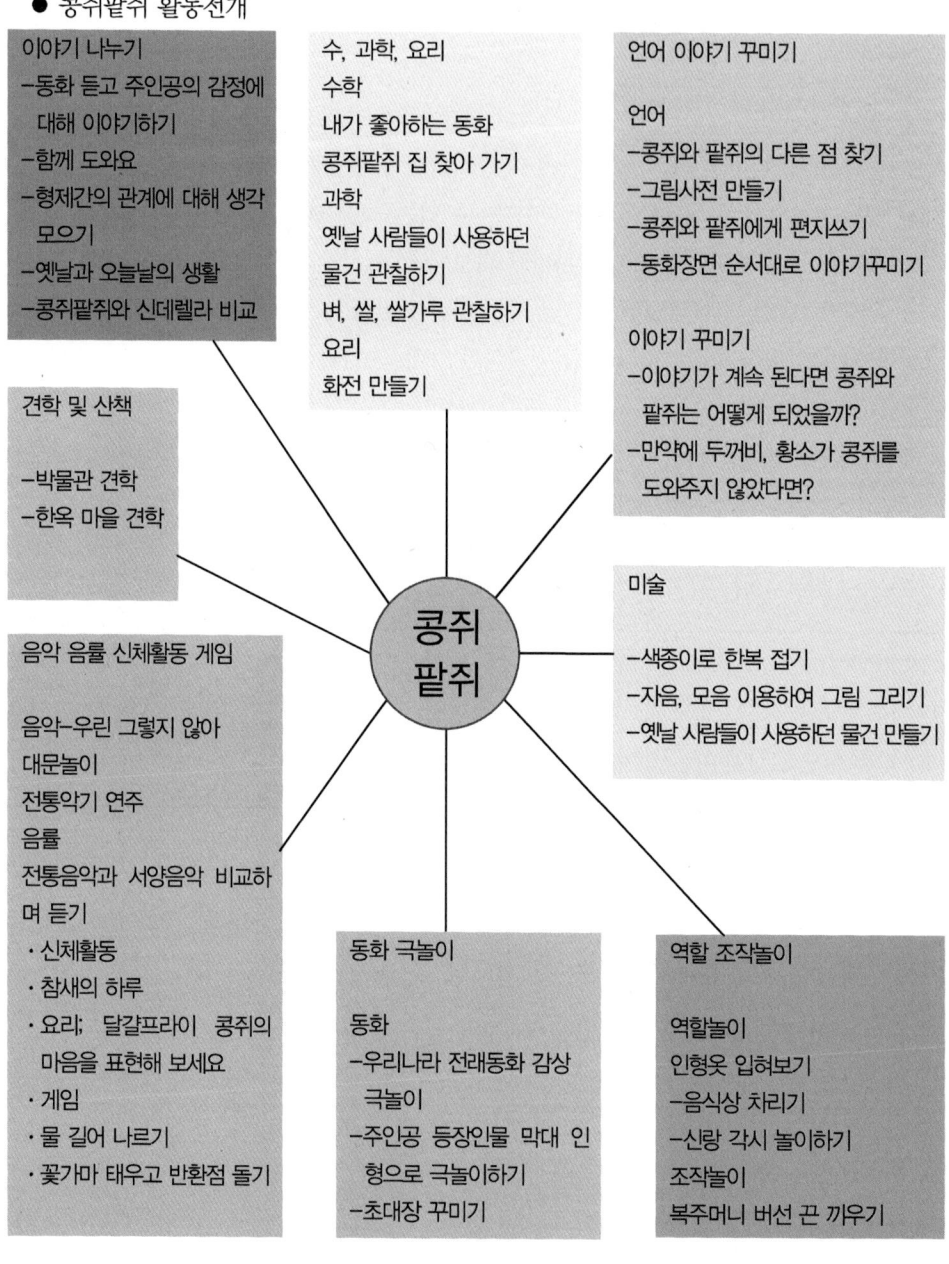

이야기 나누기
-동화 듣고 주인공의 감정에 대해 이야기하기
-함께 도와요
-형제간의 관계에 대해 생각 모으기
-옛날과 오늘날의 생활
-콩쥐팥쥐와 신데렐라 비교

수, 과학, 요리
수학
내가 좋아하는 동화
콩쥐팥쥐 집 찾아 가기
과학
옛날 사람들이 사용하던 물건 관찰하기
벼, 쌀, 쌀가루 관찰하기
요리
화전 만들기

언어 이야기 꾸미기
언어
-콩쥐와 팥쥐의 다른 점 찾기
-그림사전 만들기
-콩쥐와 팥쥐에게 편지쓰기
-동화장면 순서대로 이야기꾸미기

이야기 꾸미기
-이야기가 계속 된다면 콩쥐와 팥쥐는 어떻게 되었을까?
-만약에 두꺼비, 황소가 콩쥐를 도와주지 않았다면?

견학 및 산책

-박물관 견학
-한옥 마을 견학

콩쥐 팥쥐

미술

-색종이로 한복 접기
-자음, 모음 이용하여 그림 그리기
-옛날 사람들이 사용하던 물건 만들기

음악 음률 신체활동 게임

음악-우린 그렇지 않아
대문놀이
전통악기 연주
음률
전통음악과 서양음악 비교하며 듣기
· 신체활동
· 참새의 하루
· 요리; 달걀프라이 콩쥐의 마음을 표현해 보세요
· 게임
· 물 길어 나르기
· 꽃가마 태우고 반환점 돌기

동화 극놀이

동화
-우리나라 전래동화 감상 극놀이
-주인공 등장인물 막대 인형으로 극놀이하기
-초대장 꾸미기

역할 조작놀이

역할놀이
인형옷 입혀보기
-음식상 차리기
-신랑 각시 놀이하기
조작놀이
복주머니 버선 끈 끼우기

4) 자유선택학습

① 인형 옷 입혀보기

◆ 옷을 갈아 입힐 수 있는 사람 인형을 2개 준비하고 원피스, 티셔츠, 등의 평상시의 옷차림과 드레스 양복의 서양풍의 옷차림, 한복을 갈아입힐 수 있도록 준비한다.

◆ 여러 가지 옷차림을 보면서 생김새, 색깔 재질 등을 비교하여 이야기해본다.

② 음식상 차리기

◆ 서양음식과 우리 나라 옛날음식의 밑그림이 그려져 있는 8절 크기의 기본판을 보면서 음식의 이름, 맛, 먹는 방법에 대해 이야기 나눈다.

◆ 기본판 위의 공기, 접시, 컵, 수저 등의 소꿉 그릇을 올려놓으면서 상 차리기를 해본다.

③ 신랑 각시 놀이하기

◆ 전통혼례용품(사모관대, 족두리, 한복, 한삼)상, 병풍, 멍석을 준비하고 상자를 이용하여 말, 꽃가마 등을 만들어 준비한다.

◆ 멍석은 바닥에 깔고 상을 차려놓는다.

◆ 유아들 중 신랑, 신부를 한 사람씩 정하면 나머지 유아들은 신랑, 신부의 분장을 도와주거나 손님이 된다.

◆ 신부 절하기, 신랑 절하기, 맞절하기 등의 결혼식 놀이를 한다.

5) 언 어

① 콩쥐와 팥쥐의 다른 점 찾기

◆ 동화를 들으며 콩쥐와 팥쥐의 생긴 모습, 관계, 행동에 대해 생각해 본다.

◆ 콩쥐와 팥쥐에 대한 자신의 생각, 느낌을 이야기해 본다.

◆ 콩쥐와 팥쥐의 다른 점을 표현하여 함께 적어본다.

● 콩쥐와 팥쥐의 다른 점 찾기

콩 쥐	팥 쥐
콩쥐는 화장도 안 해요 콩쥐는 일을 해요 콩쥐는 착해요 콩쥐는 예뻐요	팥쥐는 화장을 해요 팥쥐는 일을 안 해요 팥쥐는 나빠요 팥쥐는 얼굴이 고약해요

② 그림사전 만들기

◆ 버선 모양으로 오려진 색지 5~6장씩이 묶인 그림사전 작은 책자와 고무신, 댕기, 한복 그림이 복사된 종이류를 준비한다.

◆ 버선 모양이 작은 책 자료지에 이름을 쓰고 고무신, 댕기, 한복 등의 그림을 선택하여 가위로 오린 후 작은 책자에 붙인다.

◆ 붙인 그림의 모양, 쓰임을 이야기 나누고 이름을 그림 밑에 써 본다.

③ 콩쥐와 팥쥐에게 편지쓰기

◆ 동화에 등장하는 주인공의 이름, 행동에 대해 이야기 나눈다.

◆ 동화를 통해 느껴지는 주인공에 대한 감정을 이야기해 본다.

◆ 콩쥐와 팥쥐에게 이야기하고 싶거나 궁금한 것들을 편지 글의 형식으로 표현한다.
　　－팥쥐에게. 팥쥐야, 안녕. 나 민경이야. 팥쥐야! 콩쥐도 너처럼 쉽게 해 달라고 엄마한테 말해. 그럼 안녕.

6) 수　　학

① 내가 좋아하는 동화 주인공은?

◆ 동화에 등장하는 주인공과 등장인물에 대해 알아본다.

◆ 전지에 동화의 주인공을 등장인물을 글과 그림으로 표시한다.

◆ 자신이 좋아하는 주인공, 등장인물에 자신의 이름을 써 넣는다.

◆ 이름을 다 쓴 후 어떤 주인공, 등장인물을 좋아하는지 친구들의 수를 세어본다.

	팥쥐	황소	두꺼비	선녀	새엄마	참새	원님	콩쥐
5				★				
4				★				★
3			★	★		★		★
2			★	★		★		★
1	★	★	★	★		★	★	★

② 옛날과 오늘날의 생활

◆ 옛날 사람들과 오늘날의 사람들의 모습, 옷차림, 생활 등을 나타난 동화책 그림 자료
   등을 살펴본다.

◆ 옛날 사람들과 오늘날의 사람들의 생활을 비교하여 이야기해 본다.

◆ –옛날 사람들은 어떤 옷을 입고, 어떤 놀이를 하고 공부를 했을까?

◆ –오늘 날에는 옛날 사람들과 어떻게 다르니?

◆ 살고 있는 집, 다니는 학교, 놀이방법, 타고 다니는 것, 초가집과 아파트의 모양을 비
   교하여 글과 그림으로 표현해 보자.

옛　날	지　금
옛날에는 초가집에서 살았어요 종이가 없어요 짚신을 신었어요 한글이 없어요 한지를 썼어요 줄넘기가 없어요	요즘에는 아파트나 빌라에 삽니다 지금은 종이를 씁니다 신발이나 실내화를 신어요 한글이 있어요 공책과 종합장을 써요 줄넘기가 있어요

③ 콩쥐팥쥐와 신데렐라 비교하기

	콩쥐팥쥐	신데렐라
언니	콩쥐가 언니 팥쥐는 동생	신데렐라를 구박한다 두 명의 심술궂은 언니들
새엄마	콩쥐를 구박한다 콩쥐를 못살게 한다	신데렐라는 새엄마한테 구박만 받는다
갔던곳	잔칫집 잔칫집에서 꽃신을 떨어뜨리다	성에 갔다 성에서 왕자님과 춤을 추었다
도와준 동물과 사람	선녀가 베를 짜주었다 두꺼비, 참새, 황소, 참새, 엄마	마술사 할머니, 생쥐, 도마뱀
옷과 신발	비단옷, 꽃신 비단한복 꽃신	드레스, 유리구두
결혼한 사람	원님 원님과 콩쥐	왕자 신데렐라와 왕자

7) 신체활동

● 참새의 하루

참새의 생김새, 먹이 먹는 모습, 날아가는 모습 등의 움직임을 사진 또는 VTR자료를 이용해 감상한다.

◆ 〈참새의 하루〉라는 제목으로 하루 일과를 생가하며 그림으로 그려본다

◆ 예 : 먹이 구하러 가지 / 콩쥐네 집에 놀러가기 / 벼 이삭 쪼아먹기 /콩쥐와 인사 나누기 등

◆ 그림을 완성하여 붙여가면서 참새의 움직임을 몸을 움직여 표현해 본다.

◆ 참새의 행동을 잘 표현할 수 있도록 유아들의 몸 움직임을 격려한다.

8) 게   임

● 물길어 나르기

◆ 2팀으로 나누어 편 게임 대형으로 앉아 자리를 정돈한다.

◆ 시작점과(출발선)반환점을 정하고 큰 항아리를 출발점과 반환점에 놓는다.

◆ 출발선에 선 각 팀의 유아는 작은 바가지에 출발점 항아리의 물을 담는다.

◆ 출발 신호와 함께 바가지의 물을 흘리지 않고 들고 가서 반환점의 항아리에 넣고 돌아온다.

◆ 모든 유아가 1번씩 돌아오면 반환점의 항아리에 물을 담은 후 흘리지 않고 많이 옮겨 담은 팀이 이긴다.

9) 음   악

● 대문놀이

◆ 동대문, 서대문 등 문의 이름에 대해 알아본다.

◆ 동대문 문지기 등 문을 지키고 있는 사람들의 이야기를 듣는다.

◆ 노랫말이 적힌 문 그림으로 꾸며져 있는 그림 자료를 보면서 녹음자료를 이용해 음을 익힌다.

◆ 자진모리 장단(♩♪♪♩ 덩-덕 쿵덕)의 소고치기를 익힌다.

◆ 노래를 부르면서 자진모리 장단의 소고치기를 함께 연주한다.

대문놀이

풀잎 동요마을

전래동요

문지기 문지기 문 열어라 – 열쇠 없어 못 열겠네

어떤 대문에 들어 갈까 –
1. 동 대문 에 들 어 가
2. 서 대문 에 들 어 가
3. 남 대문 에 들 어 가
4. 북 대문 에 들 어 가

문지기 문지기 문 열어라 – 덜커덩 떵 열렸다

10) 다른 동화 비교하기

● 우리나라 전래동화감상

◆ 여러 가지 그림 동화책 중에 우리 나라 전래동화를 고른다.

◆ 〈효녀심청, 해님 달님, 혹부리 할아버지〉 등의 전래동화를 그림동화자료와 VTR자료를 이용해 듣는다.

◆ 동화를 듣고 가장 재미있었던 장면에 대해 이야기 나눈다.

◆ 우리나라 전래동화, 외국 전래동화의 다른 점을 이야기해 본다.

11) 새로 이야기 꾸미기(개작하기)

① 이야기가 계속된다면 콩쥐와 팥쥐는 어떻게 되었을까?

◆ 동화의 마지막 장면을 보면서 콩쥐와 팥쥐는 어떻게 되었는지 이야기해 본다.

◆ 이야기가 계속 진행된다면 콩쥐와 팥쥐는 어떻게 되었을지 상상해 본다.

◆ 계속되는 이야기를 꾸며 글과 그림으로 표현해 본다.

◆ 완성 후 자신의 글과 그림을 소개한다.

② 만약에 두꺼비 황소가 콩쥐를 도와주지 않았다면?

◈ 동화 장면 중 두꺼비, 황소가 콩쥐를 도와주는 장면을 보면서 도와주는 방법, 도와줄 때 콩쥐의 마음에 대해 이야기 나눈다.

◈ 만약에 두꺼비, 황소가 콩쥐를 도와주지 않았다면 어떤 일이 생길지 가상하여 이야기를 꾸며 본다.

12) 과 학

● 옛날 사람들이 사용하던 물건 관찰하기

◈ 바구니, 맷돌, 절구, 빨래판 등의 옛날 사람들이 사용하던 물품과 팽이 치는 사람, 절구 찧는 사람 등의 옛날 사람들의 모습으로 꾸며진 인형류를 보면서 옛날 사람들의 생활상에 대해 생각해 본다.

◈ 살펴본 물품, 인형류를 보고 관찰한 것을 그림으로 그려본다.

13) 미 술

● 벼, 쌀, 쌀가루 비교하기

◈ 벼를 심고 거두는 농촌 그림 자료를 보면서 쌀이 되기까지의 과정에 대해 생각해 본다.

◈ 벼, 쌀, 쌀가루 같은 크기의 그릇에 같은 양을 담는다.

14) 조작놀이

● 복 주머니, 버선, 끈 끼우기

◈ 복 주머니와 버선 모양의 색지를 준비하고 모양의 색지를 준비하여 끈을 끼울 수 있도록 2장씩 겹쳐서 펀치로 구멍을 뚫어놓는다.

◈ 복 주머니와 버선 모양의 색지를 2장씩 겹쳐서 끈 또는 털실을 이용해 구멍에 끼워 바느질해 본다.

15) 요 리

● 화전 만들기

◆ 16절 종이에 준비된 요리활동 순서표를 만들고, 요리활동에 필요한 재료를 준비한다.

◆ 요리활동 순서 표를 보면서 재료, 만드는 방법 등에 대해 이야기 나눈다.

◆ 요리 하면서 물질의 변화 과정에 관심을 갖고 살펴본다.

◆ 요리 활동 순서표에 따라 요리를 한다.

◆ -찹쌀가루에 물을 붓고 반죽한다.

◆ -반죽한 것을 한 덩어리 떼어 납작하게 만들어 프라이팬에 기름을 두른 후 익힌다.

16) 극 놀 이

◆ 주인공 등장인물 막대인형으로 극놀이 하기.

◆ 콩쥐팥쥐 동화의 주인공과 등장인물의 모습을 그린 후 색을 칠하고 막대를 붙여 인형을 만든다.

◆ 동화내용의 전개에 따라 등장인물의 역할을 정하고 역할에 따라 극놀이를 해본다.

17) 초대장 꾸미기

◆ 콩쥐팥쥐 동화를 인형극으로 준비하기 위해 할 일을 계획한다.

◆ 인형극 준비에 필요한 여러 가지 물품과 도구를 생각해 본다.

◆ 초대장을 꾸미려면 어떻게 해야 하는지 토의한다.

◆ -초대할 사람

◆ -초대하는 장소, 날짜, 인형극의 제목 등

◆ 〈초대합니다〉라는 제목이 쓰여진 종이에 초대하고 싶은 사람에게 보낼 수 있도록 글과 그림으로 꾸민다.

◆ 완성된 초대장은 초대하고자 하는 사람들에게 전해주고 인형극 준비에 참여한다.

18) 견학 및 산책

① 박물관 견학

◆ 옛날 사람들의 생활 용품, 의상 등을 볼 수 있는 박물관(경복궁 내 국립박물관)을 견학하며, 색, 크기, 쓰임, 특징을 살펴본다.

◆ 오늘날의 사람들이 생활용품이나 의상들과 어떻게 다른지 비교하여 이야기 나눈다.

② 한옥 마을 견학

◆ 옛날 사람들의 살고 있는 집 모양, 집의 구조 등에 대해 이야기 듣는다.

◆ 한옥 마을의 옛날 집을 견학하면서 집의 구조, 방의 내부구조, 부엌, 마당 등의 시설을 둘러본다.

◆ 절구에 찧기, 맷돌 움직이기, 키 이용하여 쌀알 정리하기 등 옛날에 사용하던 물품을 이용해 놀이해 본다.

◆ 화살 던지기, 그네 타기, 우물에서 물길어 올리기, 팽이치기 등의 놀이를 경험해 본다.

◆ 견학 후 가장 기억에 남는 놀이나 시간을 글과 그림으로 표현해 본다.

19) 가정과의 협력

◆ 우리나라 전래동화 콩쥐팥쥐와 외국 전래동화 신데렐라를 준비하여 읽으면서 두 동화의 같은 점, 다른 점에 대해 토의하도록 권유한다.

◆ 민속 박물관, 한옥 마을을 견학하여 옛날 사람들이 살았던 집의 구조, 크기, 특성 등을 살펴볼 수 있도록 안내한다.

◆ '형제간의 우애란' 주제로 가족 토의를 하여 형제간의 지켜야 할 일들에 대하여 결과표를 가져오도록 유도한다.

◆ 한복, 버선, 고무신, 댕기 등의 우리나라 고유의 의상을 입어보는 경험을 갖도록 하고 옛날 사람들의 놀이, 생활 풍습 등에 관심을 갖고 지도하도록 권유한다.

2. 동시중심 프로젝트

동시주제; 약속 (지은이: 양호기)

1) 동시 읽어주기

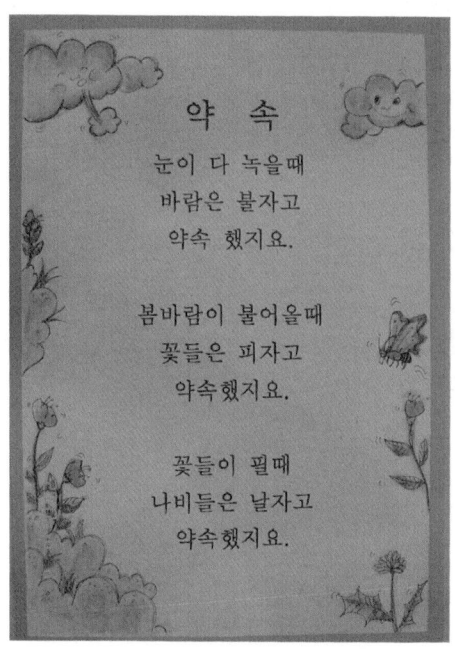

❖ 활동방법

동시를 사용하기 전에 도입활동 자료를 사용하여 이야기를 들려준다.

봄이 오기만을 가만히 기다리는 바람, 꽃, 나비가 있었어요.

봄이 오길 기다리며 서로 서로 약속을 했지요.

눈이 다 녹을 때 바람은 불자고 약속했지요.

봄바람이 불어올 때 꽃들은 피자고 약속했지요.

꽃들이 필 때 나비들은 날자고 약속했지요.

2) 동시 판 만들기

3) 그림동시 만들기

4) 문장카드를 이용해 동시 읊기.

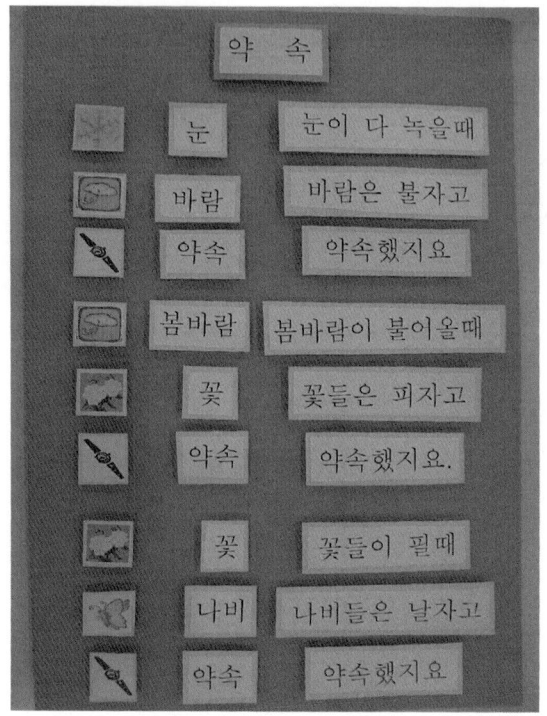

● 문장을 떼고 그 곳에 맞는 그림카드와 낱말카드를 붙인다.

● 다 함께 운을 넣어 읊는다.

● 원하는 유아가 나와서 읊는다.

5) 동시를 중심으로 한 활동 목록 망

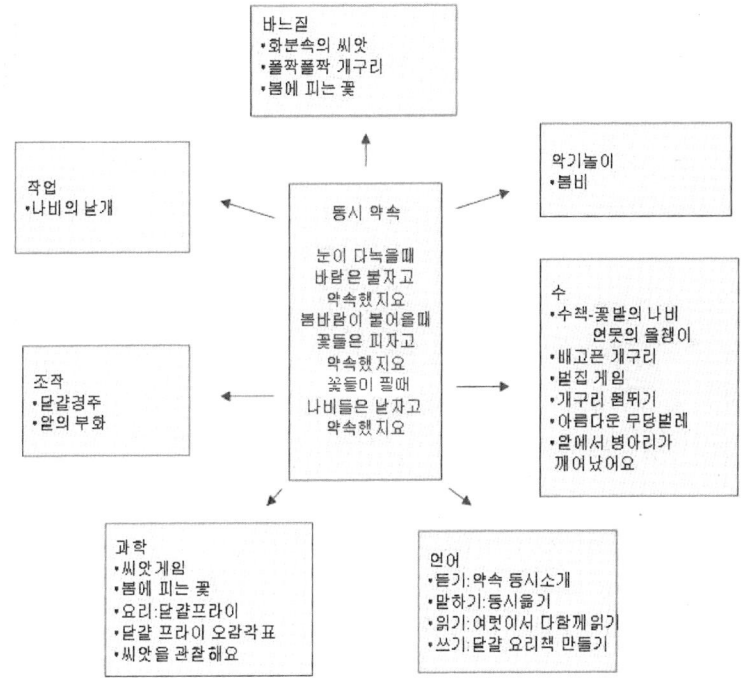

바느질
• 화분속의 씨앗
• 폴짝폴짝 개구리
• 봄에 피는 꽃

작업
• 나비의 날개

악기놀이
• 봄비

동시 약속

눈이 다녹을때
바람은 불자고
약속했지요
봄바람이 불어올때
꽃들은 피자고
약속했지요
꽃들이 필때
나비들은 날자고
약속했지요

수
• 수책-꽃밭의 나비
  연못의 올챙이
• 배고픈 개구리
• 벌집 게임
• 개구리 뜀뛰기
• 아름다운 무당벌레
• 알에서 병아리가
  깨어났어요

조작
• 달걀경주
• 알의 부화

과학
• 씨앗게임
• 봄에 피는 꽃
• 요리:달걀프라이
• 달걀 프라이 오감각표
• 씨앗을 관찰해요

언어
• 듣기:약속 동시소개
• 말하기:동시율기
• 읽기:여럿이서 다함께읽기
• 쓰기:달걀 요리책 만들기

활동 전개

6) 동시만을 이용한 프로젝트 (동시프로젝트)

◈ 준비물

  도입자료, 전개자료 (병풍식), 문장카드, 단어카드, 그림카드

◈ 활동방법

● 소개한다. 이때 동시란 무엇이며 다른 장르(동화)와의 차이점, 표현상의 특징에 대해
  서 이야기를 나눈다.

■ 봄이 오길 기다리는 마음을 동시로 지었단다.

■ 동시 제목은 "약속"이란다.

■ 동시는 우리에게 감동을 주고, 때로는 우리를 행복하게도 슬프게도 하며 마음을
고요하게 가라앉혀 주기도 한단다.
그럼 눈을 감고 가만히 시를 들어 보렴. 그러면 마음이 고요해질 거야.

● 동시를 다시 한 번 들려준다

● 적절한 배경 음악을 들려주고 교사가 동시를 들려주는 동안 유아들이 나와 도입자료
동시 판을 조작한다. 여러 번 반복하여 활동한다.

● 동시 포스터의 동시 적은 글을 보며 동시를 읊는다.

● 교사는 각 문장을 손으로 가리키며 읽는다.

● 왼쪽에서 오른쪽 순서로 각 낱말을 짚어가며 읽는다.

● 원하는 유아가 나와서 친구들에게 동시를 읊어준다.

● 문장카드를 이용해 동시를 읊는다.

● 문장을 떼고 그곳에 맞는 그림카드와 낱말카드를 붙인다.

● 다 함께 운을 넣어 읊는다.

● 원하는 유아가 나와서 읊는다.

● 시에 대해 이야기 나눈다.

● "이 시의 어떤 부분이 가장 마음에 드니?"

● "왜 그렇게 생각하니?"

● 시를 읊으며 손으로 표현 (손놀이) 해 본다.

● 유아들의 생각을 모아 동시 손 놀이를 만들어 본다.

● 손 놀이 하면서 동시를 읊어본다.

● "약속" 동시 테이프로 듣기
자유 활동 선택 놀이 시 동시 영역에 놓아 자유로이 테이프를 듣는다.

● 스스로 동시 자료를 조사하며 동시를 감상할 수 있도록 분위기를 조성해 준다.

● 도입 활동자료와 전개 활동자료를 내준다.

6) 동시를 중심으로 한 여러 가지 활동

① 동시 삽화책

◆ 준비물

　동시가 적힌 종이, 사인펜, 크레파스, 스테이플러, 색테이프

◆ 활동방법

● "약속" 동시를 함께 읊는다.

● "약속" 동시의 각 연이 적힌 종이의 동시를 읊는다.

● "눈을 감아 보자, 어떤 그림이 떠오르니?"

● 동시가 적힌 종이를 가져가 생각나는 그림을 그린다.

● 완성한 후 스테이플러로 찍고, 색테이프로 끝을 마무리한다.

● 친구들에게 소개한 후 "내가 만든 책" 코너에 전시한다.

아이들이 만든 삽화책

② 동시의 재구성

◆ 준비물

　활동지(동시 재구성), 쓰기도구

◆ 활동방법

● "약속" 동시를 함께 읊어본다.

● 재구성이란 무엇인지 이야기해 준다.

● "약속" 동시에 너의 생각을 넣어 함께 만든 것을 재구성이라고 한단다.

● "약속" 동시에서 바꾸고 싶은 부분은 어디니?

● "네 생각을 글로 표현해 보렴"

● 재구성한 동시를 함께 읽어본다.

● 재구성한 동시에 대해 그리고 싶은 부분을 그림으로 표현해 본다.

● 친구들에게 소개한 후 벽에 전시한다.

아이들이 재구성한 작품

③ 달걀프라이 오감각표

● 달걀프라이를 해 보았니?

눈, 코, 입, 귀, 손 등으로 어떻게 변하는지 잘 관찰해 보고 기록해보자.

	요리 전	요리 후
눈	노래요	하얗고 노른자가 나와요
코	냄새가 나요	맛있게 구워 졌어요
입	맛이 없어요	부들부들 해요
귀	달걀 깨는 소리가 났어요	지글보글 소리가 났어요
손	말랑말랑했어요	푹신해요

위의 내용을 활동지에 글 그림으로 표현해 본다.

④ 게임; 알에서 병아리가 깨어났어요.

◆ 준비물

게임 판1, 병아리6, 색이 다른1-6주사위2개

◆ 활동방법

● 달걀에서 병아리로 부화되는 과정에 대해이야기 나누기한다.

● "달걀 속에는 무엇이 들어있을까요?"

● 달걀에서 병아리로 부화되려면 달걀 속에서 어떤 일들이 일어날까?

● 달걀 속이 어떻게 변하겠니?

● 병아리의 움직임은 어떨까?

● 달걀에서 병아리가 되는 과정을 몸으로 표현해 본다.

● 주사위를 던져 동시에 나온 수 중에 큰 수가 한 칸 전진할 수 있다.

⑤ 과학활동; 나비의 날개

◆ 준비물

　활동지, 다양한 모양의 찍기 판, 물감, 접시, 부직포

◆ 활동방법

● 나비에 대해 이야기 나누기 한다.

● "나비를 본 적이 있니?"

● "어떤 나비를 봤었니?"

● "나비에는 어떤 종류가 있을까?"

● "나비의 날개에는 어떤 무늬들이 있을까?"

● 여러 가지 찍기 판을 준비해서 물감을 묻혀 나비날개를 찍는다.

● 그 후 창의적으로 날개를 꾸며준다.

● 나비의 이름을 지어보자. 책으로 만든다.

⑥ 수책 만들기

◆ 준비물

　이야기판 활동지, 겉표지 종이, 올챙이, 나비그림, 숫자카드, 풀, 연필, 사인펜

◆ 활동방법

● 이야기판 활동지를 고른다(연못의 올챙이, 꽃 밭의 나비)

● 숫자카드를 골라 나온 수만큼 올챙이 또는 나비 그림을 고른다

　(활동지에 미리 수를 제시 할 수도 있다).

● 올챙이 또는 나비그림을 이야기판 활동지에 붙인다.

● 이야기를 꾸며 적어본다.

● 겉 장에 이름과 제목을 적는다.

● 활동지 겉장을 모아 책을 만든다.

● 친구에게 소개한 후 전시한다.

⑦ 바느질 - 봄에 피는 꽃

◈ 준비물

   활동지, 끝이 뭉툭한 돗바늘, 실 고무판

◈ 활동방법

● 봄에 볼 수 있는 꽃들에 대해 이야기한다.

● 고무판에 활동지를 올려놓아 돗바늘로 점에 구멍을 뚫는다.

● 잎맥과 줄기를 바느질한다.

● 봄에 피는 꽃을 그린다.

● 나비모양 펀치를 이용하여 꾸며 본다.

● 벽면에 전시한다.

⑧ 봄에 피는 꽃 관찰

◈ 준비물

   봄에 피는 꽃(개나리, 진달래, 목련, 민들레), 활동지, 쓰기 도구

◈ 활동방법

● 봄에 피는 꽃에는 어떤 꽃들이 있는지 이야기 나누기 한다.

● "봄에 어떤 꽃들을 볼 수 있을까?", "너희 집 정원 앞에 어떤 꽃들이 피어 있니?"

● 봄에 피는 꽃을 관찰하러 나가기 전에 꽃의 어떤 점에 중점을 두어 관찰해야 하는지 이야기 나눈다

● 꽃을 관찰하러 산책을 나갈 텐데 우리는 꽃의 어떤 부분을 조사하면 좋겠니?

● "꽃의 색깔이요"

● 꽃잎수요.

● 꽃잎 모양이요.

● 꽃의 향기요.

● 산책을 나간다.

● 과학영역에 봄에 피는 꽃 실물과 봄 꽃에 관련된 책, 봄에 피는 꽃 활동지를 내 주어 자세히 관찰하여 기록하였다.

⑨ 악기놀이 - 봄비

◆ 준비물

　　노래 판, 악기, 악기카드, 녹음기

◆ 활동방법

● 비가 내리는 모습에 대하여 이야기 나눈다.

● "유리창에 비가 떨어져 흘러 내릴 때는 어떤 모습일까?" "또 어떤 소리가 날까?"

● 노랫말을 들려준다.

● 음을 들려준다.

● 함께 노래 부른다.

● 악기를 탐색하여 노랫말에 어울리는 악기를 선정한다.

● 쪼로로로롱에는 어떤 악기가 어울릴까?

● 떼굴 떼굴 떼굴에는 어떤 악기가 어울릴까?

● 어떤 악기로 연주할지 유아들과 결정한다.

● 노래에 맞추어 악기놀이를 해본다.

● 악기 놀이한 것을 녹음해서 들어본다.

● "우리가 악기 놀이한 소리를 들어보니 어떠니?"

● "어느 악기소리가 가장 크니?" "어느 악기소리가 가장 작니?"

● 악기소리의 세기는 어떻게 해야 할까요?

3. 음악/수, 과학 프로젝트 (자료제공 : 신경희)

1. 춤 프로젝트(음악)

〈교사의 준비 단계〉

1) 주제 선정의 이유

아이들과 함께 생활하면서 느끼는 것이 아이들은 음악이 나오면 리듬에 맞추어 몸을 들썩이며 흔들고 그러면서 즐거워한다는 것이다.

춤이란…… 아이들에게 즐거움이 되며 건강한 생활을 제공하고 다양한 표현활동을 할 수 있게 한다.

여러 종류의 춤을 감상하고, 춤을 출 때 필요한 것을 알아보고 준비하며, 연습과정을 거쳐 마무리 단계에 춤 경연대회를 열어 프로젝트를 진행한다.

2) 기대되는 효과

① 음악을 느끼고 몸으로 표현할 수 있다.
② 춤을 통하여 즐거운 마음을 갖는다.
③ 춤추기 활동을 통해 창의적인 표현을 할 수 있다.
④ 우리나라 전통 가락과 춤을 익히고 표현할 수 있다.

3) 중심 개념

① 춤은 여러 종류가 있다.
② 춤을 추면 우리 몸이 즐거워진다.
③ 춤을 추며 창의적인 표현을 해본다.

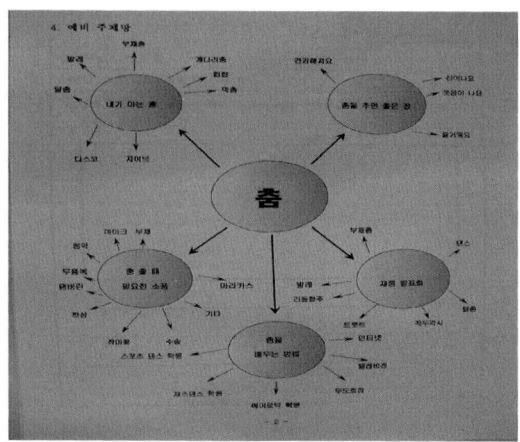

교사의 예비 주제망

4) 자원목록표

구 분		내 용
1차적 자원 (아이들이 직접 경험해 볼 수 있는 실제 사물, 주제와 관련된 일을 하는 사람, 현장학습, 장소 등)	실물	◦ 여러 종류의 춤 ◦ 춤에 관한 동영상 자료 – TV시청 　(SBS 인기가요……)
	인적 자원	◦ 재즈댄스, 힙합 등…… 학원 강사 ◦ 스포츠댄스 학원 – 경희대 무용학과 학생
	현장견학	◦ 경희대 무용학과 예술제 ◦ 에어로빅, 요가, 재즈댄스 학원 견학
2차적 자원 (간접경험이 가능한 책, 팜플렛, 비디오, 사진이나, 인터넷 등)	정보를 주는 책	◦ 양재영 씨의 힙합 커넥션: 〈비트〉
	사진 / 그림 자료 /팸플릿	◦ 춤과 관련된 여러 가지 사진자료 ◦ 춤의 종류별 모습이 담긴 사진
	사이트	◦ www.ycc.co.kr ◦ www.danceweb.co.kr
	비디오 / 멀티미디어	◦ 재롱 발표회 강습 테이프 ◦ 탈춤 동영상 CD ◦ 장구춤 동영상 CD
준비사항		◦ 교사는 미리 비디오, 인터넷자료, 동영상CD등을 참고하고 점검한다. ◦ 필요한 자료에 대한 가정통신문을 보내 학부모 협조를 요청한다.

5) 활동 목록 표 만들기

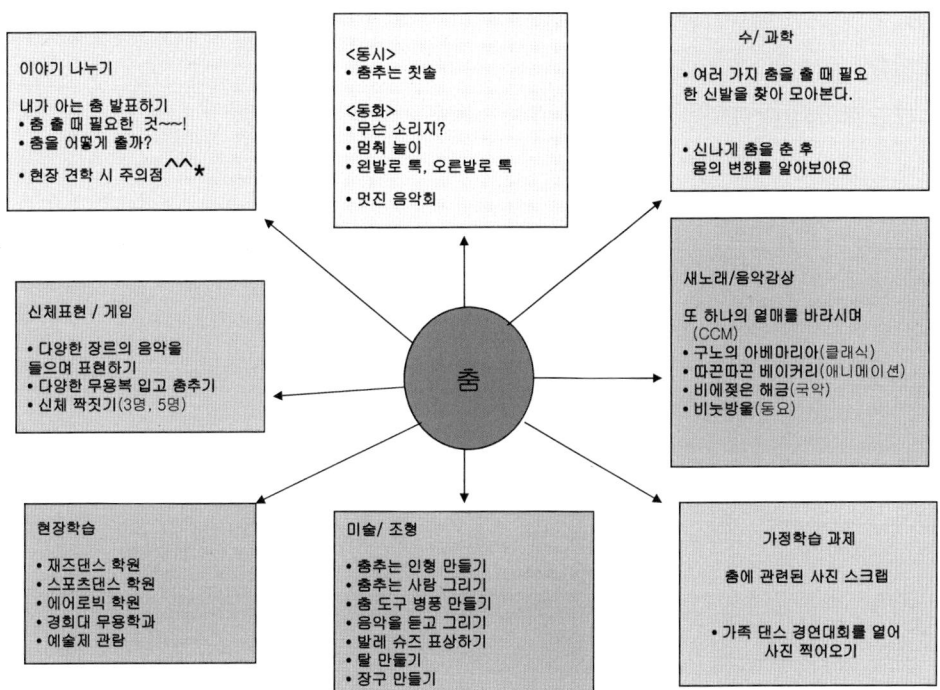

이야기 나누기

내가 아는 춤 발표하기
• 춤 출 때 필요한 것~~!
• 춤을 어떻게 출까?
• 현장 견학 시 주의점 ^^★

<동시>
• 춤추는 칫솔

<동화>
• 무슨 소리지?
• 멈춰 놀이
• 왼발로 톡, 오른발로 톡
• 멋진 음악회

수/ 과학
• 여러 가지 춤을 출 때 필요한 신발을 찾아 모아본다.

• 신나게 춤을 춘 후
  몸의 변화를 알아보아요

신체표현 / 게임
• 다양한 장르의 음악을
  들으며 표현하기
• 다양한 무용복 입고 춤추기
• 신체 짝짓기(3명, 5명)

춤

새노래/음악감상

또 하나의 열매를 바라시며
(CCM)
• 구노의 아베마리아(클래식)
• 따끈따끈 베이커리(애니메이션)
• 비에젖은 해금(국악)
• 비눗방울(동요)

현장학습
• 재즈댄스 학원
• 스포츠댄스 학원
• 에어로빅 학원
• 경희대 무용학과
• 예술제 관람

미술/ 조형
• 춤추는 인형 만들기
• 춤추는 사람 그리기
• 춤 도구 병풍 만들기
• 음악을 듣고 그리기
• 발레 슈즈 표상하기
• 탈 만들기
• 장구 만들기

가정학습 과제

춤에 관련된 사진 스크랩

• 가족 댄스 경연대회를 열어
  사진 찍어오기

〈1단계 - 도입〉

1) 환경구성

환경 꾸미기 : 여러 가지 무용 복, 슈즈, 탈, 부채, 다양한 악기, 리본막대 등

게시판 : 여러 춤의 종류 사진, 포스터 붙이기

교실 배치도

2) 이전 경험 나누기

자유선택활동을 할 때 음악을 틀어 주었다. 그러자 장난꾸러기 친구가 개다리 춤을 추기 시작한다. 그래서 이번에는 다른 노래를 틀어주자 또 다른 친구가 빙그르르 돌며 춤을 추었다.

그렇게 음악을 틀어주자 하나, 둘 춤을 추더니 나중에는 "야~ 나와 봐. 이번에는 네 차례야"라며 아이들이 전체적으로 한 명씩 한 명씩 친구에게 자신이 알고 있는 춤을 선보였다.

재롱 발표회 때 추었던 음악을 틀어주자 동작을 기억하며 표현했다.

3) 브레인 스토밍

음악	무대	조명	웃음	발레	카세트	마이크
슈즈	재즈 댄스	힙합	노래방	발레복	댄스	재롱 잔치
디스코	땀	탬버린	노래	탈춤	힘이 들다	재미 있다

4) 유목화

8		탬버린				오빠
7	발레	바라카스				무용가
6	힙합	신발				발레리나
5	탈춤	장구	가족들이 좋아해요	다리가 아파요		할아버지
4	부채춤	부채	행복해요	힘이 들어요	무도회	할머니
3	수건춤	옷	재미있어요	땀이 나요	발레학원	나
2	탬버린춤	마이크	웃음이 나요	숨이 차요	노래방	아빠
1	개다리춤	음악	기분이 좋아요	가슴이 뛰어요	우리 집	엄마
	춤의 종류	춤출 때 필요한 것	춤출 때 느낌	춤추고 나면?	춤추는 장소	춤추는 사람

〈2단계 - 전개〉

1. 호기심 모아 분류하기

호기심 모으기	해결방법
춤추는 모습 보면서 왜 박수를 칠까?	토의, 조사, 실험
춤을 추면 왜 땀이 날까?	토의, 조사, 실험
춤은 누가 만들었어요?	토의, 조사, 전문가
TV에서 춤을 추려면 어떻게 해야 하나요?	토의, 조사, 전문가
가수는 춤을 왜 잘 출까요?	토의, 조사, 전문가, 상상하기

2) 춤에 대한 1차 표상

● 질문 목록 - 춤에 대해 궁금한 것이 있어요.

● 간접경험 - "춤"을 추려면??

● "춤"에 대한 2차 표상.

● 우리 모두 댄스학원을 다녀왔어요~~

● 스포츠댄스 학원의 모습을 생각나는 대로 글과 그림으로 표현해 보세요.

3) 초대장 만들기(발표전시)

● 〈햇살 댄싱대회〉 초대장을 디자인 해 보세요.

● 아빠, 엄마에게 전할 초대장을 직접 만들어서 붙여주세요~!!!

● 의상 디자인하기.

● 댄싱대회에서 입고 싶은 의상을 예쁘게 그려보고 색종이, 반짝이 종이,

● 싸인펜, 색연필 등 다양한 재료로 꾸며 보세요.

● 햇살 댄싱대회를 하고 난 후……

● 햇살 댄싱대회에서 멋진 춤을 추면서 가장 기억에 남은 것을 그림이나 글로 표현해
  보세요. ^^*

2. 수, 과학 프로젝트

1) 주제영역 – 공기, 그래프, 무게

2) 활동 개요 – 입으로 불어서 물건을 움직일 수 있다.

3) 주요 질문 – (1) 몇 번 불어야 물건이 도착선까지 움직일까?

                (1m 정도의 간격으로 시작선과 도착선을 만든다)

             (2) 물건을 움직이게 하는 것은 무엇이니?

             (3) 어떤 물건이 가장 잘/ 조금 움직일까? 왜 그럴까?

             (4) 바람이 불 때 네가 본 것들을 말해 보자.

                (먼지, 구름, 연기, 옷 깃발, 종이조각, 나뭇잎 등)

4) 수학적 기능 및 과학적 주요 기능 알아보기

수학적 기능	과학 과정
* 자료 기록, 관찰하기 * 변인통제하기 * 그래프 만들기 * 수세기, 비교하기 * 자료 수집과 기록하기 * 자료 통합하기 * 응용과 일반화 하기	* 관찰하기 * 자료 수집하기 * 자료 통합하기 * 응용과 일반화 하기

5) 재료 – 구슬, 나뭇잎, 공(비닐), 작은 자갈돌

● 옷핀, 연필 털실 공, 화장지, 크레용

● 바람 넣은 풍선, 마스킹 테이프

● 줄자, 활동용지

6) 유의 할 점 – 실험하기 위해 책상이나 마룻바닥은 물기가 없어야 한다.

● 집단크기는 소집단이 적당하다.

7) 사전준비 – 자료 목록에 있는 모든 재료를 충분하게 준비한다.

● 바닥에 마스킹 테이프를 60cm길이로 붙인다.

8) 활동순서

(1) 유아에게 준비된 재료들을 보여주고 이름을 말하도록 한다.
(2) 그래프 용지를 보여주고 그래프 위의 그림과 같은 물건을 찾도록 한다.
(3) 시작 선에서 도착선까지 손을 대지 않고 물건을 움직이려면 어떻게 하면 될까?
(4) 시작 선에 먼저 물건을 놓게 한다. 물건이 도착선에 도달할 때까지 입으로 불게 한다.
    표시된 거리를 물건이 움직이게 하기 위해 몇 번 불었는지 센다.
(5) 그래프(활동용지) 위에 입으로 분 숫자만큼 블록에 색칠한다.
    남아 있는 물건도 같은 순서로 활동을 진행한다.

9) 확장하기

(1) 유아에게 다른 물건을 선택하게 한 후 입으로 불게 한다.
(2) 그래프 빈 곳에 기록하게 한다.
(3) 경주하기 – 선택한 물건을 가지고 '불기'시합을 다른 유아와 함께 한다.

푸우~푸우~불어요 순서도

입으로 불기

8						
7						
6						
5						
4						
3						
2						
1						

2) 다양한 수 놀이

(1) 수 찾기 놀이

◆ 활동목표

　1에서 5까지의 수에 대한 정확한 이해를 돕는다.

◆ 놀이인원

　2명

◆ 만드는 법

　1. 한 개에서 다섯 개씩의 사물이 그려져 있는 카드를 10장씩 2쌍을 만든다.

　2. 각 면에서 1에서 6까지 쓰여있는 주사위를 준비한다.

◆ 놀이방법

　1. 순서를 정한다.

　2. 주사위를 던져서 나온 숫자와 같은 개수의 그림이 그려져 있는 카드를 찾는다.

　3. 주사위에 6이 나오면 해당 카드가 없어서 못 찾아낸다.

　4. 10장의 카드를 먼저 찾으면 놀이는 끝난다.

(2) 오리와 연못 놀이

◆ 활동목표

　분리된 공간을 사용해서 1, 2, 3까지의 숫자세기 연습

◆ 놀이인원

　2명

◆ 만드는 법

　1. 32cm * 51cm의 기본판에 그림과 같이 2마리의 오리와 연못, 그리고 10개의 디딤
　　돌을 그려놓는다.

　2. 서로 색깔이 다른 2마리의 오리를 만든다.

　3. 주사위의 두 면에는 1을, 다른 두 면에는 2를, 나머지 두 면에는 3을 써 넣는다.

◆ 놀이방법

　1. 자기가 원하는 색깔의 오리를 차지한다.

　2. 가위 바위 보로 순서를 정한다.

3. 주사위를 던져서 나온 숫자의 위치만큼 헤아리면서 오리를 건너게 한다.

4. 먼저 연못에 도착한 오리가 승리자가 되면서 놀이는 끝난다.

◆ 응용

똑 같은 원리를 사용하여 개가 개집에 도착하는 것, 인디언이 천막집에 도착하는 것 등과 같이 다양하게 사용할 수 있다.

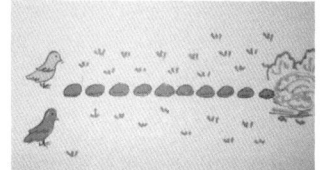

(3) 거미줄 놀이

◆ 활동목표

1에서 5까지의 수와 10 더하기

◆ 놀이인원

2명

◆ 만드는 법

1. 43.5cm * 51cm의 기본판을 만든다.

2. 10, 1, 2, 3, 4, 5의 숫자가 있는 주사위를 만든다.

3. 거미와 파리를 그려서 말로 만든다.

◆ 놀이방법

1. 가위 바위 보를 하여 이긴 편은 거미 말을 가지고, 진 편은 파리 말을 가진다.

2. 파리 말을 가진 편이 먼저 주사위를 던져 출발한다.

3. 1에서 5까지는 주사위에 나온 숫자에 따라 거미집의 공간을 세어 나간다.

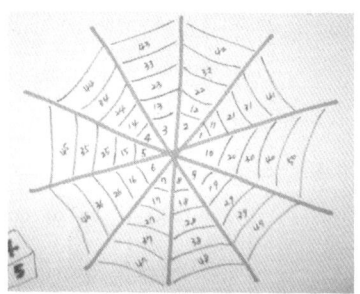

4. 주사위를 던져 10이 나오면 10을 더한 다음 자리로 바로 나간다.

5. 거미와 파리가 같은 칸에 도달하게 되면 거미가 파리를 잡아먹게 되어 거미 말을 가진 편이

이기게 된다.

6. 거미와 파리가 같은 칸에 도달하는 경우가 없으면 50칸에 먼저 도착하는 편이 이기게 된다.

(4) 숫자 더하기 놀이

◆ 활동목표

수 더하기와 빼기 연습

◆ 놀이인원

2명

◆ 만드는 법

1. 5에서 14가지의 숫자카드를 20개씩 만든다.

2. 4종류의 과일이 각각 1개에서 7개가지 그려진 카드 28개를 2벌 만든다.

◆ 놀이방법

1. 숫자카드를 잘 섞어서 엎어둔다.

2. 28개의 그림카드를 1벌씩 가진다.

3. 가위 바위 보로 이긴 쪽이 먼저 시작한다.

4. 엎어둔 카드에서 1장을 뒤집어 해당되는 수를 과일카드 두 장으로 나누어본다. 예를 들어 5가 나오면 귤 2개, 사과 3개로 나눈다.

5. 숫자카드에 해당되는 합이 될 수 있는 두 개의 그림카드를 찾아내어 앞에 펼쳐 놓는다.

6. 과일카드가 없는 경우에는 쉬어야 한다.

7. 숫자카드가 다 되면 다시 섞어서 엎어두고 새로 시작한다.

8. 먼저 과일카드가 다 빠져나간 쪽이 이긴다.

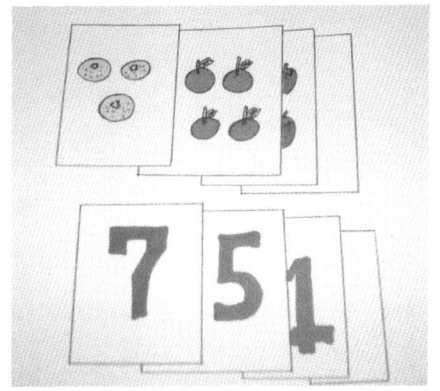

장

레지오 에밀리아

1. 레지오 에밀리아 이론

"**어린이들의 수많은 언어**"라는 제목의 세계 순회 전시회와 1991년 미국 뉴스위크지 선정 "**세계에서 가장 훌륭한 10대 교육기관**" 유아교육 부분에 선정되어 많은 방문객과 연구자들에게 커다란 매력과 찬탄, 스스로의 유아교육에 대한 반성을 자아내고 있는 레지오 접근법의 실체는 무엇일까? 특히 아동의 능력을 그렇게 높은 수준까지 이끌어낼 수 있었던 요인은 무엇일까?

교육적 이상과 이론이 놀랍도록 현실과 조화를 이루고 있으며, 무엇보다 지역사회의 높은 지지를 얻고 있다는 레지오 교육과정의 계획과 실행에서 나타난 높은 수준의 교사와 부모의협동과 연계성이 가능했던 교육 이상과 배경요인을 탐색해 보고자 한다. 레지오 에밀리아가 생기기까지 유아교육의 역사와 레지오 체제의 성립과정, 철학적 배경과 레지오 에밀리아의 기본 이론과 교사 역할의 특징과 환경의 중요성과 발현적 교육과정에 대해 살펴보고자 한다.

최근 유아교육 동향과의 연계성

유아교육분야에는 타 교육 분야에 비해 다양한 접근법, 또는 '모델(model)'들이 많다. 대부분의 유아교육 모델들은 미국의 60년대 초 '**헤드 스타트**'운동의 일환으로, 심리학적 이론에 근거하여 도출된 것이며, 우리나라에도 도입이 되어 많이 활용 및 접목이 되어 왔다. 그 예로, 행동주의 프로그램, 몬테소리 프로그램, 피아제식 프로그램 등이 대표적이다. 그동안 다양한 경로와 교육학자를 통해 많은 아이디어들이 소개되고 시도되었는데, 최근에 들어서까지 우리나라 및 세계의 대부분의 유아교육자들이 공통적으로 수용하게 된 흐름을 포괄적으로 말한다면, 아동중심교육(Child-centerd Approach) 또는 개방주의 교육(Open Education)이라는 교육철학 개념이라 할 수 있다. **Dopyera**는 아동중심교육을 두 가지 유형으로 보아, **낭만주의 사조에** 속하는 **유형**과 진보주의 또는 **상호작용주의 맥락**에서의 **유형**의 아동중심교육과정으로 분류하는데, 여기서는 후자 유형의 경우를 뜻한다. 이 같은 틀 안에서 그간 우리에게 소개된 비교적 새로운 접근법들을 몇 가지 들 수 있는데, 미국 NAEYC(전국 유아교사협의회)에서 발표한 **아동의 발달에 적합한 실제** (Developmentally Appropriate Practice) **통합적 교육과정, 프로젝트 접근법** (Project Approach), **총체적 언어 접근법** (Whole Language Approach) 등을 들 수 있으며, **가드너** (Howard Gardner)의 이론에 영향을 받은 **다지능적 접근** 등이 그 예가 되겠다. 이것들은 60년대에 소개되었던 다양한 유아교육 프로그램과는 달리, 모두 그 공동목표로 "**전인적 아동(Whole Child)**"을 추구한다. 다시 말해, 유아는 조화로운 발달을 도모하며, 아동 스스로 능동적이고 탐구심이 강한 학습 및 발달의 주체로서 간주하고 있다.

레지오 에밀리아 접근법은 유아교육의 목적인 전인 교육이 추구하는 면으로 위에 열거한 최근의 동향과 맥락을 같이하고 있으며, 유아교육이 추구하는 이론을 실제에 충실하게 적용해온 성공적인 사례라고 하겠다. 또한 다른 프로그램과 비교하여 독특한 점은, 첫째, 이 접근법은 유아를 대상으로 하는 총체적인 서비스 체제로서, 교육철학, 학습 이론, 지역사회와의 연계성, 교육행정체제 등을 모두 포함하고 있다는 것이다. 둘째, 다른 접근법들이 비교적 이론에 근거하여 도출한 교육방법론인 현장적용의 성공여부가 항상 의문시되는 반면, 레지오 접근법은 현장에서 20여 년간 실행을 해 온 성공적인 사례를 중심으로 하고 있다. 그들은 자신의 교육방법의 이론적 준거를 계속적으로 보강, 형성해 왔으며, 지금도 끊임 없는 변화와 점진적 발전을 추구하고 있다. 마지막으로, 레지오 에밀리아 접근법은 교육 프로그램이 문화사회적 맥락의 산물이며, 사회 문화적인 면을 고려되어야 함을 거듭 강조하고 있다. 이들은, 공간적뿐만 아니라, 시간적 측면에서도 인간의 삶에 영향을 주는 여러 힘들, 즉 정치, 경제, 문화, 과학 영역 등에서의 변화를 반영해 주는 교육이론 및 실제가 필요하다고 보며, 그로 인해 새로이 제기되는 문제 등을 해결해나가는 것이 교육의 과제라고 본다. 이 점은 레지오 에밀리아 접근법에서 배울 점을 찾고자 하는 우리에게 시사해 주는 바가 많다고 본다.

1) 역사와 철학

(1) 레지오 접근법이 생기기까지

가. 19세기 이후의 이탈리아

제1차 세계대전 후 **무솔리니의 파시스트당**은 1922년 정권을 장악하고 언론, 교육, 경제 등을 통제하며, 국제연맹에서 탈퇴하고, 바티칸의 독립을 허용하여 교황청과 화해했다. 제2차 세계대전에서 패전한 이탈리아는 파시스트 정권이 붕괴, 교체된 뒤에 1971년까지 정국의 안정과 경제적 부흥을 위해 노력하게 된다. 1976년 이후로는 사회당이 집권하기도 하였다.

이러한 사회적 격변기를 겪어오면서, 특히 19세기 중반 이후 보육에 대한 관심이 확산되면서 주민들은 공동의 노력으로 교육적 환경을 구성하려는 시도를 하게 되었다.

나. 공립 유아교육 기관의 역사

현재 이탈리아의 공립 유아교육 기관으로는 3~6세의 어린이를 위한 '유치원(Scoule dell'Infanzia)'과 4개월~3세의 어린이를 위한 '영유아 센터(Asili Nido)'가 있다. 유치원의 시조격인 아포티의 유아학교 – 놀이 외의 공예, 가사 등을 가르침 – 가 크레모나 지역에 설립된 것은 1831년의 일이며, 영유아 센터의 전신격인 탁아소가 기업가와 자선 단체들에 의해 생기기 시작한 것은 1820년대의 일이다. **교육과 보육**에 각각 초점을 맞춘 두 가지의 기관은 각각 다른 과정으로 성장한다.

유아학교는 1867년 이후에 프뢰벨 유치원의 영향을 받기 시작하여, 1904년에서 1913년에 걸쳐 아가찌 자매와 몬테소리 여사의 철학, 유아교사 훈련학교의 설립 등으로 급격히 성장하였다. 주로 사적인 노력으로 발달하던 유치원은 파시스트당의 집권 이후 공식적으로 천주교회의 영향 아래 운영되도록 종용되었다. 제2차 세계대전 직후인 1945년 이후 주민들은 재건에 힘씀과 동시에 진보주의 교육 사상을 받아들이면서 1951년에는 **협동교육운동**(Movement of Cooperative Education: MCE)을 결성하게 되었다. 이들은 1960년대와 1970년대를 거쳐 특히 좌익성향의 주정부 아래 도시에서 진보적인 시립 유아교육체제를 발전시키는 데에 기여하였으며, 이 운동의 지도자인 브루노 치아리는 교사 모임과 저서를 통해 현 교육체제의 기초가 된 많은 아이디어들을 제시하였다.

1977년까지의 10여 년 동안 여성 취업 등을 위한 사회 복지 법안이 다수 통과되었으며, 그중에는 정부보조 유치원의 설립(1968년)과 정부보조 영유아 센터의 설립(1971년)안이 포함되어 있었다. 1980년대 중반까지 많은 도시들은 유치원을 만족할 만한 수준으로 설립하고, 영유아 센터의 확장에 노력을 기울이고 있다.

영유아 센터는 1900년대 이후에야 시의 공공재원 지원을 받기 시작하였다. **예방, 보조, 의학적 지식 등이** 서비스에 포함되기 시작하였으며, 1925년에는 '영아기의 보호와 원조'법이 통과되어 내무부 산하에 '산모와 영아를 위한 국가 조직(National Organization for Maternity and Infancy: OMNI)'이 조직되기에 이르렀다. 이는 어린이에 대한 보호-의료-위생 모델을 채택하여 영유아 센터의 확장에 주력하였고 70년대까지 약간의 이념적 변화는 있었지만 그대로 유지되었다.

1971년 12월에는 시립으로 운영되는 영유아 센터를 세우는 법안이 주민의 높은 열망 속에 통과되었는데, 1975년 12월까지 전국에서 604개의 **OMNI센터**가 공식적인 시 운영체계로 전환되기에 이르렀다. 영유아 센터가 잘 확립된 도시로는 투스케니 지역의 피스토이아 시를 들 수 있으며, 레지오 역시 법안이 통과되기 이전부터 시립 영유아 센터를 설립하는 선구적인 모습을 보였다.

다. 로리스 말라구찌(Loris Malaguzzi)와 레지오 시(市)

이탈리아의 젊은 교사였던 말라구찌는 2차 세계대전 직후에 주민들과 함께 새로운 유치원의 건설에 참여하게 된다. 그는 협동교육운동의 지도자로 어린이의 능력을 발견하고 키워나갈 수 있는 교육적 사회의 구성을 위하여 열정적으로 헌신하였으며, 오늘날 레지오 체제의 기초이자 원동력이 되었다. 이에 대하여 하워드 가드너(Gardner, H)는 '이상적인 진보주의의 교육은 수십 년간을 함께 기꺼이 일하며, 참여자 모두의 성장을 격려할 수 있는 팀(team)을 필요로 했다. 이러한 팀을 이루어 새로운 유치원을 건설하고 학생들과의 지속적 사랑, 지역사회의 교육에 대한 헌신을 이끌어낸 말라구찌는 레지오의 주요 인물일 뿐 아니라 프뢰벨, 몬테소리, 듀이, 피아제 같은 사람들과 같은 수준에서 다루어질 만하다. 말라구찌는 잘 기능하는 교육체제를 만들기 위해 수십 년간 부모, 지역사회 주민, 다양한 교사들의 집단, 즉 교육적 사회를 형성하는 데 일생을 바쳤다. 말라구찌의 주요 업적은 철학이나 방법보다는 레지오 체제 그 자체이다. 세계 어느 곳에서도 진보주의적 철학과 교육의 실제가 이렇게 완벽히 조화를 이룬 곳을 찾아보기는 힘들 것이다'라고 평하고 있다.(김희진, 오문자 역, 캐롤린 에드워즈 등 편저, 1998)

말라구찌가 스스로 회고하는 발전의 세 단계에는 1946년, 1963년, 1976년에 각각 그 분기점이 있다. 제2차 세계 대전 직후 도시의 마을들에서는 부모들이 협력으로 운영하는 유치원이 시작되었고, 협력의 방법이나 어린이를 대하는 데에 있어 배워야 할 것이 많으며, 어린이를 통해서만 배울 수 있다는 원칙으로 교사와 부모들 모두 열정적으로 임했다.

1963년, 60명을 수용하는 최초의 시립 유치원 '로빈슨'이 세워졌다. 가톨릭 교회의 영향력을 벗어나 전문교사집단을 채용했는데, 열정적으로 프로젝트를 선택하고 시도해 보았다. 이어서 피아제의 영향을 수용하여 수, 수학, 지각 등을 다루게 되었다. 교육적 문제들에 대한 세미나와 심포지엄이 지속적으로 개최되었다. 1967년 부모가 운영하던 모든 유치원이 시립화되었다. 1970년대에는 교사를 위한 전국 모임이 성황리에 결성되었고, 경험이 책으로 출판되었으며, 유치원 규율이 시의회의 인정을 받고, 지역 정부회의에서 기조 연설을 부탁받기도 하였다. 유치원을 설립할 국가와 시의 권한에 대한 토론이 활발해졌고, 공공 재원의 혜택을 받는 유치원의 수는 80년대까지 꾸준히 늘어났다.

(2) 철학적 배경
가. 새로운 교육의 발전과 사회적 구성주의

가드너는 레지오가 '많은 문제들에 대한 해결책을 찾아서라기보다는 문제들에 동요하지 않고, 이를 진지하고도 창의적으로 다루려고 노력해왔다는 점에서 인정받아야 한다'고 언급했다.(하워드 가드너, 1993). 이러한 태도의 바탕에는 현 교육 체제의 근간이 되는 철학적 신념이 놓여 있었음을 엿볼 수 있다.

레지오 접근법의 논의와 실제적 방향을 이끌어 온 말라구찌는 이 접근법이 복잡한 문화적 배경에서 발생되었다고 말했다.(말라구찌, 1993). '어린이에 대한 열망, 어린이 무시에 대한 대항, 어린이에 대한 진지함과 신뢰'로 요약되는 이들의 아이디어는 새로운 교육을 위한 공동 지혜의 구심점이 되었는데, 이러한 신념은 구성원 자신(주민, 교육자)에게도 해당되어, 오랜 세월 많은 갈등과 협상과 투쟁 속에 진솔하게 토론하고 학습해 가며 오늘날의 성취를 이루어 온 것이다.

이탈리아 내의 교육가로, 유아교육의 사상에 영향을 미친 사람은 **몬테소리**가 있으며 타국의 교육이론으로서 레지오의 철학에 영향을 준 주요 인물로는 **피아제, 비고츠키, 후기 피아제 학파, 듀이, 브루너, 가드너** 등을 들 수 있다. 레지오의 교육자들은 진보주의 교육 사상과 전통적인 자선적 종교교육, 협동교육운동과 사회적 혼란, 복잡한 논의와 사회 문화적 변화를 헤쳐 나왔다. 60년대에는 교육에 대한 본질적인 논의로서 능동적인 교육, 편견에서의 해방, 자율성의 강화와 신념 등이 토론되었고, 70년대 이후 교육과 사회복지는 범시민적인 이슈였기에 그러한 활발한 토론은 커다란 파급력을 가져왔다. 70년대에는 공동양육 환경으로서의 영유아 센터에 대한 논의와 시도가 있었고, 이로 인해 여러 교육적 발견이 있었다.

이러한 과정을 통해서 레지오의 교육 철학은, 아동과 학습자를 보는 관점, 학습과 발달의 이루어짐에 대한 정의, 인간관계의 특징과 성인 및 교사의 역할 규정 등에 있어서, 진보주의적 교육과정 철학(상호작용과 능동적 학습의 강조) 및 '**사회적 구성주의**'의 관점으로 특징지을 수 있다. 사회적 구성주의는 발달과 학습에 대한 인식론적 관점으로 특히 학습자의 능동적 학습과 사회적 상호작용을 강조한다. '사회적 구성주의'와 관련이 깊은 이론으로는

첫째, 피아제 학파의 구성주의적 인식론 - 학습자는 인지적 갈등을 통해 능동적으로 지식을 구성해 나간다.

둘째, 비고츠키 학파의 사회·문화적 발달 이론 - 상징적 도구가 매개되고 학습자의 'ZPD'가 고려된 적절한 사회적 상호작용이 정신 구조를 발달시킨다.

셋째, 후기 피아제 학파의 사회적 상호작용주의 이론 – 사회인지적 갈등유인 조건과 매체 제시 조건을 의도적으로 조정하여, 학습자의 바른 표상을 유도할 수 있다.

넷째, 가드너의 다원적 지능 이론 – 유아의 서로 다른 잠재력은 서로 다른 상징 매체에 의하여 더 잘 표상될 수 있다 – 등이 있다.(김은희, 1998). 사회적 구성주의관점에서의 발달, 유아, 학습, 학교, 교사의 개념을 자세히 살펴보면

* 발달을 보는 관점
가) 발달은 표상과정을 통하여 이전 지식과 이후 지식 간의 연계성을 갖는다.
나) 자신과 이웃, 세계와의 관계에 대한 이해를 증진하는 것이다.
다) 상호작용의 과정에서 외적 환경의 변화와 내적인 변화가 동시에 발전해나간다.
라) 주변 세계를 재구성하는 과정이며, 외적 환경과 교사와 부모, 전문가의 도움이 무엇보다 필요하다.

* 유아를 보는 관점
가) 유아는 스스로 학습하려는 풍부한 잠재력과 권리를 가지고 있다.
나) 유아는 또래·성인·사회·문화적 환경과의 '관계'로부터 동기유발이 된다.

* 학습을 보는 관점
가) 유아는 인지적 갈등을 통해 능동적으로 지식을 구성해 나간다.
나) 또래나 성인과의 사회적 상호작용이 곧, 교육의 과정이다.
다) 성인과 유아가 함께 언어라는 도구로서의 맥락을 구성해 나간다.
라) 상징적 표상은 교육의 도구가 된다.
마) 유아는 사회를 포함한 환경과의 상호작용을 통해 성장, 발달해 간다.

* 학교를 보는 관점
가) 학교는 유아가 성인과의 관계를 갖고 확장하고 발전해 나가기 위한 곳이다.
나) 유아 교사 가족이 의사소통과 상호작용 관계를 맺음으로써 교육이 이루어진다.
　　학교는 관계의 형성을 위한 지원적 환경을 구성하려는 서로의 노력을 모아야 한다.

＊ 교사를 보는 관점

가) 동기 유발이 된 유아는 전문적 자질을 가진 교사와 상호작용을 함으로써 능동적으로 지식을 구성하게 된다.

나) 유아는 성인과 상호작용을 계속하기 위해 교사로부터 기술 습득에 도움을 받으며, 이때에 교사는 유아를 위한 '지식의 공동 구성자'이다.

나. 피아제 학파의 구성주의적 인식론

교수법의 기초는 학습이다. 교수법은 어린이에게 있어 보충 자원, 다양한 선택의 기회, 시사하는 바가 많은 아이디어, 지지의 기반 등이 되어주어야 한다. 교수와 학습은 강의 서로 다른 둑에서 함께 여행하는 것과도 같아서 한 쪽이 다른 쪽을 보고만 있어서는 안 된다. (말라구찌, 1993). 즉 학습의 이론은 교수법의 근거가 되는 것이다.

피아제는 「**지식 생물학**」(1971)이라는 저서명에서 보면 생물학적인 관점에서 학습을 비롯한 심리 기제를 설명하려고 하였다. 학습자의 내부에 지식이 어떻게 생성, 변형, 발달되어 가는가, 보편적이고 불변하는 지적 구조는 무엇인가 하는 문제를 피아제는 발생학적 인식론의 관점에서 연구한 것이다. 이러한 인식론적 관심, 지적 구조의 기원에 대한 관심이 레지오 에밀리아에서 관심을 갖게 된 요인이다.

역시, 피아제도 인지적 발달과 학습(인식)에 있어서 학습자가 자신의 인지 구조를 능동적으로 구성해 나간다는 구성주의(Constructivism)적 관점을 제시하였다. 즉 학습주체인 유아는 기존의 진리나 규칙을 수동적으로 복제하는 것이 아니라, 환경과의 경험을 통해 나름의 새로운 지식을 능동적으로 창안, 구성하는 독립적 존재이다. 이러한 견해는 교육학에서는 발달과 학습에서 유아의 자발적 활동(spontaneous activity)을 강조하는 중요한 관점이다.

인지 구조의 구성에 같이 생각되어야 하는 것은 환경과의 상호 작용인데, 외부 세계에 대한 끊임없는 동화와 조절을 통해 인지적 평형을 찾아가는 방향으로 인지구조를 수정해 나가는 것이 바로 학습이다. 유아는 나름대로의 가설을 가지고 있으나, 새로운 정보를 수용하지 못할 때 인지적 부조화, 즉 인지적 갈등을 느끼고 기존 가설을 재구성해 나가게 된다. 이때 학습자는 스스로 문제해결 상황을 조정해 나가도록 내재되어 있는 자기 조절적

(self - requlative) 학습과정, 즉 반성적 사고(reflective thinking) 과정을 겪는 것이다. 이처럼 인지적 갈등(cognitive conflict)은 구성주의의 추론적 학습에서 가장 중요한 동인 (動因)이 되는데 이러한 심리적 현상을 교육장면에 적용하는 것을 갈등 유인 (conflict inducement) 방법이라 한다.

한편, **말라구찌**는 피아제의 영향을 많이 받았으면서 동시에 피아제의 견해를 비판적으로 보고 있다. **피아제를 비판한 점** (말라구찌, 1993)을 보면
  * 인지발달을 촉진시키는 데 있어서의 성인의 역할을 평가 절하한 점.
  * 추론과는 다른, 사회적 상호작용과 기억에 대하여 관심을 적게 둔 점.
  * 사고와 언어를 분리하여 다룬 점.
  * 발달의 단계가 정해져 있고 뛰어넘을 수 없다고 한 것.
  * 인지 · 정서 · 도덕 발달이 분리되어 있는 평행한 길로 취급된 점.
  * 구조화된 단계, 자기중심성, 분류 기술에 대한 지나친 강조.
  * 부분적으로 발달하는 능력에 대한 인식 부족.
  * 논리 수학적 사고만을 극단적인 중시한 것.
  * 생물학과 물리학에 사용하는 모델을 유아에게 지나치게 많이 적용한 점.
  이러한 점들은 어린이를 개인적 관점에 묶어 두기에 어린이를 고립시키게 된다. 그러나 오늘날 후기 피아제 학파의 학자들은 인지발달에 있어서의 사회적 상호작용의 역할에 관심을 기울이게 되었다.

다. 비고츠키 학파의 사회 · 문화적 발달 이론

러시아의 심리학자 **비고츠키**(Vygotsky)의 근본적인 기여는 심리학적, 문화적 발달을 토대로 교육에 대한 접근법을 발전시킨 점이라고 볼 수 있다. 그의 사회 · 문화적 접근이론은 지역사회를 비롯한 다양한 사회 · 문화적 수준의 지원, 형식적 교육의 중요성, 유아의 문화적 발달을 위한 성인의 중재적 역할, 다양한 매체를 사용한 표상의 매개적 기능, 유아의 개념 학습에 미치는 개인 간 의사소통의 역동적인 힘, 활동에 미치는 사고와 언어의 계획 · 통제 · 조정 기능, 학습과 교수의 보완적 위치 및 근접발달지대의 역할에 대한 강조점 등에

있어서 레지오 에밀리아 접근법의 교육적 실제에 깊은 영향을 미치고 있다.

비고츠키는 어린이-성인 관계 곧 교수와 학습에 대하여 말하면서 근접발달지대(ZPD; Zone of Proximal Development)을 언급하면서, 근접발달지대란 유아가 현재 보여주는 능력과 성인이나 조금 앞선 또래의 도움으로 도달할 수 있는 잠재적 발달 수준 간의 거리를 뜻한다. 이는 레지오에서 교사의 역할을 중요한 기준을 시사해 주고 있으며, 특히 교사의 중요한 역할이 어린이가 학습할 준비가 된 섬세한 순간을 포착해 내는 것이라는 점을 강조한다. 성인, 즉 교사 개입의 가치를 인정하고 광범위한 개입을 정당한 것으로 수용하는데, 그렇다고 하여 일방적인 교수활동을 지지하는 것은 아니다.

'대인간의 상호작용에서 사용하는 상징은 인간의 정신 기능을 숙련시키는 심리적 도구로서 역할을 한다'(비고츠키, 1978)고, 구성주의적 이론들은 모두 인식의 매개체로서 상징적 표상의 중요성을 강조하고 있다. 표상의 목적은 레지오에서는 특히 자신의 생각을 남들이 이해할 수 있도록 표현하는 의사소통적 맥락의 표상활동을 강조한다. 스스로 이해한 것을 의식하고 전달하려고 노력하는 과정에서 어린이들의 이해와 사고의 수준이 깊어지고 넓어진다. 이러한 이론적 토대 위에 레지오에서는 협동적인 사회적 상호작용 속에, 다양한 상징적 표상을 활용하는 다 상징적 교수법을 근간으로 교육과정을 운영하고 있다.

2) 레지오 교육의 기본 원리와 적용

레지오 접근법의 교육 기본 원리는 그 철학적 배경에서 살펴보았듯이 사회적 구성주의를 바탕으로 한다. 따라서 사회적 구성주의가 가정하는 발달, 유아, 학습, 학교, 교사의 개념이 그대로 적용된다고 볼 수 있다.

레지오 접근법의 기본 원리 중 구성주의가 가정하는 개념을 제외한 교육환경의 의미와 구성, 기록의 전시화 자원의 활용, 그리고 사회 체계 속에서 자라나는 아동, 부모와 지역 사회의 참여의 중요성에 대해 살펴보고자 한다.

(1) 환경의 의미와 구성

가. 환경의 의미와 중요성

'환경은 단순한 물리적 공간 이상으로 우리가 느끼고, 생활하고, 생각하는 것을 조정하며, 우리 삶의 질에 영향을 미치고 있다', '학교의 건물, 형태, 공간의 배치, 기능은 학교가 선택한 교육적 선택과 철학이 자연스럽게 연결되도록 디자인되어야 한다'는 신념으로 레지오에서는 프로그램 개발의 처음부터 환경을 구성하는 데에 많은 에너지와 시간을 투자한다.

환경구성 요소는 아동이 무엇을 중요시하게 되느냐에, 공간의 배열은 아동의 생활과 행동반경에 각각 깊은 영향을 준다. 뿐만 아니라 환경 자체가 유아의 내적 동기유발에도 큰 영향을 미친다.

나. 레지오 유아교육 기관의 환경과 철학

공간의 구성과 특징적으로 레지오의 철학이 엿보인다.

* 따뜻함과 친밀함을 주는 공간

환영의 느낌, 발견과 고요함의 분위기, 격리 불안을 막아주는 유리벽, 출입구에 놓인 안락의자, 카펫이 깔리고 베개가 있는 방, 교사와 부모가 이야기하는 공간, 교사에게 안겨 책을 읽고 듣는 방 등 넓은 집과 같은 친밀한 공간

* 아름다움을 느끼고 발견하게 하는 공간

실내 장식, 공간 조직, 아동작품전시가 매력적이고 편안하며 상쾌한 환경

* 대화, 상호작용, 협동을 자극하고 유지하는 공간

중앙 공동 공유공간 (Piaza) 등 만남의 장소는 우정을 키우고, 다양한 활동을 하는 것이 가능하다. 벽 크기의 통유리로 마당이나 주변 환경과 연결되어 있다. 아동과 부모, 손님을 환영하는 사진, 거울, 설명문이 든 전시물, 모자이크로 붙여 놓은 거울

* 기록하는 공간

'우리 유치원의 벽은 말하고 기록한다. 벽은 전시물(어린이와 어른들이 만든 것)을 일시적 또는 영구적으로 보관하는 장소로 이용된다.' (말라구찌, 1993)

* 배움의 공간

환경은 제3의 교사이다. 물체, 재료, 구조물 등은 아동과 어른의 행동을 조정하고 또한

유아의 행동을 조정 받는 요소이다.

* 각 유치원 나름의 문화와 역사가 스며 있는 공간

유치원 나름의 정원 모양, 창문, 가구, 그 동안 유치원 아동의 역사가 숨쉬는 공간이다.

'각 영·유아 센터와 유치원은 자기만의 과거, 발전 과정, 경험의 축적, 문화의 양식을 가지고 있다. 우리는 모든 유치원을 똑같이 만들려는 의도가 전혀 없었다. (말라구찌, 1990)

* 지역 주민의 역사 문화 이상을 반영하는 공간

아름다움과 조화에 관심을 기울인 공간 디자인은 이탈리아의 문화를 반영하며 건물의 신축과 수리에 있어 장학사와 교사, 부모는 건축가와 함께 상담하며, 의사결정 시에는 보육시설 이용자 모두가 참여한다.

* 준비된 공간

어린이의 사용 상황에 맞게 갖추어진 재료, 어린이의 반응을 고려하여 선택된 재료, 이를 의미 있게 사용하도록 만든 배치(고객이 찾고 선택할 상품 진열대와 같음).

* 아동 나름의 생각과 표현에 몰두할 수 있는 공간

* 다양한 용도가 되는 공간

사회적 공간, 개인적 공간, 여백 공간이 모두 존재하며, 각각의 공간에는 철학이 배어 있다. 가령 현관의 경우 신뢰감, 편안함, 환영의 느낌, 재미있는 곳, 중앙공용공간(Piaza)의 경우 상호교류의 장, 해방된 공간, 아뜰리에·교실·벽과 천장의 경우 대화, 기록, 미적 여백, 화장실과 세면대는 위생, 즐거움, 놀이, 확장의 의미, 부엌에는 환영, 존중, 영양균형, 휴식, 대화 등이 그것이다. 이러한 에밀리아의 환경은 교육적으로 아름답고 부유한 인상을 준다.

(2) 기록의 전시와 자원의 활용

가. 기록의 가치

* 교사에게는

포괄적이고 질적인 기록은 아동의 복잡한 학습 경험에 대한 통찰과 상호작용에 대한 이해를 교사에게 제공한다. 아동의 삶에 관련되는 실제적, 구체적인 활동을 통찰하게 되면 교사는 개입해야 할 때와 도전적 환경을 조성해야 할 때를 결정할 수 있다. 또, 교사가 다양한 방식으로 아동의 활동을 기록할 때 교사는 자신의 교수 가치에 대한 확신을 가질 수 있게 된다. 그 결과로 교사 자신의 성장과 높은 수준의 전문성을 위한 동기를 유발하며, 다른 사람들의 관심을 촉발한다.

＊ 아동에게는

기록은 아동에게 어른들이 그들에게 관심을 가지고 있으며, 특히 무엇을 더 중요하게 생각하고 있다는 것을 알게 한다. 기록을 통해 아동은 자신이 활동한 내용을 다시 살펴보고 새로운 직관을 가질 수 있으며, 다음 활동의 방향결정에 반영하게 된다. 성인이 어린이의 생각과 표현 노력에 관심과 흥미를 보일 때, 아주 어린아이들까지도 의미 있고 복잡한 활동에 참여할 수 있다.

＊ 다른 교사, 부모, 방문자에게는

기록을 통하여 이들은 기관의 교수 방법과 교육 과정을 분명하게 이해하는 데에 도움을 받으며, 따라서 부모들은 자신의 자녀를 기관에 맡길 때 편안한 느낌을 가지게 된다. 모든 아동의 장점과 독특한 재능을 보여주는 다양한 기록의 방법은 부모와 발전적인 협력을 지속하게 한다.

나. 기록의 방법

기록을 어떻게 효과적일까?

효과적인 기록은 관찰과 기록을 동시에 할 수 있고, 동료와 아이들이 잘 알아볼 수 있도록, 아이들이 하고 있는 것, 이해하는 것, 혼동된 것이 잘 드러난 기록이다. 규칙적으로 특별히 시간을 정하여 일지를 기록하는 것이 가장 좋은 방법이다.

레지오 교사들의 경우 매일은 하루에 대한 생각, 기록, 생각하는 주제에 대해 짧게 메모를 하고, 일주일에 한 번, 이를 재검토하여 기록하기 위한 충분한 시간을 들인다. 관련 기록을 모으고 특별한 사건이나 관찰을 정하여 준비한 후에 동료교사들과 공유하며 때로는 교사의 상호작용에 대하여 다른 교사가 자료-오디오나 비디오의 녹음 등-를 수집해 주도록 도움을 요청할 수도 있다.

기록을 붙인 패널, 교사들 간의 토론 노트, 교사일지, 프로젝트일지 등은 기록의 유용한 형태들이다. 프로젝트 일지와 같은 경우 이야기 방식으로 기록되어 다음의 아동들에게 이전의 학습 경험이 된다. 개별과 집단의 프로젝트에 대하여 새로운 기록을 창조하는 것은 아동으로 하여금 지식의 과정을 구체화하고 깊이 있는 이해로 구성되어간다.

기록을 위한 도구로는 포스트-잇, 아동작품 폴더, 펜과 메모지, 일화 기록, 교실에서의 주제 심화 조사, 카메라(35㎜, 200㎜ 등), 녹음기(대화 녹음), 마이크로 폰, 비디오 카메라, 사진 복사기, 컴퓨터, 스캐너, 멀티미디어 컴퓨터 시스템 등이 사용된다.

다. 전시의 의미와 활용

교사의 기록은 기록만으로 끝내지 않고 전시로 연결된다. 기록은 모든 사람이 읽고 이해할 수 있게 제시되는 것이 좋다. 벽이나 교사연구실 등에 기록한 것을 붙여 둔다면, 그에 대한 반응들을 보면서 의미에 대한 의견을 교환할 수 있게 된다. 이러한 방안이 좀 더 구체화된 것이 바로 전시이다. 레지오 에밀리아가 세계를 순회하며 사람들에게 많은 반응을 일으킨 것도 바로 이러한 전시회의 힘이었다. 전시회를 할 때, 중점을 두고자 하는 관점으로, 장소, 안내, 부모와의 기록 공유 여부, 전시 방법 등을 생각해야 한다. 이러한 관점으로는 아동 개인의 발달에 밀착한다거나, 특정학습 경험의 과정을 보여준다거나, 교사 자신의 지식과 기술에 초점을 둔다거나 하는 것을 들 수 있는데, 가장 효과적인 것은 관람자가 기록에 초점을 둘 수 있도록 하는 것이다. 보는 이가 전시 그 자체에 현혹되는 것이 아니라 전시하는 내용을 연구하도록 디자인한 것이 매우 의미가 있다. 따라서 밝은 색이나 강한 패턴보다는 매력적이고 미묘한 색과 질감의 사용으로, 심미적이되 무엇보다 내용이 강조되는 전시가 되도록 한다.

프로젝트가 심도 있게 이루어지도록 하는 교사의 주도 면밀한 기록은 전시를 위한 좋은 자료가 되고 있다. 또 교육시설의 전 공간이 기록과 전시에 활용되고 있다.

라. 자원의 교육적 활용

레지오의 재활용센터는 폐품이 자원이 될 수 있다는 생각을 실현하는 곳이다. 공장이나 수공업체의 불합격품이나 재고, 재생된 물건 등을 교육적, 창조적인 목적으로 활용할 수 있도록 진열해 주는 일종의 창고형 가게인 이곳에서는 자원의 교육적, 창조적 재활용을 위해 다양한 워크숍과 회의, 전시회, 초청활동 등의 문화 활동을 주관하기도 한다.

재활용되는 자원에는 종이류, 금속류, 밧줄, 가죽류, 유리, 거울류, 직물류, 잡화류, 직물 재료류, 플라스틱류, 대리석 판, 고무, 독이 없는 페인트, 커튼 재료, 자수 재료, 시계류, 플라스틱이나 유리로 된 식품 용기, 병, 필름류, 전구, 석고, 각종 잡화, 솔, 비닐, 속지, 등의 각종 자료와 신문 잡지 광고지 등 모든 매체를 망라할 수 있다.

재활용 센터의 중요한 목적은 불완전하고 쓸모 없는 물건을 활용하여, 사물과 유아 간의 커뮤니케이션과 재료를 통한 창의성의 새로운 가능성을 찾아보려는 것이다. 교육적 표상이나 표현 예술에 다양한 자원을 활용하고, 특정 사물을 새로운 시각으로 보며, 다양한 매체가 갖는 다양한 표상언어의 의미를 즐기게 하는 것 등의 활동을 통하여 아동은 각기 다른 매체의 서로 다른 유용성을 이해하게 되며, 한 가지 개념을 여러 가지 방법과 매체로 표상하면서 깊이 있게 배우게 된다.

결국 자원의 재활용은 아동의 사고를 심화시키는 표상매체로서 활용된다는 점과 환경의 재창조와 보존에 기여한다는 점, 교육기관과 사회의 의미 있는 관계형성의 계기가 된다는 점 등에서 그 의미를 갖는다고 하겠다.

레지오의 재활용센터는 이 지역의 유아교육 기관뿐만 아니라, 초등학교, 기타 사회의 놀이, 문화 센터가 이용하고 있다.

(3) 사회 속에 어린이, 부모와 지역 사회의 참여의 중요성

레지오에서는 아동이 또래나 성인, 사회 문화적 환경과 관계를 맺고 상호작용하며, 그 관계로부터 동기유발이 된다고 믿는다. 이는 Piaget의 개인주의적 관점을 넘어서 아동을 사회적 구성주의자(social constructivist)로 인식하는 것이다. **비고츠키**(Vygotsky)가 말하는 근접발달영역(ZPD), 즉 가능한 실제의 발달 수준과 잠재적 발달 수준 사이의 영역은 성인과 아동 간의 상호 작용과 협력을 통해서 간격의 차가 좁혀질 수 있다는 주장도 이러한 맥락에서 같은 의미를 갖는다. **말라구찌**는 이에 대해 "아동이 도약할 수 있는 기대와 준비를 하고 있음을 보일 때 성인의 역할은 중요하다."(Malaguzzi, 1993)고 했다. 이렇게 아동을 다른 아동, 교사, 학교 환경, 그리고 지역사회라는 조직 속에서 관계를 맺고 상호작용하는 존재로서 본다는 것은 부모와 교사의 연결이 잘 이루어져야 함을 의미한다. 이에 레지오 접근법은 **교사, 가족, 아동 세 요소**를 모두 중시하여 교육의 중심 요소로 여긴다.

레지오에서는 가족의 참여가 어린이와 교육자의 참여만큼 중요하다. 부모가 아이들의 교육에 참여하는 것은 어린이의 학습에 부모가 참여하는 것을 더욱 강화시켜주고, 부모와 어린이 간의 토론 거리를 제공해 주고, 유아기 학습의 특징에 대한 부모의 이해를 깊이를 아는 데 도움을 준다.

지역 사회 중심의 운영에서 이사회(자문위원회)는 공식적인 참여 기구로서 중요한 위치를 차지하고 있다. 시의 요구를 지원하고 **교육기관의 행정적인 문제**(예; 입학, 교육비 책정 등)와 **정치적 결정**(예; 새로운 센터 건립 등), **가족과 교육자의 요구**를 공개적으로 제기하는 것까지 교육의 모든 복잡한 문제들에 직접 참여하는 수단이 된다. 부모, 교육자, 주민들은 2년마다 각 영 유아교육기관을 대표할 이사회의 대표자를 뽑는다. 각 영 유아센터와 유아 학교의 이사회는 위원 중 2~3명을 뽑아 교육적, 정치적, 문화적 목적과 목표를 결정하는 시의 행정 기구(유아교육 행정 담당관, 교육조정자 팀(Pedagogisti), 공무원인 교육 담당 보좌관(the Assessore), 그리고 시장으로 구성)와 함께 일하는 시민조정위원회에 번갈아 가며 대표로 참석하여 일한다. 이사회에 참여하지 않는 다른 사람들은 다른 목적을 가진 위원회에 참여한다. 예를 들면, 부모 참여 극대화 전략, 어린이의 수면 장애와 유치원 식당에 칠을 다시 하는 문제 같은 특별한 주제에 따른 모임을 구성한다거나 학급 참여 등이 있다.

참여는 레지오 에밀리아 유아교육 경험에서 중요하고 강력한 원리이다. 이는 사회체계 속에서 아동이 성장한다고 보는 아동관의 영향 때문이기도 하지만, 레지오 유아교육이 바로 시민들이 중심이 되어 일으킨 교육이라는 점이 그 근본 원인이 된다. 레지오 에밀리아 지역의 남녀 주민들이 제2차 세계 대전이 끝나고 미래에 대한 희망과 신념을 가지고 손수 벽돌 한 장 한 장을 쌓아 학교를 지었기 때문에 참여는 레지오 유아 교육의 바탕을 이룬다. 참여의 가장 중요한 개념은 교육과정들에서의 공동 책임이다. 그렇기 때문에 레지오에서는 부모, 지역사회가 참여할 수 있는 모임이 많다.

그중 **칼리나 리날디**(Carlina Rinaldi)가 제시한 몇 가지를 소개하면 다음과 같다.

가. 각 학급 교과과정 모임

각 학급의 교사는 특정 어린이 집단에서 일어나는 일, 전개된 활동의 예, 교육 경험의 평가, 교육적·실제적 방향과 같은 문제를 토의하기 위해 부모와 만난다. 주로 저녁이나 대다수의 가족에게 편리한 시간에 열려 되도록 많은 사람들이 참여할 수 있도록 배려한다. 뿐만 아니라, 토의 주제도 동의를 얻어서 미리 모든 부모에게 알린다. 이런 형태의 모임은 일년에 최소한 5~6회 반복한다.

나. 소그룹 모임

모임에서 참여자의 수를 제한하면 특정 가족과 어린이의 요구와 문제를 더욱 자세히, 그리고 개인적으로 토론할 수 있게 된다. 이것이 바로 학급 수준의 모임과 다른 소집단 모임이다. 모든 가족이 적어도 1년에 한 번은 다 참여할 때까지 이런 모임을 갖는다.

다. 부모와 교사 개인 면담

부모 교사 개인 면담은 부모나 교사의 요청에 의해 이루어지는데 특정 가족이나 어린이의 문제를 다루거나 어린이의 인성 발달에 관한 깊이 있는 토론을 할 수 있는 기회를 제공한다.

라. 주제를 중심으로 한 모임

특정 주제에 대한 토론에 흥미가 있거나 지식을 얻고자 하는 센터와 유치원에 관련된 사람 누구에게나 개방되어 있는 모임으로 부모와 교육자가 주도하고 이끌어 나간다. 모임의 주제로는 예를 들어, 아버지의 역할, 어린이의 공포 등이 있을 수 있다. 참석한 모든 사람이 주제에 대해 토론하고 분석하기 때문에 참여한 모든 사람들이 의견과 생각을 교환할 수 있는 기회가 된다.

마. 전문가와의 만남

전문가와의 만남은 대개가 강의나 원탁 토의의 형식으로 이루어지는데 많은 유치원이 함께 참여하기도 한다. 주제를 예를 들어보면 동화, 어린이 성에 대한 관심, 어린이를 위한 책, 어린이 다이어트 등이 있는데, 문제에 대한 인식이 증가시킬 수 있도록 많은 준비를 한다.

바. 노동하는 시간

노동하는 시간은 유치원의 교육 환경 향상에 구체적인 방법으로 기여할 수 있는 기회이다. 이 모임에서는 부모와 교사가 함께 가구와 기구를 만들고 교육 공간을 재배치하고, 유치원 운동장을 수리한다.

사. 실습(작업)

실습은 '행함으로써 배우는(learning by doing)' 모임이다. 여기서는 부모와 교사가 교육적 가치가 많은 기술, 예를 들면 종이 접기, 인형 만들기, 그림자 인형극 틀 만들기, 사진기 사용하기 등을 배운다.

아. 명절과 축하 집단 활동

어린이, 부모, 조부모, 친구, 마을 사람들이 함께 모이는 집단 활동이다. 때로는 유치원 전체가 참여하기도 하고 한 학급만 참여하기도 한다. 어린이의 생일 축하, 할아버지, 할머니날, 학년 말, 절기 행사 등이 포함된다.

모임의 설치 여부가 아니라, 높은 수준의 참여가 이루어지기 위한 중요한 조건이다. 가족의 다양한 흥미, 요구, 열망을 충족시킬 수 있는 다양한 활동이 필요하다는 것과 유치원에서 교육 경험에 관심 있는 사람들이 자연스럽게 만날 수 있는 장소로서의 학급과 좀 더 확장된 지역 사회 생활에 참여하는 출발점으로서의 학급에 초점을 맞추는 것이다.

3) 교사의 역할과 중요성

레지오 에밀리아에서는 학습을 지원해 주는 교사의 역할이 중요하다. 각 교육기관에는 한 교실 당 두 명의 교사가 있으며 주/부 교사의 구별 없이 동등하게 일한다. 원장도 없고 교직원 간 계급구조도 없이 각 교사는 보조 교사, 연장 시간 교사, 아뜰리에스타(atliersta),

요리사, 청소부 등과 함께 저마다 해야 할 특별한 직무와 책임을 지면서 협력한다. 뿐만 아니라, 팀티칭, 페다고지스타(pedagogista) 등은 의사소통의 과정을 지원해주는 원천이 된다.

(1) 교사의 역할의 정의

레지오에서는 어린이를 가정, 학교, 지역 사회, 문화의 협동적인 삶 속에서 타인이나 교사와의 대화와 상호 작용을 통해서 완성을 추구하는 활동적이고 유능한 주인공으로 보고 있는데 이러한 인식은 교사의 역할에 대한 인식에 영향을 주었다. **타지아나 필리피니**(Tiziana Filippni)가 정의한 바에 의하면 교사는 때로는 어린이 집단의 '내부'에서 일하고 때로는 어린이들의 '주변'에서 일하는 사람이다. 교사는 어린이에 대해 공부하고, 기회를 제공하고, 결정적인 순간에 개입하고, 어린이들의 열정과 고취된 감정을 공유한다.

말라구찌는 교사가 어린이와 대화하는 도중에 어린이들이 한 말을 정확히 기록해서 그 속에서 교사가 숨은 아이디어를 찾아내어 어린이에게 다시 던지고, 그렇게 함으로써 교사와 어린이 사이의 활동을 더욱 의미 있게 할 것을 강조했다. 왜냐하면 어린이들이 새로운 통찰을 할 때, 자신이나 다른 사람들에게 명확하지는 않을 수 있다. 따라서 교사는 어린이 집단 전체의 지적 발달과 성장을 자극할 가능성이 있는 아이디어를 발견해서 좀 더 명확한 언어로 아이디어를 제시한다. 다시 말해 주어서 어린이의 통찰이 실행할 수 있게 해 주어야 한다. 이것은 다음 단계의 집단 토론과 활동으로 이어지는 일종의 지적 스파크가 되는 것이다.

(2) 다양한 측면의 교사 역할

교사의 역할은 어린이들의 대화, 공동 활동, 지식의 공동 건설을 자극하고 촉진하는 것을 통해서 발견의 기회를 제공하는 것이다. 아주 어린 어린이들도 타인의 말을 듣고, 타인의 목적과 아이디어를 고려하고, 타인과 성공적으로 의사 소통하는 것을 배우도록 돕는다.

레지오 에밀리아에서는 유치원 교사가 3년간 같은 어린이와 부모 집단과 지내고 동료 교사와 팀으로 함께 일한다. 팀으로서 두 명의 교사는 다른 교사들, 유치원의 직원, 아뜰리에스타와 상호 작용을 하고 여러 유치원과 함께 일하는 페다고지스타와 시 정부의 지원을 받는다.

교사의 입장에서 볼 때, 교사가 학급에서 하는 일의 핵심은 여러 어린이들의 지적 성장이 이루어지도록 '자극적인 기회'를 제공하는 것이다. 특히, 어린이들이 한 이야기를 듣고, 어린이들 간의 토론과 공동 활동을 재자극하고 확장시키기 위해 어린이들에게 다시 이야기해 준다. 이 과정은 복잡하고 섬세해야 하기 때문에 끊임없이 발전·변화하고 공동 노력과 관심이 요구된다.

동료들과 교수 행동에 대해 서로 비판해 주고 스스로 평가하는 교사들의 경향도 레지오 에밀리아 교사들의 특징이다. 어린이들처럼 교사들도 의사소통, 갈등, 공동 행위를 통해 가장 잘 배운다고 생각한다. 또한 교사의 임무와 교사로서의 발달을 학교, 지역 사회, 문화가 공유된 삶 속에서 일어나는 공적인 활동이라고 여긴다. 그렇기 때문에 유치원 안팎의 사람들과 상호 작용하고 의견을 교환하는 일을 중요시한다.

아뜰리에스타는 레지오 접근법의 특징적인 요소로 한 기관에 한 명이 있어 매일 아침 교실을 돌아보면서 대규모로 진행되고 있는 프로젝트나 소규모의 개인적 활동이 어떻게 되어 가고 있는지 알아본다. 교사들과 무엇을 어떻게 어린이에게 소개할지, 어떤 일이 일어날지 의논하고 특정자료를 권하기도 하고, 교사들 사이에서 아이디어가 교환되게 하며 교사의 지속적인 조언자 역할을 하며 새로운 가능성을 창조하고 직접 개입하기도 하고 프로젝트의 과정을 기록하고 전시하기도 한다.

페다고지스타도 레지오 접근법의 특별한 참여자로 교육과정 및 활동 조정자이자 상담자로 시 교육 체제의 철학을 유지하고 실행을 돕도록 모든 성인들과 상호 작용한다. 장학사는 4-5개 영유아교육을 담당하여 직원 스케줄 짜기, 임무 배정 작업시간 조정, 물리적 환경 조성, 교사와 부모와의 의미 있는 상호작용 조성, 교사와 협력하여 각 어린이와 가족의 권리와 욕구 분석 등 교사의 자율성과 전문성 향상을 지원한다. 장학사들은 또한 주 1회 유아교육 담당 장학관과 함께 만나 교육현장에서 일어나는 일, 이론과 실제의 새로운 경향, 정치발달 등에 대한 정보를 끊임없이 교환하며, 영·유아교육 기관 전반에 관련된 정책이나 문제에 대해 토론한다.

레지오의 교사들은 보통 고등학교를 졸업한 교사이므로 현직훈련을 중시한다. 현직훈련이란 교사의 역할, 지식, 전문성, 유능성을 직접 적용해보는 것으로 경험을 사고로, 사고를 심사숙고하여 새로운 사고와 경험으로 전환시켜가며 발전해간다. 교사도 아동과 마찬가지로 아동의 의견을 경청하며, 동료, 부모 전문가들과의 토론을 통해 발전해간다.

우리나라에서 유아 교사 준비 교육이 부족하다는 비판이 있다. 특히, 보육교사의 자질 문제를 유아교육계에서 많이 제기한다. 그런 점에서 레지오 에밀리아의 유아교육이 고등학교 졸업 학력의 교사로 이루어지고 있는 점에서 우리에게 학력 위주의 교사의 질에 대한 발상을 다시 한 번 검토하게 한다. 사실 이탈리아에서의 대학 진학률은 상당히 낮아 고등학교 졸업이라고 하면 상당한 정도의 고등교육을 받은 집단으로 여기는 만큼 우리가 생각하는 것처럼 교사의 학력이 낮은 것은 아니다. 오히려 이들은 유아 교육 교사의 현직 훈련의 중요성을 강조하고 현직 훈련에 의한 전문가로서의 성장에 대한 굳은 믿음이 있다. 특히 교사의 자기 향상에 대한 노력을 강조하고 이를 위해 일정한 시간을 업무시간으로 산정하는 것이나 현직 교사 훈련을 위해 정부가 다각도로 기여하는 것을 참고할 필요가 있다.

또 주목할 점은 교사 지침서나 교육과정인 성취도 검사 등이 없고, 교육과정 계획이나 실행에 대해 외적으로 요구되는 방침이 없이 교사 자신의 연구, 관찰, 동료 장학에 의해 교육 기술 향상을 이루는 자율적인 교사들이라는 점이다. 이는 한 페다고지스타가 4~5개 기관을 담당하여 교사나 교육의 발전을 위해 협력하는 장학 조직 구조나 교육의 질을 유지하기 위한 부모나 지역사회의 참여가 적극적이기 때문에 가능할 것이며, 활동기록의 전시 등을 통해서도 어느 정도 자연스럽게 교사나 참여자에게 교육의 질이 향상되도록 자극하기 때문에 가능한 것으로 여겨진다.

레지오 접근법에서는 교사로서 자신을 변화시키고 재구성하는 것의 중요함을 강조하며, 아동이나 성인이 모두 서로 배운다는 점을 잘 인식한다. 교사는 교사로, 학습자는 학습자로만 보는 이분법이 없다는 것이다. 프로젝트가 진행되면서 교사는 끊임없이 아동의 말을 듣고 관찰하면서 아동의 사고, 아이디어, 행동에 대한 가설을 계속 수정, 적응시켜간다. 교사가 아동에게 아이디어를 소개할 때도 가설적인 것으로 제시한다. 아동이 활동을 이끌어

가도록 아동의 생각을 챙겨가면서 그리고 교사 자신도 관찰하여 교사 자신이 배우는 데 개방적이어야 하는 것이다.

(3) 교사 역할의 어려움

레지오 에밀리아의 교육자들은 교사란 무엇을 해야 하는지를 안내해 주는 확실한 정답이 있는 쉬운 역할로 여기지 않는다. 교사가 하는 일 중 어려운 일의 하나는 어린이들이 최선을 다하고 반복해서 생각할 수 있을 만큼 크고, 어려운 문제를 어린이들이 찾도록 돕는 일이다. 문제는 단순히 의견의 불일치로 인한 혼란스러운 것이 아니라, 가설 검증과 아이디어의 지적 비교 가능성이 있는 인지적 불균형 상태의 것이어야 한다. 두 번째, 교사의 역할은 언제, 어떻게 개입하는지를 아는 것인데 이것은 어린이들이 생각하는 것에 대한 순간적인 분석을 기초로 개입이 이루어지기 때문에 어렵다. 그러나 이 어려운 활동을 무엇을, 어떻게 해야 할지를 혼자 알아내지 않아도 된다. 레지오에서 교사들은 언제나 다른 성인들과 협동해서 일하기 때문이다. 서로에게 묻고 솔직하게 의논함으로써 구체적인 제안과 정서적인 지원을 받을 수 있고, 더 나아가 어린이나 부모에게 협동과 참여의 본보기를 보여줄 수 있게 되는 것이다.

(4)교사 행동의 예

레지오 에밀리아에서 많이 관찰되는 여러 종류의 교사 행동을 몇 가지로 정리하면 다음과 같다.

가. 교사는 어린이들이 활동을 시작하도록 한다.
나. 교사가 도구 사용법과 사용 기술을 알려 준다.
다. 교사가 논쟁을 가설 검증으로 바꾼다.
라. 교사는 어린이들 스스로 논쟁을 해결하도록 격려한다.

4) 프로젝트 중심의 발현적 교육과정

레지오 에밀리아에서는 교육과정과 활동을 계획할 때 교사가 일반적인 교육의 목표는 세워 놓지만 각 프로젝트나 활동의 세부 목표는 미리 세우지 않는다. 교사는 과거의 경험과 어린이에 대해 알고 있는 것을 기초로 '어떤 일이 일어날까?'에 대한 가설을 세운다. 가설과 함께 교사는 어린이의 욕구와 흥미에 적응할 수 있는 융통성 있는 목표를 세운다. 이런 형태의 계획을 '발현적 교육과정(emergent curriculum)'이라고 부른다.

프로젝트 중심의 발현적 교육과정은 비형식성을 특징으로 한다. 비형식성은 아동 집단 구성이나 일과 구성, 교육 활동 계획과 프로젝트 진행 과정에서 잘 드러난다.

(1) 아동 집단 구성

레지오 에밀리아에서의 활동은 대부분 소집단 형태로 이루어진다. 소집단 형태는 아동을 보다 협동적으로 자율적인 활동 시간에 맞추도록 서두르게 하지 않아도 된다.

어린이들이 어릴수록 두 명이 상호 작용하는 것이 좋다. 어린이들은 두 명이 상호 작용하는 것에서 의사소통의 리듬과 서로에게 적응해야 한다는 것을 이해하게 된다. 또한 의사소통 양식의 변화뿐만 아니라 주제의 변화도 인식하게 된다. 두 명이 상호 작용하는 것은 어린이뿐만 아니라 어른에게도 유익하다. 집단 구성 인원이 다섯 명보다 많아지면 집단 원동력이 복잡해지고 상호 작용의 수가 많아져서 다른 사람의 지식을 계속적으로 바꾸는 과정에 치우쳐 자신의 지식을 평가하고 바꾸는 것이 불가능해진다. 따라서 집단 크기는 다섯 명으로 제한한다.

소집단 형태와 함께, 레지오 에밀리아 교육기관 중 몇 곳은 혼합 연령 집단으로 학급이 구성되기도 한다. 혼합 연령 집단으로 학급을 구성하면 어린이들에게 가정 같은 분위기를 주어 안정성과 애착형성에 도움을 줄 수 있다.

(2) 교육과정 계획

계획은 학습을 위한 공간, 자료, 생각, 상황 등을 준비하고 조직하는 것이다. 계획을 해야 아동, 교육자, 가족 간의 상호 작용과 의사소통이 잘 이루어진다. 그러나 레지오 에밀리아에서는 계획에 따라서 학습을 진행하지는 않는다. 교사는 계획을 따라서 진행하는 것이 아니라 어린이가 가는 곳으로 따라간다. 교육의 목표도 중요하나 그것보다 더 중요한 것은 왜 어떻게 목표에 도달해야 하는가 하는 것이기 때문이다. 따라서 레지오에서는 단원이나 소단원 식의 계획된 교육과정은 없다.

그러나 계획이나 교육과정이 없다고 해서 "즉흥적 연출"에 의존하는 것은 아니다. 프로젝트가 시작할 때 교사들이 모여 나올 만한 아이디어, 가설, 어린이들의 선택을 고려해서 프로젝트가 발전해 나갈 만한 모든 가능성에 대해 토론한다. 그렇게 해야 교사 자신이 프로젝트의 모든 단계에 대한 준비가 되고 예기치 않던 일에도 대처할 수 있다. 따라서 레지오에서는 매년 장·단기 프로젝트를 구상하기는 하나 이것은 하나의 기본 뼈대 역할을 하며 프로젝트의 진행에 필요한 것은 그때 그때 모두 어린이와 교사들이 결정한다.

(3) 교육 과정 전개 : 프로젝트 활동

프로젝트 활동은 레지오 에밀리아 접근법의 중요한 학습 형태이다. 이것은 아동에게 사회 관계 속에서 갈등과 협상의 기회를 제공하여 지식을 구성하게 하는 교육과정이다.

프로젝트란 한 명, 소집단, 또는 학급의 모든 아동이 참여하여 어떤 주제에 대해 깊이 있게 탐색하는 활동(Katz & Chard, 1989)으로, 주제 탐구 중심 활동, 또는 주제 탐구·표현 중심 활동(이순형 외, 1997) 등으로 표현되기도 한다. 또한, 활동의 기간이나 방향, 활동의 내용 등이 처음부터 잘 구조화되어 이루어지는 것이 아니라 활동을 진행하면서 아동과 성인과의 논의와 토론을 거치면서 새로운 활동으로 나아가는 발현적 교육과정(emergent curriculum)이다.

프로젝트는 어린이들이 주의를 기울일 만한 가치가 있는 경험과 자신의 주변에서 일어나는 사건과 현상을 심층적으로 이해하는 데 도움을 준다. 즉 프로젝트를 수행하는 교육과정 중 유아는 이전 활동이나 탐색에서 단순히 다음으로 넘어가는 것이 아니라 관찰과 재관찰, 표상과 재표상, 구성과 재구성이라는 재순환(recycling)을 통해 이해의 깊이를 심화시키거나 새롭게 등장하는 개념에 대한 아이디어와 흥미를 변화, 발전시켜 나간다. 또한, 프로젝트를 하는 동안, 어린이들은 자신이 하고 있는 일에 대해, 주로 또래 친구들과 협동하면서 스스로 결정을 내리고 선택을 하도록 격려받는다. 이런 활동이 유아 자신의 지적 능력에 대한 믿음을 갖게 하고 배우려는 성향을 더욱 강하게 한다.(Katz & Chard, 1989)

레지오 에밀리아의 프로젝트는 몇 달에 걸쳐 이루어지는 프로젝트도 있고, 짧게는 몇 시간 정도 걸리는 프로젝트도 있다. 2시간 정도 걸리는 탐색이라 하더라도 아동이 한 주제에 대해 집중하여 주제의 흥미로운 측면을 탐색한 경우는 미니-스토리(mini-story)라 하여 프로젝트라 한다. 지속시간의 제한이 없을 뿐 아니라 기간, 방향, 활동들도 사전에 정의되지 않고 유아에게 상당한 자율성이 주어지는 활동이지만 활동 전개 과정은 교사의 식견과 경험 및 관찰에 따라 조절되는 활동으로 비형식적 특성을 드러낸다.

프로젝트 활동이 계속적으로 의미 있게 진행되기 위해서는 교사가 학습 동반자로서의, 학습 촉진자로서의, 조정 및 안내자로서의 역할을 잘 담당하여야 한다. 비고스키의 "발달이 학습에 영향을 미칠 뿐 아니라 학습이 발달에 영향을 미칠 수 있다."는 견해는 프로젝트 학습 과정에서의 교사 역할에 더욱 큰 의미를 부여하게 한다. 헨드릭(Hendrick) 역시 "교사와 유아가 함께 만들어 가는 교육과정(The emergent creative approach)인 경우 특히 민감한 관찰자와 안내자로서의 교사 역할이 유아 발달에 중요한 영향을 미친다."고 강조하고 있다. 교사의 적절한 개입은 학습을 촉진시키는 중요한 계기가 되며 이는 곧 발달의 촉진과 직결된다고 보기 때문이다. 그러나 교사의 '적절한 개입'이 쉽게 이루어지는 것은 아니다. 이는 프로젝트 활동에 대한 충분한 이해와 함께 유아 활동에 대한 정확한 관찰 및 기록 방법, 분석 방법, 매체 활용 방법 및 다양한 표현 방법에 이르기까지 그 의미 및 방법론에 관한 지식이 뒷받침될 때 효과적으로 이루어질 수 있는 일이기 때문이다.

레지오의 프로젝트는 일반적인 프로젝트와 비교할 때 어떤 주제에 관련된 소주제를 연속하여 탐색하여 전체 주제에 대한 이해의 폭을 넓히는 것이라기보다는 한 번 탐색했던 현상이나 주제를 다양한 매체를 사용하여 거듭 탐색, 재탐색, 재방문하여 경험하는 순환적 전개를 통해 이해의 수준을 깊게 하는 특징이 있다.

(4) 다양한 활동

레지오 접근법은 어린이의 지적 발달을 상징적 표상에 초점에 맞추어 도모한다. 대표적인 탐구활동으로 조사, 실험, 견학, 전문가 면접, 토론 등이 있고, 자신의 언어, 말, 그림, 동작, 만들기, 조각, 그림자놀이 꼴라쥬, 상상놀이, 각종 재활용품, 사진, 판토 마임, 요리, 음악 등을 통해 자신의 생각과 느낌, 이해, 희망 등을 표현하도록 격려받는다. 어린이들은 프로젝트 외에 다른 여러 활동에 참여한다. 예를 들면, 블록놀이, 역할놀이, 실외놀이, 이야기듣기, 꾸미기, 실외놀이, 상상놀이, 극놀이, 물감놀이, 찰흙놀이 등이 있다. 어린이들이 활동을 통해 만들어 낸 시각적 표상물은 장식을 위한 결과물이나 일회성 결과물이 아니라 주제에 대한 다음 단계의 조사와 지식을 심화시키는 자원으로 이용되는 것이 주목할 만하다.

(5) 상징화주기(Cycle of Symbolization)를 통한 다상징화

레지오에서는 프로젝트가 전개되면서 유아의 흥미와 교사의 판단에 따라 반복할 시간을 충분히 가지고 주제와 관련된 현상이나 사건을 관찰, 재 관찰하고, 다양한 표상매체를 사용하여 중요한 경험을 고찰, 재고찰하며 표상, 재표상함으로써 일련의 활동을 방문하고 재방문해 나감에 따라 이전 경험을 깊이 있게 탐색, 확장시켜 나가는 교수전략을 활용한다. 여기서 특이할 만한 점은 관찰·재관찰, 고찰·재고찰, 표상·재표상, 방문·재방문에서 살펴볼 수 있듯이 '재'라는 개념이다. 이것은 일정기간 동안 한 가지 주제에 대해 언어로 토의하고, 그림으로 그리고, 조사한 후 다시 그리고, 탐색하고, 대상물을 복사하여 가상의 모형을 만드는 등의 다 상징적 과정(multisymbolic process)을 거치면서 이루어진다. 유아가 이런 활동을 통해 자신의 현재 가설, 아이디어, 이론을 표상하고, 재방문하여 재표상, 재재표상 해나가는 과정을 상징화 주기라고 한다. 이는 유아의 반성적 사고와 메타인지 능력을 향상시켜준다.

유아들이 한 가지 상징체계로만 표상할 때 흔히 발견되지 않는 개념들을, 다양한 매체를 사용하여 다각도로 표상하게 하면 발견할 수 있다. 표상 매체는 매체마다 표상적 잠재력이 있기 때문에 주제에 대해 서로 다른 측면에서 사고하도록 돕는다. 그러한 결과가 통합, 축적되어 주제에 대한 이해의 수준을 심화시킨다. 예를 들면, 그림을 그리고, 몸짓으로 표현하는 것은 어린이들이 자신의 다양한 아이디어를 전달할 수 있게 도와주고, 언어적 대화는 어린이들이 합의점에 도달할 수 있게 도와준다.

(6) 의사소통 맥락의 표상을 통한 학습

표상의 목적은 다양하다. 유아들이 자신의 경험을 반성하고 해석하게 하거나, 이전의 경험을 불러오고, 다른 사람과 아이디어를 나누기 위해 사용된다. 레지오 유아교육에서는 유아가 자신의 생각을 다른 사람이 이해할 수 있도록 표현하는 의사소통적 맥락의 표상활동을 강조한다. 프로젝트 수행 후, 교사가 유아들이 이해한 것을 잘 모르는 학급의 다른 유아에게 발표하게 하거나 어린 유아를 위한 지도 지침서를 만드는 단계를 반드시 포함시키는 것은 바로 그런 이유에서이다. 상징을 발명해 내려는 유아들의 동기는 자신들이 이해한 것을 더욱 의식화하고, 다른 사람에게 명확하게 전달하려는 의도에서 생기기 때문이다. 자신이 알고 있는 것을 남이 이해할 수 있도록 그려야 하는 경우 그림은 새로운 사고구조의 상징이 된다. 이 과정에서 유아는 메타 상징적 수준의 이해를 구축할 뿐 아니라, 사물을 보는 서로 다른 관점 또한 학습하게 된다. 결국 유아는 스스로의 성장을 위해서 다양한 상징적 활동을 학습함으로써 발달한다 하는 것이다.

5) 미국의 적용살피기

(1) 레지오에밀리아 접근법을 미국에서의 적용

앞에서 살펴보았듯이 레지오 에밀리아에서 우리가 배워야 할 것들이 상당히 많다. 그러나 이탈리아의 교육환경은 우리의 환경과 다르기에 적용 방법 또한 달라야 할 것이다.

우선 미국의 교육자들이 가지고 있는 신념과 교육의 실제를 재고하게 하는 레지오 에밀리아 접근법의 특징을 살펴보자.

〈미국 교육자들이 느끼는 레지오 에밀리아 접근법의 특징〉

미국의 교육 상황이나 신념과 다르면서 재고의 가치가 충분한 레지오 에밀리아의 특징은 크게 세 가지로 교실환경, 교사의 역할, 교수전략으로 나누어 볼 수 있다.

* 교실환경

레지오 에밀리아를 방문하는 미국인들은 물리적 환경에 매혹된다. 전시된 어린이의 작품의 양이 방대할 뿐만 아니라 미적 감상과 아주 세세한 것에까지 신경을 쓰고 있다. 어린이들은 주변의 물리적 환경을 자세히 조사하고 감상할 수 있게 격려받을 수 있을 뿐만 아니라 환경 자체도 어린이들의 노력과 흥미를 유발시킨다.

학급 크기와 교사 - 아동 비율(영아 12명, 걸음마기 어린이 18명, 유치원 어린이 28명당 교사 2명)도 미국의 교육자들이 제안하는 것보다 높다.

미국과 다른 **두 번째 환경적 차이**는 교사가 같은 어린이 집단을 3년 동안 함께 지낸다는 것이다. 레지오 에밀리아의 어린이들은 3년 동안 함께 지내면서 서로를 잘 알게 될 뿐 아니라 강한 집단 소속감을 느끼게 된다.

미국의 유치원 교사들도 어린이들의 사회적 관계와 사회성 발달을 중시하지만 집단보다는 개인을 향상시키는 방식으로 각 어린이들의 사회적 유능성을 발달시키게 고안한다. 따라서 어린이들이 좋아하는 장난감이나 재료를 여러 개 준비하는 것이 어린이들에게 '인기 있고 제한된' 사물의 사용을 놓고 협상하게 하는 것보다 바람직한 것으로 여긴다.

잘 계획된 하루 일과란 무엇인가에 대한 해석이 가장 큰 차이점일 것이다. 레지오 에밀리아의 교사들은 어린이들이 흥미 있는 주제에 장기간 집중할 수 있고 참여할 수 있다고 확신하기에 하나의 프로젝트가 시작되면 언제까지 끝내야 한다는 것이 정해져 있지 않다.

*교사의 역할

레지오 에밀리아의 교사는 부모, 어린이, 그리고 다른 교사들과 복합적인 관계를 맺고 있다.

교사 - 아동 관계

교사가 어린이를 유능한 존재로 보는 것은 레지오 에밀리아 접근법의 기본 가정이다. 교육과정은 아동 중심과 교사 주도 둘 다로 방영된다. 교사는 어린이들이 탐구하는 과정에서 이끄는 대로 따라가기 때문에 기꺼이 교육과정에 대한 아이디어를 어린이들에게서 구한다.

자신들의 프로그램을 '아동 중심적'이라고 묘사하는 미국의 유아 교육자들조차도 어린이들의 흥미에 매우 부분적으로 선택된 반응을 한다. 그러므로 단원이나 활동의 주제는 어린이들의 흥미와는 무관하게 진행될 수 있다.

교사 – 교사 관계

교사 발달의 목표와 활동을 안내하는 데 있어서 구성주의적인 틀을 이용하기 때문에 레지오 에밀리아의 교사들은 적극적으로 다양한 의견을 들으려 한다.

교사 – 부모 관계

교사와 부모가 잘 아는 분야에 대해 서로 인정을 해 준다. 부모는 어린이의 인지 사회적 측면(특히, 집단 내에서의 어린이의 위치)을 관찰할 수 있는 교사의 능력을 인정한다. 교사는 적극적이고 광범위한 부모의 참여를 강조하며 어린이의 양육과 교육의 책임을 부모와 공유한다.

* 교수 전략

레지오 에밀리아 접근법 중 흥미로운 요소는 주변의 세계를 이해하는 수단으로 어린이들이 상징적 언어를 사용하게 한다는 것이다. 어린이와 대화하는 도중에 교사는 어린이의 의도뿐만 아니라 활동의 결과물에 해서도 주의를 기울인다. 어린이들도 자신의 의도를 적절히 표현했다고 만족할 때까지 계속 노력하도록 격려받는다.

또한 어린이의 상징적 표상에 대해 심각하게 생각해보고 반복할 수 있는 기회를 제공할 뿐만 아니라 어린이들이 이 기술을 발달시키게 하기 위해 칭찬, 격려, 비교를 한다(Hitz & Driscoll, 1988).

참고 문헌

전정민, 이영석(2005), 새 아동교육을 실천 위한 프로젝트접근법 어린이 뜰, pp.20~42
김희진, 오문자 譯 (1999), 어린이의 수많은 언어: 레지오 에밀리아의 유아교육, 정민사.
김영호 (1999), 프로젝트 교육사례 : 레지오 에밀리아 접근법의 이론과 실제, 학지사.

3부 평가

장

프로젝트 평가

1. 포트폴리오 이론

최근 유아평가의 동향은 실제 평가를 중점으로 유아가 무엇을 못하는가보다는 유아의 흥미, 성향에 초점을 맞추어서 유아가 할 수 있는 내용이 무엇인가를 아는 것이 더 중요하다고 강조하고 있다. 이는 유아의 단편적인 면을 평가하는 것은 매우 위험한 것임을 나타낸다. **Wiggins**는 유아평가를 표준화된 검사를 통해 측정하는 것은 환자의 건강상태를 맥박의 측정만으로 알아내려는 것과 다름없다고 주장했다. 이러한 표준화 검사의 문제점을 보완하기 위해 평가에 많은 관심이 있는 단체와 학자들이 대안으로 내놓는 방법이 실제평가이다. 실제평가는 수행평가, 대안평가 등으로 불리며, 발달에서 개인차를 인정하며 유아의 개별적 발달양상을 총체적으로 기술한다. 수행평가 가운데 가장 대표적인 기법이 포트폴리오(portfolio)를 이용한 평가이다.

1) 포트폴리오 평가의 개념

평가의 대안적 형태로 일반화되고 있는 포트폴리오는 모든 교육과정과 학년 수준에서 사용할 수 있다. 포트폴리오는 한 개인의 기술, 아이디어, 흥미 및 성과물을 담아두는 그릇으로서, Folio에서 나온 말이다. 포트폴리오는 하나 혹은 그 이상의 영역에서 유아들의 노력, 발전 또는 성과를 나타내는 특별한 목적으로 모은 유아의 모음집이다(Arter, 1990). 이와 같이 포트폴리오는 아동의 작품, 아동의 자기보고서, 활동일지, 활동 기록물, 일화기록이나 체크리스트 등 관찰기록지, 활동사진, 녹음테이프, 비디오테이프, 검사결과, 아동과의 면담자료, 건강기록부, 가정환경 조사서, 메모, 아동이 읽은 도서 목록, 아동이 즐기고, 흥미로워하는 놀이종류목록, 부모 및 다른 교사를 통해 얻은 자료 및 그 외에도 발달에 대한 **개인 발달표, 신체검사표, 성향의 지표 서술식 보고서, 일화기록학습활동기록하기, 유아면담 교사관찰일지, 학부모의견서** 등을 증거로 모두 포함할 수 있다. 이러한 포트폴리오는 교사와 유아의 목적에 따라 만들어지며, 유아에게 학습에 대한 정리나 반성의 기회를 제공하여 유아의 성장과 성취를 타당하게 평가할 수 있는 방법이 된다(Wade & Yarbrouch, 1996).

포트폴리오는 아동이 무엇을 학습했는지(**개인별포트폴리오; 유아와 교사간의 작품에 대한 평가작품모음(Work Sampling), 사진, 녹음·녹화기OHP, 슬라이드체계적기록**) 학습활동에 참여하여 어떻게 학습했는지(**활동결과물=개인·단체; 조형물(구성물)사회·정서수학, 과학, 역할놀이, 미술(그림)음악/신체표현**)를 말해주며, 교사 자신의 구체적인 교수전략과 수행정도를 분석하는 데 도움을 준다. 아동은 교사와 포트폴리오 수집계획을 세우고, 포트폴리오를 평가 목적에 맞추어 잘 조직하고, 반성적 관점(**유아의 자기반성; 그룹과 개인의 자기반성, 자기 말에 대한 반성, 성향에 대한 자기반성, 학습경험에 대한 반성**)으로 자신이 주도적으로 수집한 포트폴리오를 자기-평가(반성)함으로써 아동자신에 관해 객관적이고 성장발달 정보를 보다 신뢰롭게 얻을 수 있는 것과 포트폴리오 평가가 유아의 총체적 측정을 할 수 있다는 점에서 타당한 도구로 여겨진다.

2) 포트폴리오 평가의 특성

포트폴리오는 유아의 노력과 발전과정을 볼 수 있는 체계적인 평가로서, 자기반성을 포함하여 유아의 학습활동 결과물을 수집하고 판단하는 데 연관성을 가져야 한다. 포트폴리오 평가의 장점은 유아의 장점과 계속적인 잠재적인 면의 향상이 요구되는 영역들을 확실히 볼 수 있게 시각적으로 제공한다는 것이다.

포트폴리오에 의한 평가 방법은 다음과 같은 특성을 가지고 있다(이정환, 박은혜, 1995).

(1) 포트폴리오에 무엇을 포함시킬 것인가, 어떻게 조직되고 이용되어야 하는가는 아동의 연령과 발달적 수준, 고려 중인 주요한 문제나 발달적 영역, 학교나 기관의 목적, 목표 등에 따라 다양할 수 있다.

(2) 포트폴리오는 아동이 할 수 있는 것에 초점을 맞춘다.

(3) 포트폴리오는 다양한 측면에서 오랜 시간을 걸쳐 표집을 한다.

(4) 아동들이 적합한 항목들을 선정하고 반영하는 데 직접 참여할 수 있다.

(5) 포트폴리오는 개별 아동의 독특한 것뿐만 아니라 그룹에서 모아지는 정보도 포함된다.

(6) 포트폴리오는 정적인 보고, 등급, 점수보다는 진행 중인 역동적 평가를 보고한다. 포트폴리오는 아동의 능력이 발달되는 과정을 볼 수 있도록 해주며, 아동의 경험을 풍부히 기록해준다.

(7) 포트폴리오는 아동들과 학습에 관하여 함께 나누는 풍부한 근본적인 정보를 제공한다.

(8) 포트폴리오는 아동의 독특한 관심, 지식, 기술, 기질, 발달과 학습 양식들을 함께하며 동시에 기록하는 기회를 제공한다.

(9) 아동의 전인적인 발달의 질을 평가하는 기초를 제공해준다.

3) 포트폴리오 평가의 절차

* 포트폴리오의 계획

우선 포트폴리오를 수집하는 목적과 언제 수집할지를 결정하고, 자료의 선택과 제한(제거)할 것인가를 결정하며, 포트폴리오의 유형결정, 수집기간 및 포트폴리오의 보관 방법을 결정한다.

* 포트폴리오의 해석

먼저 자료를 요약하고 편집한다. 프로파일에 교육적 혹은 발달적 목적이나 목표를 놓는다. 목적이나 목표 밑에 아동의 독특한 특성들, 초기 작품과 현재의 것을 비교하거나 아동의 바람직한 성장 경향이나 발달 경향을 요약한다(평소에 포스트잇이나 미니수첩, 비디오테이프, 카세트녹음을 사용한다.)

그 자료마다 '-월 -일 관찰노트 참조', -월 -일 활동일지 참조 '비디오참조, 카세트 테이프참조' 등으로 참조할 자료들을 적어 놓는다. 특히 사진을 활용하여 그때그때 기록을 해두면 정보를 잃어버리지 않는다.

* 포트폴리오의 활용

교사는 아동에 대한 발달 정보를 얻고, 아동을 평가할 수 있어 아동에 대한 관심과 이해의 폭을 넓히고, 아동과 함께 포트폴리오를 검토해봄으로써 아동에게 피드백이나 정적 강화를 줄 수 있는 기회로 삼는다. 또한 교사는 교육활동, 교육과정, 생활지도의 반성의 기회와 다음연도 교육지도 방향의 자료로 활용한다. 그리고 부모에게 현재의 발달상태에 대해 보고하고 아동을 지도하는 구체적인 방안을 가정과 연계하도록 한다.

무엇보다도 교사는 아동의 학습 성과를 평가하는 것도 중요하지만, 학습과정을 정확히 진단하고 평가하는 문제는 아동 개개인의 잠재력 개발을 위해, 그리고 창의적인 삶을 위해 더욱 더 중요한 일이라는 것을 인식하여야 한다. 포트폴리오는 아동, 교사, 부모, 기타 관계자 모두에게 중요한 정보를 제공한다. 따라서 유치원 현장에서 수행평가의 흐름에 따라 정확 정보수집이 매우 중요하다. **이현옥, 김지영**(1999)은 '유치원 교사들의 유아 포트폴리오 활용실태'라는 연구에서 대부분의 유치원 교사들은 파일을 이용하여 유아작품을 모으고 있다고 밝히고 있다. 즉 교사들이 포트폴리오를 단순히 유아작품의 수집과 나열로 이해하여 대안적 수행평가 도구로서의 의미를 갖지 못하고 있다고 할 수 있다. 현실적으로 포트폴리오 평가를 우리 교육현장에 적용하는 데에는 많은 어려움이 있다. 그러나 포트폴리오의 목적을 분명히 선정하고, 포트폴리오 평가의 의미를 정확히 파악하여 현실적인 어려움을 극복해야 할 것이다.

〈유아 관찰기록 평가 방법〉

1) 일화기록법

일화기록법은 어떤 짧은 내용의 사건, 즉 일화에 대한 서술적인 기록으로 한 가지 행동이나 상황에 초점을 맞춘다. 사건이나 행동을 서술함에 있어서 마치 사진을 보는 것과 같이 사실적으로 묘사되는 글이라 하여 일화기록을 '글로 묘사된 사진(word picture)'이라고 표현하기도 한다.

일화기록은 특정한 시간이나 사건에 제한 없이 언제, 어디서나 기록할 수 있으며, 유아의 행동이나 생활 단면을 기록에 남기게 된다. 따라서 아동교육현장에서 많이 사용하고 있다.

Brandt는 일화기록은 관찰시간, 장면, 진행 중인 활동 등 상황적인 자료가 기록에 포함되어야 하고, 관찰아동의 주된 행동을 기록하고, 유아가 한 말이 그대로 인용부호 안에 있어야 하고, 관찰아동의 말과 행동뿐 아니라 그와 상호 작용하는 다른 유아나 교사의 말과 행동도 기록하고, 기록이 객관적이고 사실적이어야 하며 추론과 개인적 해석이 배제되어야 할 것을 평가기준으로 제시되고 있다.

```
┌─────────────────────────────────────────────────────────┐
│                     일화기록 관찰양식                       │
│                                                           │
│     관찰아동 :                   생년월일 :                  │
│     관 찰 일 :                   관 찰 자 :                  │
│     장    면 :                                             │
│     기    록 :                                             │
│     발달영역 :                                             │
│                                                           │
└─────────────────────────────────────────────────────────┘
```

2) 진술 식 기술

진술 식 기술은 관찰대상, 장면, 시간을 미리 선정한 후 그 상황에서 일어나는 관찰대상의 행동과 말 등 모든 것을 자세하게 순서대로 이야기식으로 기술하는 관찰방법이다.

진술 식 기술은 관찰자가 보고 들은 모든 것을 기록하여 어떤 일부분을 선택하는 것이 아니라 유아생활 전체를 자연스럽게 기록한다. 따라서 관찰자에게 의미 있게 보이거나 특별한 행동을 선택하여 기록하는 일화기록과는 차이가 있다.

3) 체크리스트(행동목록)

체크리스트 (checklist)은 관찰자가 일련의 행동목록을 사전에 준비하고 목록에 있는 각 행동이 나타나는지를 관찰하여 체크로 표시하는 방법이다. 행동목록을 이용한 관찰은 특별한 훈련 없이도 할 수 있으며 유아의 행동을 가장 단순한 방법으로 기록할 수 있다.

체크리스트는 관찰 대상의 현재상태를 평가하고자 할 때, 즉 어느 한 시점에서 어떤 행동의 출현에 주로 관심을 가지고 있을 때와 시간의 변화에 따른 발달의 변화를 알고자 할 때 사용된다. 그러나 행동의 출현빈도나 질적 수준에 대한 정보는 얻을 수 없다. 즉 '어떻게' 그 행동이 일어났는지에 대해서는 전혀 알 수 없다.

체크리스트는 문항이 관찰 가능한 구체적 행동들로 명확하게 정의되어야 하고, 관찰하려는 특정 영역에 관해서 가능한 한 포괄적이고 대표적인 목록으로 구성되어야 하며, 문항 간 서로 중복이 없고 가급적이면 논리적으로 구성되어야 한다.

유아의 신체발달에 관한 행동 목록표			
이 름 :	생년월일 :		(남, 여)
관찰자 :	관 찰 일 :		

지 시 : 다음의 행동이 관찰되면 '예'에, 관찰되지 않으면 '아니오'에 표시하시오.

	예	아니오	행동이 처음 나타난 날짜
1. 평균대 위를 걸을 수 있다.	_____	_____	_____
2. 발을 바꿔가며 스키핑을 할 수 있다.	_____	_____	_____
3. 한 발로 몇 초 동안 깡총 뛰기를 할 수 있다.	_____	_____	_____

4) 시간표집법

시간표집법은 관찰자가 관심을 갖는 행동 측면에 대해 정해진 시간 동안 일정한 간격으로 여러 회에 걸쳐 관찰하는 자료수집 방법이다. 관찰을 행하기 전에 무엇을, 언제, 어떻게 기록할 것인가를 세분함으로써 행동 단위를 제한한다. 시간표집법에서 관찰 단위는 시간이다. 시간표집법으로 관찰하기에 적합한 행동은 관찰자가 쉽게 관찰할 수 있으며 자주 일어나는 행동이어야 한다.

5) 사건표집법

사건표집법은 자연적으로 일어나는 단일적인 행동 사건들에 초점을 맞춘다. 시간표집에서처럼 사전에 관찰 시간을 정해 놓고 관찰하는 것이 아니라, 관찰자가 관찰 대상 유아의 특정 행동이 나타날 때까지 기다렸다가 관심 있는 행동이 나타나면 관찰하고 기록함으로써 언제 꼭 관찰해야 한다는 시간적 제약이 없다. 유아들의 행동이나 사건의 존재 유무보다는 사건의 특성을 탐색하는 데 더 관심을 둔다. 즉 어떤 행동의 원인을 알아내는 데 적합한 방법이다.

		사건표집법		

관찰아동 :　　　　　　　　　　　　　생년월일 :
관 찰 일 :　　　　　　　　　　　　　관 찰 자 :
관찰행동 : 자유놀이 시간에 아무것도 하지 않거나 방관적인 행동

시간	사건 전	사건	사건 후
8:45			
9:00			
9:06			
9:16			
9:20			
요약 :			

(이정환, 박은혜, 1995)

6) 평정척도법

평정척도법은 어떤 특성이나 특질 혹은 성격을 미리 정해진 범주에 따라 평가할 때 사용되는 관찰도구이다. 즉 평정척도 법은 관찰에서 얻은 인상 또는 지각을 수치화하는 방법으로 측정을 한다. 이 방법은 어떤 행동의 출현유무를 표시하는 데 그치지 않고 행동의 질적인 특징을 알고자 할 때 사용할 수 있는 방법이다.

평정척도법은 체크리스와 마찬가지로 관찰자가 사전에 미리 관찰하려는 행동영역에 대

해 좀 더 자세히 알고 있을 때 사용한다.

평정척도에는 기술평정척도, 숫자평정척도, 도식평정척도가 있다.

주로 유아들은 5점 척도 3점 척도를 많이 사용한다.

기술평정척도

유아가 다른 아동과 충돌이 생겼을 때 어떻게 해결하는가?

( ) 갈등상황을 해결하지 않고 피해가거나 힘으로 이기려 한다.
( ) 문제가 생겼을 때는 주로 어른의 도움을 청한다.
( ) 타협을 하거나 적합한 행동 혹은 말로 문제를 해결한다.

숫자평정척도

유아의 자조성에 대해서 다음과 같이 1~5로 평가하여 해당 숫자에 o표 하시오.

	5-아주 잘함	4-잘함	3-보통	2-못함	1-아주 못함	n/o-관찰
옷 입기	5	4	3	2	1	n/o
간식 먹은 책상 치우기	5	4	3	2	1	n/o

도식평정척도

| 돕기 행동 | 교사나 친구들을 도와주는 일이 거의 없다. | ├─┼─┼─┤ | 교사나 친구들을 언제나 잘 도와준다. |
| 나누기 행동 | 물건이나 장난감을 친구들과 잘 나누어 쓸 줄 모른다. | ├─┼─┼─┤ | 물건이나 장난감을 친구들과 쉽게 나누어 쓴다. |

(이정환, 박은혜,1995)

■ 참고자료

권오남·성태제 (1999). 수학과 학업성취도 평가를 위한 수행평가의 과제와전망.
1999년 이화여대 - 서울대 사법대학 교수포럼.
성태제(1998). 교육평가 방법의 변화와 결과 타당도 한국교육평가회:
21세기한국 교육평가의 과제와 전망, 125~147.
이정환·박은혜(1996). 교사들을 위한 유아관찰 워크북 Ⅱ. 한국어린이육영회.

2. 포트폴리오 양식(영역별)

〈표1〉 교사의 자기평가

교육 과정 목표

---

1. 하루 일과 계획은 모든 교육과정 영역의 범위가 고루 반영되어 있다.

5 ———————— 4 ———————— 3 ———————— 2 ———————— 1

- 신체
- 사회성
- 정서
- 인지
- 학습하는 방법

- 한 영역에 치우침
- 인지영역에 강조
- 학업수행을 위한 준비
- 기술강조

(비고) :

---

2. 교육과정의 교수의 방향이 유아의 자아 존중감, 유능감, 긍정적인 정서를 강조한다.

5 ———————— 4 ———————— 3 ———————— 2 ———————— 1

- 모든 유아에게 긍정적으로
  대하며 관심을 갖는다.

- 좀 더 주의를 필요로 하는
  유아에게 집중한다.
- 유아의 학문적 수행능력 수
  준에 따라 관심을 보인다.

(비고) :

---

3. 유아의 성장과 발달에 대한 견해

5 ———————— 4 ———————— 3 ———————— 2 ———————— 1

- 모든 작업이 개별화되어
  있다.
- 모든 유아는 자신의 속도
  에 맞추어 성장해 나간다.

- 집단적 규준에 의해 유아를
  평가한다.
- 편협하게 정의된 기술의 완
  수가 평가의 기준이다.
- 모든 유아가 동시에 같은
  작업을 한다.

(비고) :

---

6. 교수를 위한 교사의 사전 준비와 조직

5 —————————— 4 —————————— 3 —————————— 2 —————————— 1

- 읽기, 쓰기, 수뿐만 아니라 극놀이, 게임 등 다양한 경험의 기회를 제공해 주는 흥미 영역이 마련되어 있다.
- 교사는 유아가 한 일에 대해 스스로 평가하도록 격려한다.
- 교사는 유아의 실수를 학습의 과정으로 여긴다.

(비고) :

- 활동할 수 있는 시간이 충분하지 않다.
- 교사가 내준 작업을 완수한 유아들에게만 하고 싶은 활동을 할 수 있도록 허용한다.
- 유아는 교사가 단계적으로 준비한 활동에 정해진 시간 동안만 참여한다.

7. 교수 – 학습 과정

5 —————————— 4 —————————— 3 —————————— 2 —————————— 1

- 유아들은 집단 활동 속에 협동한다.
- 교사는 유아 스스로 관심 있는 주제를 선택하도록 지도한다.
- 흥미 영역을 수시로 변화를 준다.
- 하루 일과 중 실외활동을 계획한다.
- 지역사회 자원인사를 적극적으로 활용한다.
- 유아들 간의 상호작용을 강조한다.

(비고) :

- 교사는 대집단 형태의 읽기 활동을 통해 가르친다.
- 직접 교수법을 사용한다.
- 지필식의 연습지를 활용한 훈련으로 활동이 진행된다.
- 프로젝트 활동이나 놀이는 주어진 과업을 마치고 남은 시간에만 허용된다.

〈표2〉 가족회의 기록부

가족회의 기록부(학교놀이에 필요한 소품 지원에 관하여)				
일 시	월 일 요일			
참 석 자				
의 장			서 기	

* 아빠의 의견

* 엄마의 의견

* 나의 의견

* (   )의 의견

* 우리 가족은 다음과 같이 결정하였습니다.

<표3> 교실환경 평가

1) 프로그램평가

예 아니오
- ☐ ☐ 프로그램의 철학이 기술되어 있는가?
- ☐ ☐ 유아의 신체, 사회, 언어, 인지, 정서적 성장을 위한 전인 발달의 목표를 설정하고 있는가?
- ☐ ☐ 교육활동 동안 음악, 미술, 수학, 과학, 사회교육, 신체움직임 등 다양한 교과가 포함된 다양한 교육과정을 운영하는가?
- ☐ ☐ 다양한 교육매체와 자료가 제공되는가?
- ☐ ☐ 주변환경이 유아의 흥미를 자극하는가?
- ☐ ☐ 실험과 견학 등 직접 관찰과 탐색을 위한 활동이 제공되는가?
- ☐ ☐ 활동의 종류나 유아의 발달수준에 따라 다양한 집단구성으로 활동이 진행되는가?

2) 물리적 환경
- ☐ ☐ 청소하기에 편리하고 안락한가?
- ☐ ☐ 교실이 잘 정돈되어 있고 매력적인가?
- ☐ ☐ 시설·설비, 교재·교구가 잘 정비되어 있는가?
- ☐ ☐ 유아연령에 적합한 활동자료가 구비되어 있는가?
- ☐ ☐ 하루 일과 중 스스로 정리하는 시간을 배려하는가?
- ☐ ☐ 유아의 활동의 결과, 작품들을 전시하는가?
- ☐ ☐ 실내·외 공간구성이 적절한가?
- ☐ ☐ 개별적인 휴식공간이 마련되어 있는가?

3) 교사수업 환경
- ☐ ☐ 유아와 교사의 비율이 적절한가?
- ☐ ☐ 교사는 유아에게 민감하게 반응하는가?
- ☐ ☐ 교사는 유아에게 안정감과 소속감을 느끼도록 상호작용 하는가?
- ☐ ☐ 교사는 개별 유아의 능력과 발달수준 및 한계를 잘 알고 있는가?
- ☐ ☐ 교사는 유아의 독립적인 행동을 격려하는가?
- ☐ ☐ 개별활동, 대·소집단 활동을 다양하게 배려하는가?
- ☐ ☐ 연령에 적합한 교육내용과 교수방법을 활용하는가?
- ☐ ☐ 교사는 정기적으로 유아를 평가하는가?

〈표4〉 언어생활 영역의 평정척도

구분	유아명			반 (연령) (세)	평정			비고
	평가항목	단계		평정기준	1회	2회	3회	
듣기	1. 말소리 듣기	1		주변의 소리에 주의를 기울이지 않는다.				
		2		관심 있는 말소리에만 주의를 기울인다.				
		3		주변의 말소리에 주의를 기울인다.				
		4		어휘나 문장에서의 말소리를 변별할 수 있다.				
		5		비슷한 발음이 나는 어휘를 듣고 구별한다.				
	2. 이야기 듣고 이해하기	1		교사나 다른 유아의 이야기를 이해하지 못한다.				
		2		이야기를 듣고 그 내용을 이해한다.				
		3		이야기를 듣고 기억이 나는 것을 말할 수 있다.				
		4		이야기를 듣고 자신의 경험이나 생각과 관련 지어 이해한다.				
		5		이야기를 듣고 이해하며 다양한 질문을 한다.				
	3. 바른 태도로 듣기	1		말하는 사람의 이야기를 듣지 않는다.				
		2		처음에는 주의 깊게 듣다가 금방 흐트러진다.				
		3		말하는 사람의 이야기를 주의 깊게 듣는다.				
		4		말하는 사람의 이야기를 끝까지 듣는다.				
		5		말하는 사람의 이야기에 주의를 기울이며 반응을 보인다.				
말하기	4. 바르게 발음 하여 말하기	1		낱말이나 문장을 발음하기 어려워한다.				
		2		교사의 시범 아래 간단한 한두 단어를 정확하게 발음한다.				
		3		교사의 시범 아래 간단한 단어를 정확하게 발음할 수 있다.				
		4		여러 가지 말소리를 발음한다.				
		5		여러 가지 말소리를 정확하게 발음한다.				
	5. 낱말과 문장 을 말하기	1		낱말이나 문장을 불분명하게 말한다.				
		2		한두 단어의 간단한 낱말과 문장을 말할 수 있다.				
		3		일상 생활에 필요한 낱말과 문장을 말할 수 있다.				
		4		때, 장소, 상황에 알맞은 낱말, 문장을 말할 수 있다.				
		5		여러 가지 낱말과 문장을 적절히 활용하여 말한다.				

구분	평가항목	단계	평정기준	1회	2회	3회	비고
말하기	6. 경험, 생각, 느낌 말하기	1	자신의 경험, 생각, 느낌을 말하지 못한다.				
		2	경험, 생각, 느낌을 문맥에 맞게 말할 수 있다.				
		3	경험, 생각, 느낌을 동화나 동시로 꾸밀 수 있다.				
		4	경험, 생각, 느낌을 바탕으로 주제에 대해 이야기할 수 있다.				
		5	주제에 대하여 함께 이야기하며 문제 해결에 대해 의논한다.				
	7. 상황에 맞게 말하기	1	상황에 고려하지 않고 말한다.				
		2	듣는 사람에 알맞게 말한다.				
		3	듣는 사람과 때와 장소를 고려하여 말한다.				
		4	듣는 사람의 생각과 느낌을 고려하여 말한다.				
		5	상황과 듣는 사람과 느낌을 고려하여 적절히 말한다.				
	8. 바른 태도로 말하기	1	사람들과 바른 태도를 이야기하지 못한다.				
		2	듣는 사람을 바라보며 말한다.				
		3	바르고 고운 말을 사용한다.				
		4	듣는 사람을 바라보며 알맞은 속도와 크기로 말한다.				
		5	말할 차례를 지키며 바른 태도로 말한다.				

〈표5〉 그리기 평정척도

유아명		평정일		년 월 일
평가내용	표현 – 이전경험 그리기			
유아그림				

평 가		단계	형태평가	의미평가
형태	의미			
		1	형태가 전혀 나타나지 않는다.	전혀 의미가 없는 그림을 그린다.
		2	형태가 조금은 나타나나, 분명치 않다.	의미 있는 그림을 그리려고 하나 아직은 미숙하다.
		3	형태가 분명히 나타난다.	의미 있는 그림을 그린다.
		4	형태가 분명히 나타날 뿐 아니라 창의적 표현형태를 보인다.	의미 있는 그림이며, 자신의 경험을 아주 잘 표현한다

〈표6〉 유아 의사소통능력 발달

유아 의사소통능력 발달	1회	2회	3회
말하기			
· 질문을 한다.	☐	☐	☐
· 자신의 질문의 내용을 이해한다.	☐	☐	☐
· 자신의 질문을 말하기 위해 적극적인 언어표현을 한다.	☐	☐	☐
· 다양한 질문 모으기 활동에 적극 참여한다.	☐	☐	☐
· 다른 사람의 질문에도 관심을 갖는다.	☐	☐	☐
· 주의 깊이 남의 질문을 이해하고 자신의 질문과 비교해본다.	☐	☐	☐
· 독특한 질문을 한다.	☐	☐	☐
듣기			
· 메시지(질문의 내용)를 이해한다.	☐	☐	☐
· 적절한 피드백을 제공한다.	☐	☐	☐
· 말하는 사람(질문자)과 메시지에 주의를 기울인다.	☐	☐	☐
· 말하는 사람(질문자)과 메시지를 존중한다.	☐	☐	☐
· 질문 모으기의 목적을 이해한다.	☐	☐	☐
· 메시지를 평가한다.	☐	☐	☐
· 의미가 명확하지 않을 시 질문한다.	☐	☐	☐
쓰기			
· 궁금한 것을 다양한 형태로 쓴다.	☐	☐	☐
· 궁금한 것을 다양한 쓰기 도구를 활용한다.	☐	☐	☐
· 자기가 선택한 질문에 관해 자신의 생각을 쓴다.	☐	☐	☐
· 정확한 쓰기가 가능하다.	☐	☐	☐
· 더욱 확장된 쓰기 기술을 획득한다.	☐	☐	☐
· 작문이 가능하다.	☐	☐	☐

〈표7〉 일화기록양식(견학)

일화기록양식						
관찰유아	○ ○ ○	성 별	남·여		생년월일	○○. ○○
관 찰 일	200○. ○, ○	관찰자	○○○		관찰장소	
장 면	견학 전 활동으로 견학 시 우리가 지켜야 할 약속을 말하고 글로 써 보는 장면(소그룹 활동 시)			시 간		
평가내용	스스로 지켜야 할 공공질서의 인식 및 실천					
기 록						
해 석						
토의할 때 자세		남의 의견 존중하기		약속내용 글로 표현		
비 고						

〈표8〉 유아 자기 작품 평가

유아명	(남·여)		생년월일		년 월 일
관찰일자	년 월 일				
평가 목적 및 내용	자신의 작품(이전경험 그리기와 이후경험 그리기) 활동의 결과물에 대한 이야기를 통해서 평가한다. 1. 이전, 이후경험·생각을 구체적으로 말하는가? 2. 이전, 이후경험 그리기를 하고 무엇이 바뀌었는지를 글이나 말로 표현한다?				
관찰상황	견학 전, 견학 후 경험 그리기 비교				
선생님 - ○○야, 네가 무엇을 그렸는지 이야기해 보겠니? 유 아 - 선생님 - 이전경험 그리기와 이후경험 그리기에 대해 이야기해 보겠니? 유 아 - 선생님 - 왜 그렇게 했는데? 유 아 - 선생님 - 이거 그릴 때 기분이 어땠니? 유 아 - 선생님 - ○○야, 그린 것에 대해 어떤 생각이 드니? 잘한 것 같으니? 유 아 - 선생님 - 만약에 이걸 다시 한다면 어떻게 하겠니? 유 아 - 선생님 - 왜 그렇게 생각하니? 유 아 -				
이전 경험 그리기(월 일)				이후 그림 그리기(월 일)	
해석 (교사명)					

〈표9〉 유아용 면담지

유아용 면담지

유아명 :   날짜 :

주제명 : 견학후 활동

평가내용 : 견학 후 느낀 점을 이야기나누기
1. 견학 시 무엇을 느꼈나요 ?

2. 무엇이 재미있었나요?

3. 무엇을 바꾸고 싶나요?

4. 가고 싶은 견학 장소는 ?

해석
(교사명)

〈표10〉 작품에 대한 교사의 생각

작품에 대한 교사의 생각

이름 : _____   날짜 : _____
제목 : _____

□ 교사 – 주도   □ 유아 – 주도

♣ 기술 / 개념 :

♣ 참고사항 :

□ 시작   □ 발달중   □ 숙달   □ 확장됨

♣ 의견

〈표11〉 서술식 보고서의 예

서술식 보고서의 예	
기 록 일: 월 일 이름: 나이: 반명: 서술기록자: 주 요 발 달: 견학 본 활동 시 유아들 간의 의사소통능력과 담임선생님께 질문하는 능력과 문제 해결 능 력을 관찰함	
의사소통	
담임에게 질문하기	
문제해결	

〈표12〉 체계적 기록 용지

체계적 기록 용지

유아명 : _____   날 짜 : _____

기록자 : _____   시 간 : _____

활동 혹은 행동 :

상황 :

세부사항 :

관찰이유 :

견해 :

〈표13〉 비디오 자료 평가

유 아 명		활동 장면	
생활 주제			
활동 목표			
평가 내용			
평가 방법			
(월 일) (월 일)			
해석 (교사명)			

〈표14〉 사진 자료 평가

유아명 기록자		평정일	
생활주제		활동장면	블록활동
활동목표			
평가내용			
평가방법	작업표본(사진)을 보고 평가기록		
월 일 사 진			
해석 (교사명)			

〈표15〉 수학활동(교수방법)

5	4	3	2	1
- 탐색과 발견, 의미 있는 문제해결 과정에서 수를 활용하는 경험을 통해 수학습이 이루어지도록 격려한다. - 다른 영역과 통합되어 있다. - 하루 일과 속에서 놀이와 프로젝트 활동을 통해 관련 기술을 습득한다. - 수학적 개념의 조작 활동이 이루어진다. - 수를 활용하는 게임이 제공된다. - 막대그래프의 의미를 실제 상황의 조작을 통해 이해시킨다			- 분리된 교과로 가르친다. - 하루 일과 중 활용한 훈련 위주의 수학 활동이 주로 이루어진다. - 유아의 직접적 경험보다는 교재에 기초하여 학습 활동이 이루어진다. - 주어진 과제를 다해야만 게임이나 조작적인 장난감을 사용할 수 있다. - 막대그래프의 의미를 이해를 돕지 않는다.	

(비고) : (특별하게 실행하고 있는 수 교육 프로그램의 예를 기술하시오.)

〈표16〉 음률 영역

음률 영역에서 유아들이 학습하는 것

☐ 음악에 조용히 귀기울이기
☐ 음악을 듣고 이야기로 나타내기
☐ 노래를 다양한 소리로 만들기
☐ 움직이고 춤추기
☐ 악기를 이용하여 간단한 리듬 연주하기
☐ 목소리, 동작, 악기를 이용하여 간단한 패턴 반복하기
☐ 리듬 활동에 참여하기
☐ 협응력의 발달
☐ 이동 운동 기술의 발달
☐ 공간, 방향 인식 능력의 발달
☐ 소리의 차이 비교하고 인식하기
☐ 형식 만들기
☐ 목소리 탐색
☐ 주변에서 나는 소리를 인식하고 모방하기
☐ 말소리와 노래 소리 탐색하기
☐ 같은 음색 실험하기
☐ 멜로디 패턴 외우기
☐ 높고/낮음, 크고/작음, 빠르고/느림, 오르고/내림, 길고/짧음, 부드럽고/날카로움 인식
☐ 노래 부르기
☐ 움직임의 표현을 위해 짧은 음악 선택하기
☐ 간단한 음악 형식을 듣고 감정 알기
☐ 녹음기와 노래에 맞춰 대근육 운동하기
☐ 음악이 나타내는 분위기/의미에 맞게 움직이기
☐ 소리 탐색하기
☐ 노래게임 하기
☐ 복잡한 리듬 형식 탐색
☐ 일정한 박자에 맞게 움직이고 신체로 소리를 만들기

〈표17〉 집단 프로파일(Group Profiles)

일자 : _____   집단 : _____

평가항목 / 유아명	창의적 표현	언어활동	미술활동	견학활동	수학. 과학활동

〈표18〉 개별 프로파일(Individual Profile)

유아명 : _____   기 간 : _____~_____

구　분	유아의 행동
언어 및 문해 능력 발달	
인지 및 일반적 지식 발달	
대근육, 소근육움직임 발달	
사회정서발달	
창의적 표현능력발달	

〈표19〉 주도적인 개인 평가체크리스트

유 아 명	(남 · 여)	생년월일		년	월	일
관찰일자	년 월 일					
평가목적						

※ 관찰한 장면에 ∨표 해 주세요.

관 찰 일	/ 일	/ 일	/ 일
주도성에 관한 문항	1회	2회	3회
1. 선택하기			
(1) 아직은 자신이 선택한 것을 다른 사람에게 표현하지 않는다.			
(2) 자신이 하고 싶은 활동이나 흥미 영역을 한 단어로 말하거나, 손가락으로 가리키거나, 혹은 다른 동작으로 표시한다.			
(3) 하고 싶은 활동, 영역, 장난감, 혹은 놀이 친구 등을 짧은 문장으로 나타낸다.			
(4) 자신이 계획한 놀이를 어떻게 실행할 것인지를 짧은 문장으로 말한다.			
(5) 하고 싶은 놀이를 자세하게 설명한다.			
2. 문제해결하기			
(1) 아직 문제를 인식하지 못한다.			
(2) 문제를 인식하고 있으나 해결하려고 노력하지 않고, 그 대신 다른 활동으로 돌아선다.			
(3) 문제를 해결하기 위해 한 가지 방법을 사용하다가 실패할 경우, 한두 번 시도해 본 후에 포기한다.			
(4) 몇 개의 대안적인 방법으로 문제를 해결하면서 약간의 지속성을 보인다.			
(5) 대안적인 방법들을 시도하면서 문제를 해결하기 위해 지속적으로 노력한다.			
3. 복잡한 놀이에 참여하기			
(1) 아직은 주도적으로 교구나 활동들을 선택하지 않는다.			
(2) 단순한 교구를 사용하거나 단순한 활동에 참여한다.			
(3) 교구를 사용하거나 두 가지 단계 혹은 그 이상의 단계가 포함된 활동적인 놀이를 혼자서 구성한다.			
(4) 혼자서 일련의 복잡하고 다양한 활동을 수행한다.			
(5) 다른 유아들과 함께 일련의 복잡하고 다양한 활동을 한다.			
4. 하루 일과 생활에 적응하기			
(1) 아직은 하루 일과에 따르지 않는다.			
(2) 가끔씩 하루 일과에 따른다.			
(3) 지시할 경우, 하루 일과에 참여한다.			
(4) 지시 없이도 하루 일과에 참여한다.			
(5) 교사가 가까이 없어도 하루 일과에 참여한다.			

〈표20〉 발표전시를 보고 나서 교사와 학부모의 전체 평가

교사부모의견 생활영역별	교사의 관찰 및 의견	학부모의 의견
1. 언어적인 면		
2. 신체적인 면		
3. 수리, 논리적인 면		
4. 창의적인 면		
5. 사회, 정서적인 면		
6. 표현적인 면		

〈표21〉 유아의 발표 전시에 대한 가족의 반응

유아의 발표 전시에 대한 가족의 반응

어린이의 작품에 대해서 교사만이 책임이 있는 것은 아니다. 가족의 반응은 부모와 가족이 유아의 노력과 진전에 대해서 참여해 볼 수 있는 기회를 제공한다.

목 적 : 유아의 유아교육기관에서의 진전에 대해 부모가 알도록 하기 위해서

시 기 :

방 법 : 작품과 함께 의견을 적은 기록지를 보낸다. 부모님들의 발표 전시를 보고 나서   월   일까지 유아전시작품 및 발표회에 대한 가족의 반응 기록지에 부모와 가족의 견해를 적어보게 한다.

+요 인 :

−요 인 :

아빠의 의견 :

엄마의 의견 :

기타 가족의 의견 :

■ 참고자료

전정민. 이영석(2005). 새 아동교육실천을 위한 프로젝트 접근법. 어린이 뜰. pp.54~81.

이영석. 이정화(2000). 영역별 포트폴리오 평가방법의 적용원리와 실제. 서울: 교육과학사.

이영석. 이정화(2000). 수행평가를 위한 포트폴리오 평가. 서울: 교육과학사.

이정환(1997). 교사를 위한 유아관찰지침서. 서울: 한국어린이육영회.

박영충(1997). 포트폴리오의 유아교육현장 효과. 숙명여자대학교 대학원 박사논문.

황해익. 정혜영 공역(2000). 유아교사를 위한 포트폴리오 평가. 서울: 양서원.

황해익. 송연숙. 최해진. 진혜영. 이경철. 민순영. 박순호. 손원경(2001). 유아교육기관에서의
    포트폴리오 평가. 서울: 창지사.

Elizabeth F. Shore Cathy Grace. 단계별 포트폴리오 활동의 이론과 실제. 한유미. 오연주 역
    (2003). 서울: 다음세대.

장

프로젝트 사례 모음집

프로젝트 자료 모음집

이번 장은 다음카페에 있는 프로젝트 사랑 사이트에 그동안 강의를 수강해 온 여러 선생님들의 과제물 모음집입니다. 프로젝트를 구성하고 사랑해 온 여러 선생님들의 노고에 깊이 감사드리며 이 자료를 통해 프로젝트를 공부하고 연구하고자 하는 많은 분들에게 조금이라도 도움이 되고자 합니다. 앞으로 더 많은 후배들의 자료가 모아져서 또 다른 프로젝트 자료 모음집이 발간될 수 있기를 기대합니다. 고맙습니다.

- ■ 딸기 프로젝트 / 유정아
- ■ 자석 프로젝트 /김미선
- ■ 마트프로젝트 / 전영란
- ■ 인터넷프로젝트 / 김은혜

 # 딸기 프로젝트

교사의 준비 단계

1. 주제 선정

❖ 주   제 : 딸기

❖ 선정이유 : 봄에 나는 맛있는 딸기, 색깔도 예쁘고 아이들이 딸기가 어디에서 자라는지 그리고 딸기씨는 어디에 있는지 궁금해 하고 딸기로 만들 수 있는 음식들을 알아볼 수 있다.

❖ 기대 효과 : 딸기가 어떻게 자라는지, 딸기의 종류에는 어떤 것들이 있는지, 딸기로 만들 수 있는 음식은 어떤 것들이 있는지 그리고 딸기의 유통과정에 대해 알 수 있다.

2. 예비 주제망 짜기

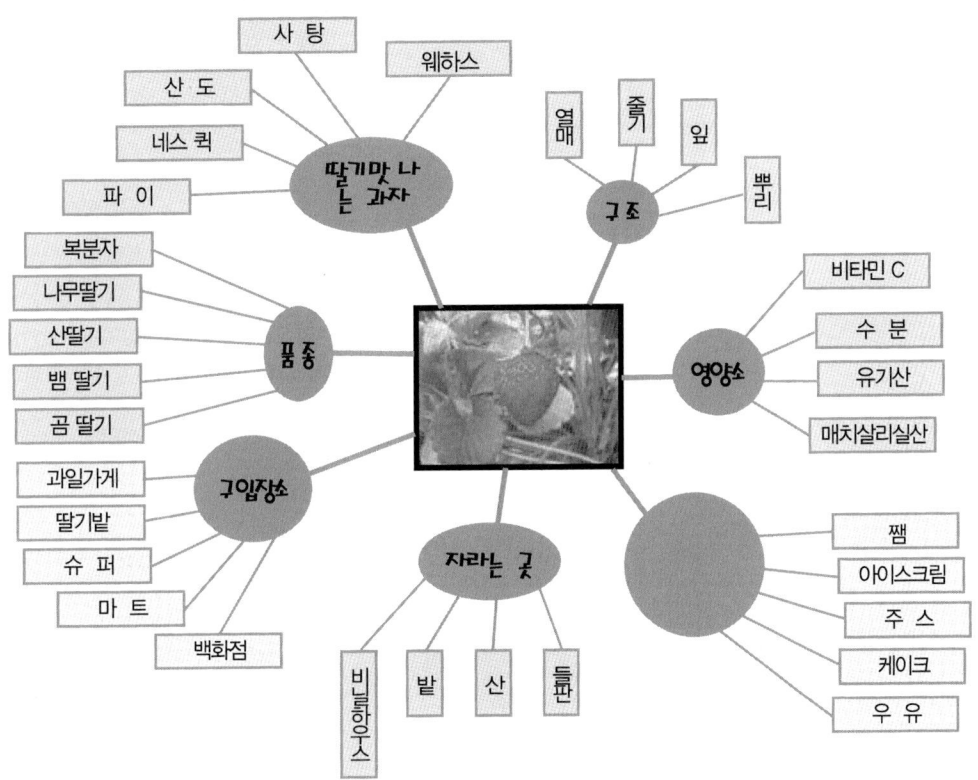

3. 중심 개념 잡기

❖ 딸기에는 영양소가 있음을 알 수 있다.

❖ 딸기가 어떻게 자라는지 알 수 있다.

❖ 딸기의 유통과정을 알 수 있다.

❖ 요리법에 따라 다양한 딸기 음식을 먹을 수 있다.

❖ 제철 과일을 알 수 있다.

4. 자원 목록 표 만들기

1차적 자원	실 물	산딸기, 딸기, 딸기잼, 딸기쉐이크, 딸기주스, 딸기우유, 딸기아이스크림, 딸기케이크, 딸기요플레, 딸기과자.
	사 람	농부, 과일가게 주인, 생과일 주스가게 이모
	장 소	백화점, 마트, 딸기밭, 딸기를 이용한 요리하는 장소
2차적 자원	정보를 주는 책 & 동화자료	○ 책 : 딸기 백과사전, 칼라학습 대백과, ○ 동화 : 딸기밭의 꼬마할머니, (한림출판) 　　　　딸기와 생쥐와 배고픈 곰, (영어동화) 　　　　딸기는 어디에? (월드 픽처북) 　　　　흰 수염 할아버지의 딸기 ○ 자연관찰 동화 : 딸기의 비밀이야기(꾀돌이의 자연탐험), 딸기(프뢰벨) ○ 그림 : 여러 가지 딸기 사진, 여러 종류의 딸기음식, 딸기의 성장 과정 딸기　　　　　산딸기　　　　　뱀딸기 딸기케이크　　　　딸기아이스크림
3차적 자원	활 용 (교재교구)	○ 딸기 패턴, 딸기 바느질, 딸기 모자이크, 점토로 딸기 만들기
	전 달	○ 딸기에 대해 이야기 나누어 주세요. ○ 딸기와 관련된 자료 보내 주세요.

5. 활동 목록표

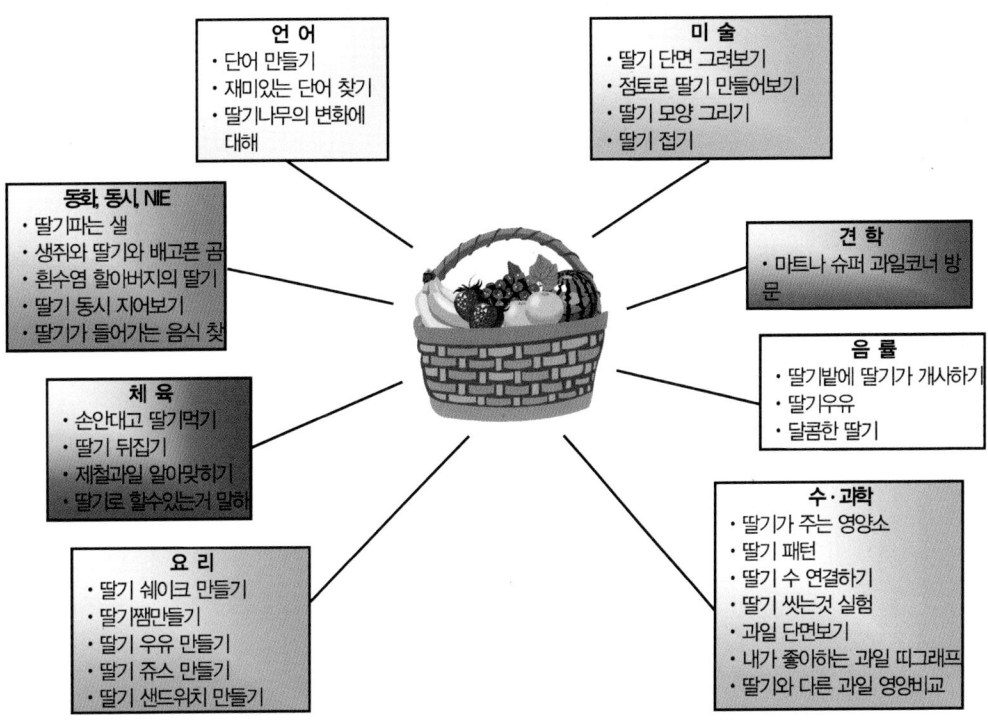

언어
· 단어 만들기
· 재미있는 단어 찾기
· 딸기나무의 변화에 대해

미술
· 딸기 단면 그려보기
· 점토로 딸기 만들어보기
· 딸기 모양 그리기
· 딸기 접기

동화, 동시, NIE
· 딸기 파는 샐
· 생쥐와 딸기와 배고픈 곰
· 흰수염 할아버지의 딸기
· 딸기 동시 지어보기
· 딸기가 들어가는 음식 찾기

견학
· 마트나 슈퍼 과일코너 방문

음률
· 딸기밭에 딸기가 개사하기
· 딸기우유
· 달콤한 딸기

체육
· 손안대고 딸기먹기
· 딸기 뒤집기
· 제철과일 알아맞히기
· 딸기로 할수있는거 말하기

수 · 과학
· 딸기가 주는 영양소
· 딸기 패턴
· 딸기 수 연결하기
· 딸기 씻는것 실험
· 과일 단면보기
· 내가 좋아하는 과일 띠그래프
· 딸기와 다른 과일 영양비교

요리
· 딸기 쉐이크 만들기
· 딸기쨈만들기
· 딸기 우유 만들기
· 딸기 쥬스 만들기
· 딸기 샌드위치 만들기

도입단계

1. 환경구성

① 게시판: 교사는 여러 가지 딸기에 관한 것을 붙여서 정보를 준다.(딸기그림, 딸기를 이용한 요리그림, 딸기의 성분 등)

② 책상 배치: 조별로 만들어준다.

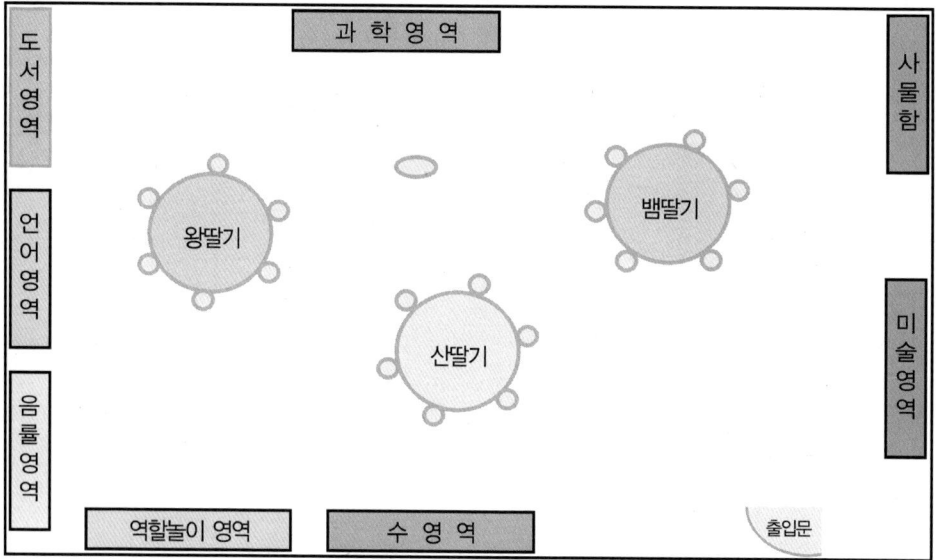

2. 이전경험 나누기

① 교사의 이전 경험담 먼저 이야기하기

② 이야기 나누기

　유아의 이전경험과 그림 그리기

3. 낱말 나열하기

(아이들이 부르는 낱말 쓰기)

씨앗, 잎, 줄기, 열매, 뿌리, 물, 비타민, 유기산, 딸기밭, 도매시장, 과일가계, 백화점, 딸기우유, 딸기 쉐이크, 딸기아이스크림, 딸기잼, 딸기주스, 딸기송이, 샌드, 네스킥, 산딸기, 나무딸기, 뱀 딸기, 곰 딸기, 밭 딸기, 빨강색, 푸른색, 노랑색, 흰색, 햇빛, 온도

4. 유목화하기

종 류	구 조	색 깔	요리종류	유통과정	딸기맛 과자	영양분
밭딸기 산딸기 나무딸기 뱀딸기 곰딸기	줄기 열매 뿌리 씨앗 잎	빨강색 푸른색 노랑색	딸기우유 딸기주스 딸기쉐이크 딸기잼 딸기아이스크림	딸기밭 원예조합 과일가계 시장	웨하스 샌드 딸기송이 사탕 네스킥	비타민 유기산 수분 햇빛 온도

5. 유아와교사의 공동주제망

6. 과제내주기

1) 비교조사

가격	어디가 가장 쌀까요?		
	과일가게	재래시장	대형마트
딸기	20,000	16,000	17,000

2) 기호도 조사

딸기를 누가 제일 좋아하나요?	
1	엄마
2	누나
3	나
4	아빠
5	할아버지

프로젝트 전개단계

1. 질문(호기심) 모으기
2. 질문(호기심) 분류하기
3. 질문(호기심) 해결하기

질문(호기심) 모으기	해결하기
1. 딸기는 어떻게 자라나요?	책, 농부에게 알아본다. 또는 직접 체험을 해본다.
2. 딸기 씨앗은 왜 밖에 있나요?	책을 통해서 알아본다.
3. 딸기 요리는 어떻게 만드나요?	책이나 전문가를 통해서 알아본다.
4. 딸기에는 어떤 영양소가 있나요?	영양사님과 책을 통해 알아본다.
5. 딸기 모양은 다 다른가요?	책, 인터넷, 전문가에게 물어본다.
6. 딸기의 유통경로를 알고 싶어요?	과일가게주인, 도매인에게 물어본다.
7. 우리반 아이들과 선생님은 어떤 과일을 좋아하나요?	아이들과 선생님께 물어본다.
8. 딸기는 어떻게 빨간색이 되나요?	책, 인터넷, 전문가에게 물어본다.

월간계획안

		월	화	수	목	금
1단계 (도입)	1주	* 이전경험나누기 * 그리기	* 낱말 나열하기 * 유목화하기	* 공동 주제망 짜기	* 호기심 모으기	* 과제내주기 – 1) 딸기를 가장 싸게 살수 있는 곳은? 2) 우리가족 중 누가 딸기를 제일 좋아 할까요?
2단계 (전개)	2주	* 호기심 과제 발표하기 * 단어 만들기 * 재미있는 단어 찾기	* 딸기나무의 변화에 대해 알아보기 * 달콤한 딸기	* 딸기 동시 지어보기 * 딸기 접기	* 딸기밭에 딸기가 개사하기 * 흰 수염 할아버지의 딸기	* 딸기와 다른 과일 영양비교하기
	3주	* 딸기 단면 그려보기	* 점토로 딸기 만들기	* 딸기밭 견학	* 견학 후 활동 – 그림 그리기	* 딸기 샌드위치 만들기 * 요리 후 활동
3단계 (마무리)	4주	* 환경정리	* 초대장 만들기	* 초대선물 포장하기	* 전시회장 꾸미기	* 초대하는 날

 자석 프로젝트

주제선정	자 석
주제선정이유	자석은 우리 주위에서 흔히 사용되고 있습니다. 프로젝트 활동을 통하여 자석의 기본원리를 이해하고, 자석의 역사와 종류, 성질에 대하여 알아보고 생활 속에서 어떻게 사용되는지 알아보기 위해 "자석"을 프로젝트 주제로 선정하게 되었습니다.
예비 주제망짜기	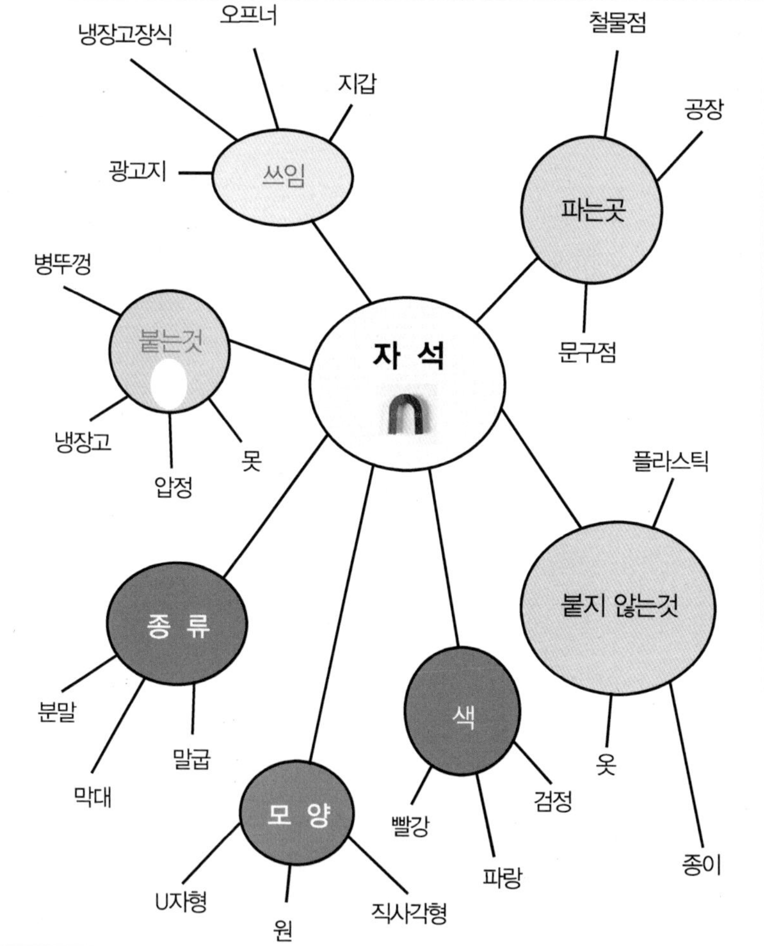

냉장고장식   오프너   철물점

지갑   공장

광고지   쓰임   파는곳

병뚜껑   붙는것   문구점

냉장고   자 석

압정   못   플라스틱

종 류   붙지 않는것

분말   색   옷

말굽   빨강   검정

막대   모 양   파랑   종이

U자형   원   직사각형

자원목록표

구 분		내 용
1 차 적 자 원	실 물	· 스티커자석, 현수막, 광고지, 전단지, 명함 · 냉장고 장식용 · 가베 교구, 블록, 글자카드 · 말굽자석, 막대자석, 원형자석
	사 람	· 과학 선생님, 자석과 관련된 일을 사람
	현장 견학	· 과학상설전시관 · 자석 공장
2 차 적 자 원		· VTR(자석이 만들어지는 과정) · 자석이 붙는 과정(실험) · 인터넷를 통한 자료수집(자석의 유래와 원리) · 여러 종류의 자석사진, 자석으로 철가루 실험한 사진 · 자석과 관련된 책이나 잡지

가정통신문

학습예상시기		9월 1일~9월28일(과학 워크 샵 예정: 자세한 일정과 내용은 추후통보)
주제 선정 이유		자석은 우리 주위에서 흔히 사용되고 있습니다. 프로젝트 활동을 통하여 자석의 원리를 이해하고, 자석의 역사와 종류, 성질에 대하여 알아보고 생활 속에서 어떻게 사용되는지 알아보기 위해 "자석"을 프로젝트 주제로 선정하게 되었습니다.
'자석'에 관한 중심 개념		① 자석은 쇠로된 물건에 붙는다. ② 자석은 같은 극끼리 밀어낸다. ③ 자석은 우리 생활에서 많이 사용된다.
교육과정 영역별 학습 내용 예상		교사 주제 망, 교육과정 영역별 학습 내용 예상 안, 자원 목록을 참고하세요. 이 내용은 유아들의 흥미와 프로젝트 진행 상황에 따라 조정되면서 이루어질 예정입니다. 여기에 대해서는 매주 알려드리도록 하겠습니다.
가정에서 도와주세요	유아들과 함께 하실 일	① 자석에 대한 질문을 할 때 가능하면 그 질문을 적어보고 답을 찾아 볼 수 있도록 격려하고 도와주세요. ② 자녀와 함께 자석을 활용한 놀이 감을 만들어 봐주세요. ③ 자석을 이용하여 자석에 붙는 물건을 찾는 놀이를 해보시는 것도 좋은 경험이 됩니다.
	자원 협조	· 첨부된 자원 목록을 보시고 있으시면 연락주세요. · 이외에 '자석'과 관련된 어떤 자원도 환영합니다.
	전문가 자원봉사	① 자석과 관련된 직업을 가지신 분을 전문가로 초대합니다. (자석공장, 대학재료공학과, 연구 기관, 과학선생님) ② 자석과 관련된 곳의 견학에 도움(장소 섭외, 보조교사로서 참여)을 주실 분이 계시면 연락 바랍니다.
특별행사/ 공지사항		· 과학상설전시관 견학 예정 · '자석'프로젝트가 끝나는 9월28일 OO초등학교 운동장에서 "과학 워크 샵"을 합니다. 행사에 참여 하셔서 우리 아이들의 작품도 감상하고 과학실험을 통한 체험활동도 함께 나누시는 뜻 깊은 날이 되길 바랍니다. 일정은 추후 조정 될 수 있습니다.

활동목록표

사회성

(이야기나누기)

· 자석에 붙는 것과 붙지 않는 것을 이야기 해 본다.
· 자석의 쓰임
· 자석은 어떻게 만들까요?
· 자석이 없다면 어떻게 될까요?
· 자석은 누가 만들었을까요?

체 육

· N극과 S극 꼬리잡기 놀이를 한다.
· 자석이 되어본다~마임 (막대자석, 말굽자석, 둥근 자석)
~이 붙어요(쇠, 압정, 핀)

언 어

(듣기)
· 과학 동화: '자석 수수께끼를 풀어라'
(짓기)
· '자석을 주제로 한 동시 짓기
(읽기)
· 가정에서 조사해온 자석의 성질에 대해 읽어본다.

미 술

· 자석에 대한 경험 그리기
· 자석모양 그리기
· 냉장고 장식 자석 만들기
· 잡지나 여러 자료를 이용하여 자석벽화를 만들어 본다.
· 자석 목걸이를 만든다.

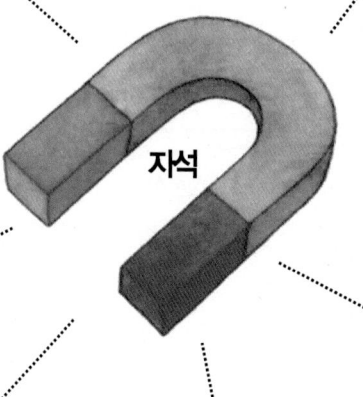

자석

수 학

· 자석에 붙는 것과 붙지 않는 것에 대해 분류하기
· 자석 수 카드를 이용하여 수 개념인식하기

음 악

· 큰북과 작은 북을 이용하여 자석의 성질을 흉내내보기
· 동요 "작은 동물원" 음률에 맞추어 자석의 성질을 노래한

과 학

· 회전하는 자석과 철가루
· 자석의 대결(자석의 종류에 따른 힘에 대해 안다)
· 물속에서 자석의 힘
· 자석에 열을 가했을 때 일어나는 현상
· 같은 극끼리 밀어내는 현상 실험
· 자석을 이용하여 클립연결해 보기

1. 이전경험나누기

*유아의 경험

1. 자석은 금 같았어요.

2. 자석 게임을 해 보았어요.

3. 치킨집, 피자집 쿠폰이 냉장고문에 붙어요.

4. 자석은 붙어요.

5. 철사도 자석에 붙어요.

6. 오빠가 자석을 보여 주었는데 빨강색, 파란색이 있어요.

*교사의 경험

1. 자석은 N극과 S극이 있는데 같은 극끼리 만나면 밀어내요.

2. 자석은 못이나 압정 같은 쇠로된 물건에 붙어요.

3. 철가루를 종이에 놓고 자석을 종이 밑에서 움직이면 철가루가 자석의 방향대로 움직여요.

4. 냉장고의 문도 자석이 있어서 닫혀요.

5. 예쁜 과일모양의 장식 아래에 자석이 달려 있으면 냉장고 문에 붙어요.

6. 유치원차 옆에 붙이는 유치원이름 현수막도 자석으로 되어 있어서 붙는 거예요.

7. 보드 칠판에 글자 자석이 붙어요.

8. 자석은 철물점이나 문구점에서 팔아요.

2. 낱말나열하기

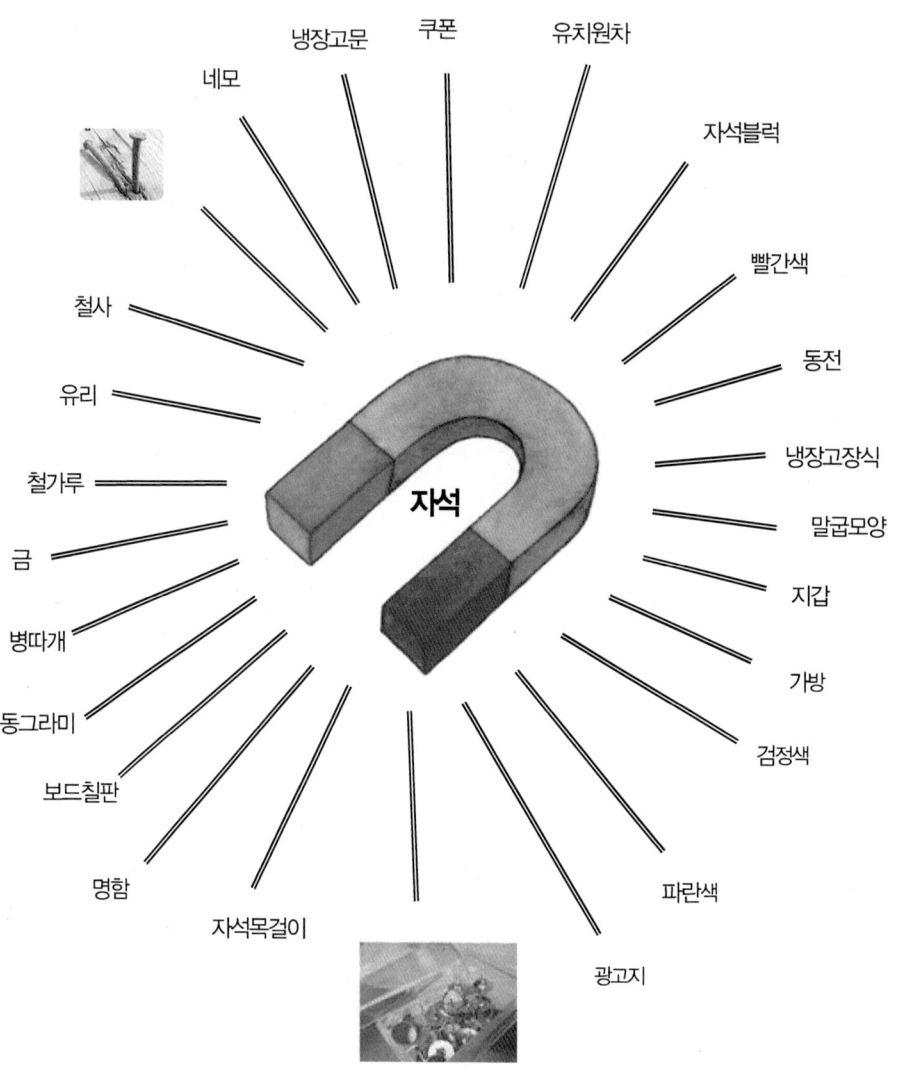

냉장고문 　쿠폰 　유치원차

네모

자석블럭

빨간색

철사

동전

유리

냉장고장식

철가루

말굽모양

금

지갑

병따개

가방

동그라미

검정색

보드칠판

명함 　　자석목걸이 　　파란색

광고지

자석

3. 유목화 하기

자석에 붙지 않는 물건	자석이 붙는 물건	자석으로 만들어진 일상용품	자석의 색깔	자석의 모양
유 리 동 전	철 가 루 유치원차 못 압 정 철 사 냉 장 고 보드칠판	자석목걸이 지 갑 가 방 자석 블럭 냉장고문 냉장고 장식 쿠 폰 병 따 개 명 함 광 고 지	빨 강 색 검 정 색 파 란 색	말 굽 네 모 동그라미

4. 공통주제망

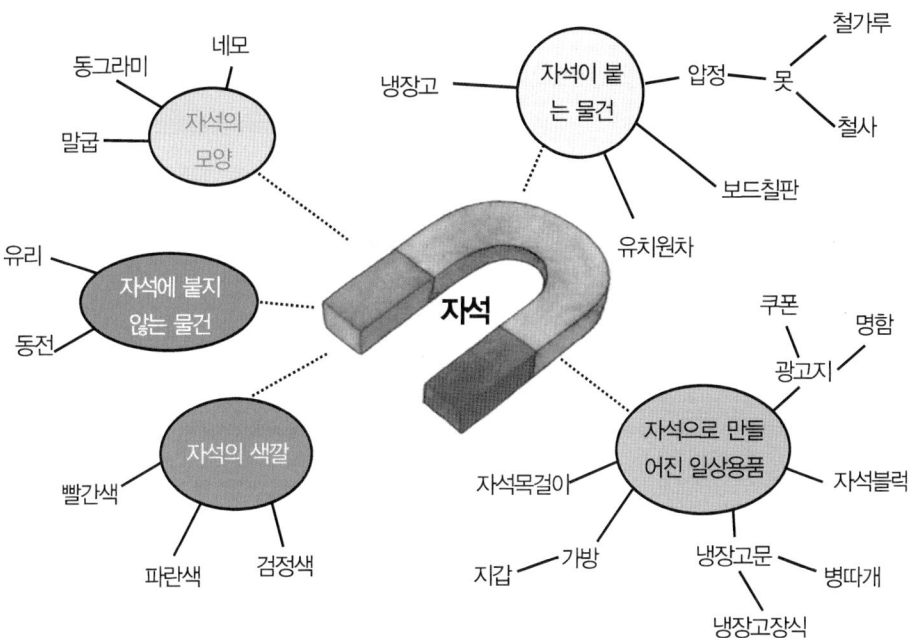

5. 호기심 모으기

1. 자석은 왜 못에 붙나요?
2. 자석은 왜 동전에 붙지 않나요?
3. 다른 극끼리 붙고 같은 극끼리는 왜 밀어내나요?
4. 철가루는 자석이 움직일 때 마다 왜 움직이나요?
5. 자석을 발견한 사람은 누구인가요?
6. 자석은 어디에서 만드나요?
7. 자석이 없다면 어떻게 될까요?
8. 자석은 어느 곳에 쓰이나요?
9. 피자 가게에서 주는 쿠폰은 왜 냉장고 문에 붙나요?
10. 냉장고에 장식용 자석을 붙이면 전력이 낭비 된다고 하는데 왜 그런가요?
11. 자석은 왜 검정색, 파란색, 빨강색만 있나요?

6. 호기심 분류하기

호기심 분류하기	해결방법
1. 자석의 성질에 대해 알고 싶어요.	1. 인터넷 조사 후 직접실험 전문가 초빙
2. 자석이 일상생활에 어떤 용도로 쓰이나요?	2. 가정과제물 발표와 함께 교실안에서 찾아보기
3. 자석은 누가 발견했으면 어디에서 만드나요?	3. 인터넷 조사, 자석 공장 견학, 과학상설전시관 견학
4. 동전은 왜 자석에 붙지 않나요?	4. 동전이 가지고 있는 성분에 대한조사
5. 자석이 없다면 어떻게 될까요?	5. 아이들이 직접 생각해 보고 발표하기

조사활동지

주제 : 일상생활용품으로 사용된 자석과 일반자석 실험해보기		
		날짜 ○월 ○일 　○요일
		이름 : ○　○　○
자석의 종류	원형자석, 막대자석, U자형자석 스티커 자석, 냉장고 장식 자석	
실험방법	1. 일반자석과 스티커 자석과 클립을 준비한다. 2. 클립을 일반자석에 길게 연결해 본다. 3. 스티커 자석에 클립을 연결해 본다.	활동사진 또는 그림으로 표현
실험결과	1. 일반자석을 들고 클립을 연결해 보니 연달아 길게 붙는 것을 볼 수 있었다. 2. 스티커 자석을 들고 클립을 연결해 보니 클립이 하나만 붙었다.	실험 평가 일반자석의 힘이 스티커 자석의 힘보다 크다는 것을 알 수 있었다. 일반자석은 자성의 힘이 크다.

월간계획안

		월	화	수	목	금
1주	1단계	이전경험나누기 이야기나누기(자석은 누가 만들었을까요?) · 미술활동 : 자석에 대한경험 그리기 · 음률활동 : 자석의 성질에 대한 노래창작	낱말나열하기 유목화 · 음률 신체표현 : 큰 북과 작은북을 통 하여 자석의 성질 흉내내보기	주제망짜기 (유아+교사) 수학활동 : 자석에 붙 는 것과 붙지 않는 것 분류하기	질문 모으기 질문분류 언어활동 : '자석을 주제로 한 동시 짓기	사전 토의 후 가정학습과제 (일상생활에 쓰이는 자석의 종류에 대해 조사)
2주	2단계	이야기나누기 (자석이 없다면 어떻게 될까요?) 과제발표하기 질문분류 체크(설명제) · 언어활동 : 과학 동 화"자석 수수께끼를 풀어라"	과학상설전시관 견학 전 사전토의 활동 · 게임 : N극과 S극이 되어서 꼬리잡기	과학상설전시관 견학	조사한 내용을 기록한다. · 실험 : 회전하는 자 석과 철가루	활동지를 통한 과제 (일반자석과 스티커 자석 실험조사)
3주		이야기 나누기 '자석의 힘 과제 발표하기 · 신체표현활동 ; 자 석이 되어보기 · 수학활동 ; 자석 수 카드를 이용한 숫 자 개념 인식	· 전문가 초빙 · 느낀 점 표현하기 · 미술활동 : 잡지나 여 러 자료를 활용하여 자석 벽화 만들기	· 과학 활동 : 같은 극끼리 밀어내는 현상 조사 물속에서 내는 자 석의 힘(실험일지)	· 가상활동 (과학자 가 되어봄) · 미술활동 : 자석을 그림으로 표현하기	· 미술 활동 : 냉장고 장식 만들기
4주	3단계	평가 · 다른 반 친구들에 게 보낼 초대장을 만든다. · 교실 꾸미기 · 미술 활동 : 자석목 걸이 만들기	자석에 대한 VTR시청 · 느낀 점을 그림이 나 글로 표현하기	'과학 워크샵' 부모참 여 수업 초대장 만들 기(일정에 대해 자 세히 기록)	과학 워크샵 활동목록을 보고 각 실험과정에 대한 사전 준비를 한다.	부모 참여수업 : 과학 워크샵

1주 월요일

시　간	일일교육계획안
8;00 ～ 10:00	* 자유놀이 학습 * 선택활동(코너학습) * 간식(우유)
10:00 ～ 12:00	* 이야기 나누기 * '자석'에 대한 이전경험나누기 – 그림으로 표현하기 * 음률활동: '자석'에 대한 노래 창작("작은 동물원")  * '자석'창작동요 　자석에는 N극과 S극이 있대요 　다른 극 끼리 만나면 서로 서로 붙어요. 　같은 극 까~리 만나면 서~로 밀어내 　자석의 성질은 재밌어. 찰싹!
12:00 ～ 2:30	* 손 씻기 * 점심식사 * 양치질 * 실내 놀이 활동(코너학습) * 평가 * 귀가준비

3주 화요일

시　간	일일교육계획안
8:00 ~ 10:00	* 자유선택활동 * 간식(우유)
10:00 ~ 12:00	* 이야기 나누기 – 전문가와의 만남이 이루어지기 전에 사전에 주의 할 점을 알려 준다. * 전문가 초빙 – 느낀 점 그림이나 글로 표현하기 * 자석벽화 만들기 – 방법 : 잡지나 여러 가지 자료를 이용하여 벽면에 전지를 깔고 조별로 벽화 꾸미기를 한다.
12:00 ~ 2:30	* 손 씻기 * 점심식사 * 양치하기 * 코너학습(선택활동) * 평가 * 귀가준비

 # 마트 프로젝트

1. 주제선정 이유

우리 아이들에게 물건을 잘 구매하고 절약하는 기본 생활 습관을 기르고 어려서부터 경제 교육을 심어 줌으로써 바람직한 소비생활을 가르치고 싶어서 선정하였다.

2. 기대효과

♥ 물건을 선정하는 일과 선정된 물건을 계획해서 잘 살 수 있다.
♥ 물건을 잘 간수하고 절약할 수 있다.
♥ 돈의 다양한 쓰임새에 대해 알아볼 수 있다.

3. 마트에 대한 중심개념

– 다양한 종류의 물건이 있음을 안다.
– 구입 할 물건을 계획할 수 있다.
– 마트의 기능과 역할에 대해 안다.
– 여러 사람이 일을 하고 있다는 것을 안다.
– 물건이나 가격이 다름을 안다.
– 마트 놀이를 통하여 물건을 직접 사고 파는 경험을 할 수 있다.

4. 교사의 주제 망

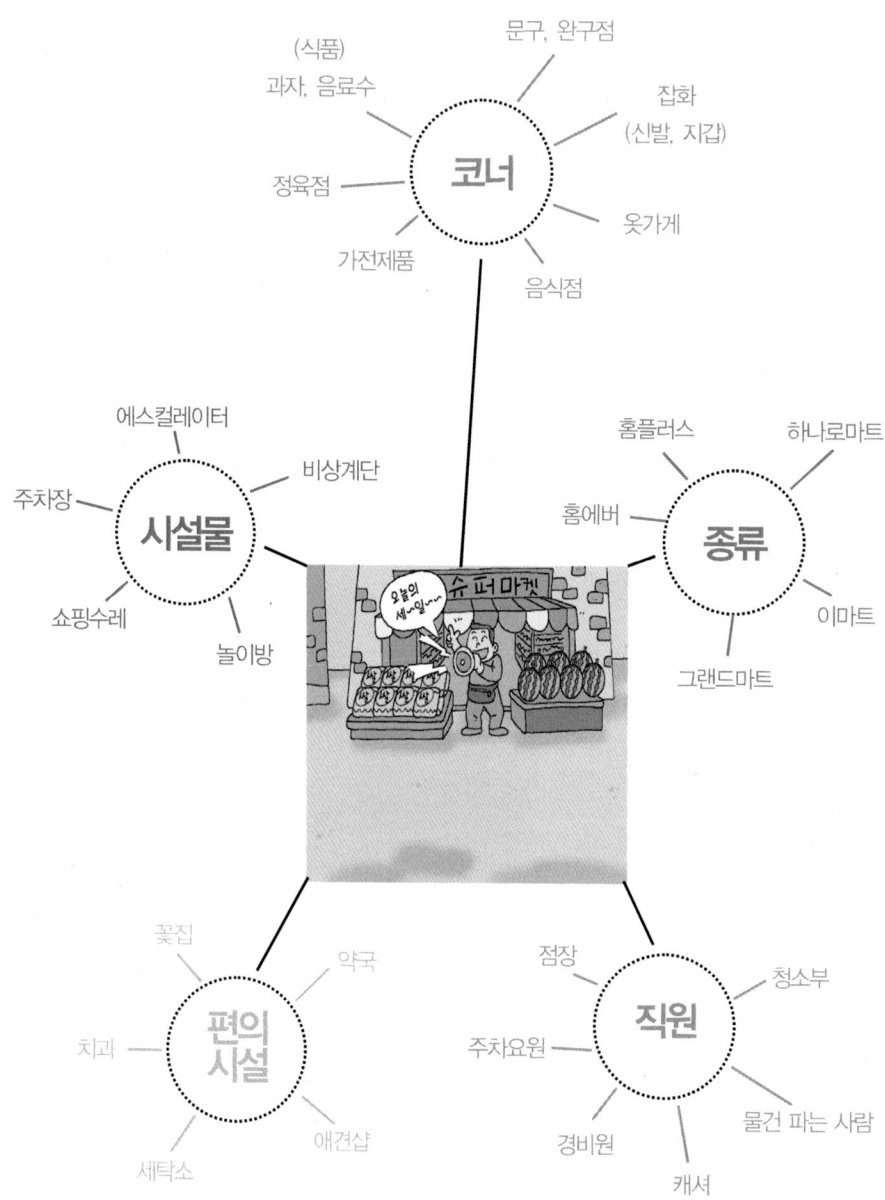

5. 자원 목록표

1차적 자 원	실 물	여러 종류의 물건 가정에서 보내주신 재활용 물건 마트놀이에 판매 할 물건들
	사 람	마트 직원, 학부모님
	장 소	이마트, 홈플러스, 그랜드마트
2차적 자 원	비디오	TV광고 녹화
	인터넷 사이트	이마트, 홈플러스, 그랜드마트 사이트 인터넷 재미나라, 깨비 키즈
	참고도서 (동화책)	꿀꺽 나라, 꼴깍 나라 꿀꿀이의 아이스크림 가게 양파 양파 양파 장난감 가게 행복 그림 가게
	사진, 신문	마트사진, 광고사진
3차적 자 원	가정에서의 도움받기	가정통신문 마트에서 파는 물건 조사해오기 (사진 찍기)

6. 활동 목록표

동작

- 직원 되어보기
- 전화 받아 보기
- 계단 누가 먼저 내려오나?
- (가위, 바위, 보)
- 코너 부르면 파는 물건 가져오기

미술

- 간판 만들기
- 지갑 접기, 돈 만들기
- 야채 도장 찍기
- 바구니 꾸미기
- 가게 꾸미기(물건)
- 옷 디자인하기

언어

- 마트에서 볼 수 있는 것은?
- 내가 맡고 싶은 코너 말하기
- 동시 짓기
- 신문 이름 찾기 (NIE)

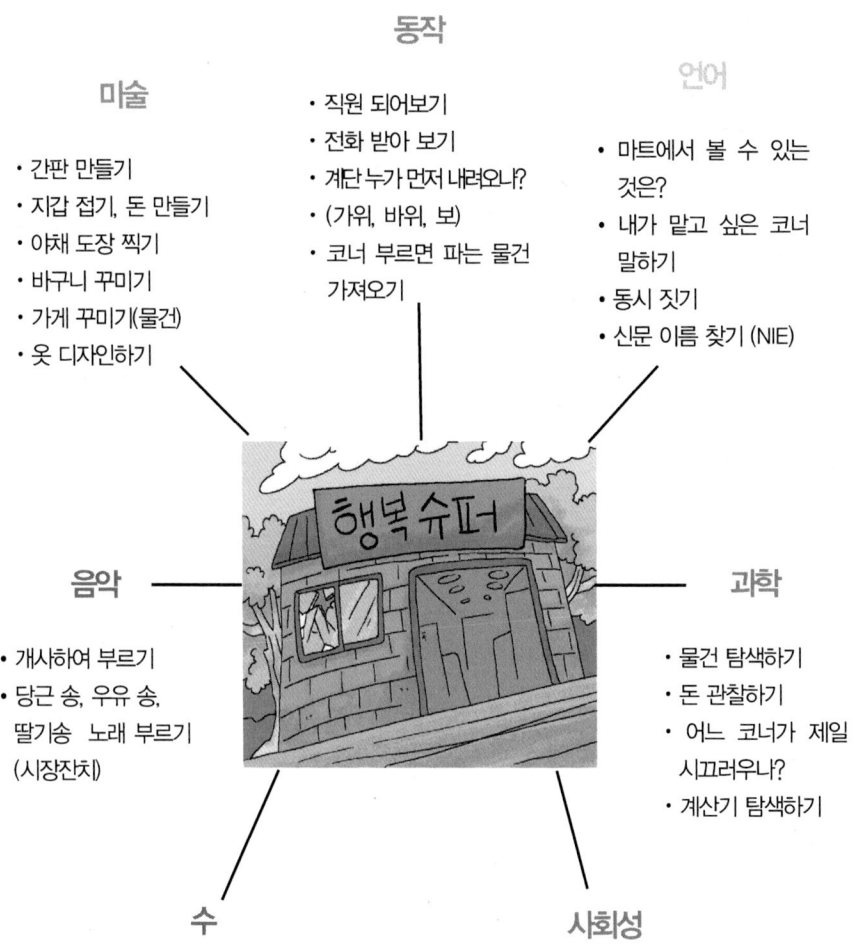

음악

- 개사하여 부르기
- 당근 송, 우유 송, 딸기송 노래 부르기 (시장잔치)

과학

- 물건 탐색하기
- 돈 관찰하기
- 어느 코너가 제일 시끄러우나?
- 계산기 탐색하기

수

- 동네에 있는 마트 세어보기
- 물건 값은 얼마인가?
- 그래프 만들기 (우리 가족이 좋아하는 코너는?)
- 코너대로 나열하기

사회성

- 약속 정하기
- 인사 바르게 하기
- 공공 시설물 깨끗이 사용하기
- 사달라고 조르기 않기
- 소리 지르지 않기
- 마트 놀이 시 정해진 순서 지키

Ⅰ 단계 (도입)

1. 환경구성

♥ 게시판에 마트에 관련된 사진

   (물건 팔고 사는 모습, 일하시는 모습을 꾸민다.)

♥ 코너별의 사진이나 그림을 붙여 꾸민다.

2. 이전 경험 나누기

- 교사의 경험담 : 선생님이 늦게 집을 가는데 집에서 계산, 공책, 도마가 필요하다고 전화가 왔었단다. 가게는 문을 다 닫도 한꺼번에 다 구입하여야 하기에 마트에 가서 필요한 것들을 사왔단다. 너희들도 마트에 가 본적이 있니?
- 말하기 : 마트에 갔던 경험 이야기하기
- 그리기 : 마트를 다녀와서 가장 기억에 남는 것을 그림으로 표현해보기 (날짜, 이름, 기록)

3. 낱말 나열하기

- 아이들이 부른 단어를 모양 종이에 적는다.

4. 유목화 하기

- 조별로 색깔 있는 종이 나눠주기
- 마트하면 떠오르는 것 종이에 적기
- 낱말 쓴 종이 모아 종류별로 친구 찾기를 한다.

코너	종류	직원	편의시설	시설물

5. 유아와 교사의 공동 주제망 짜기

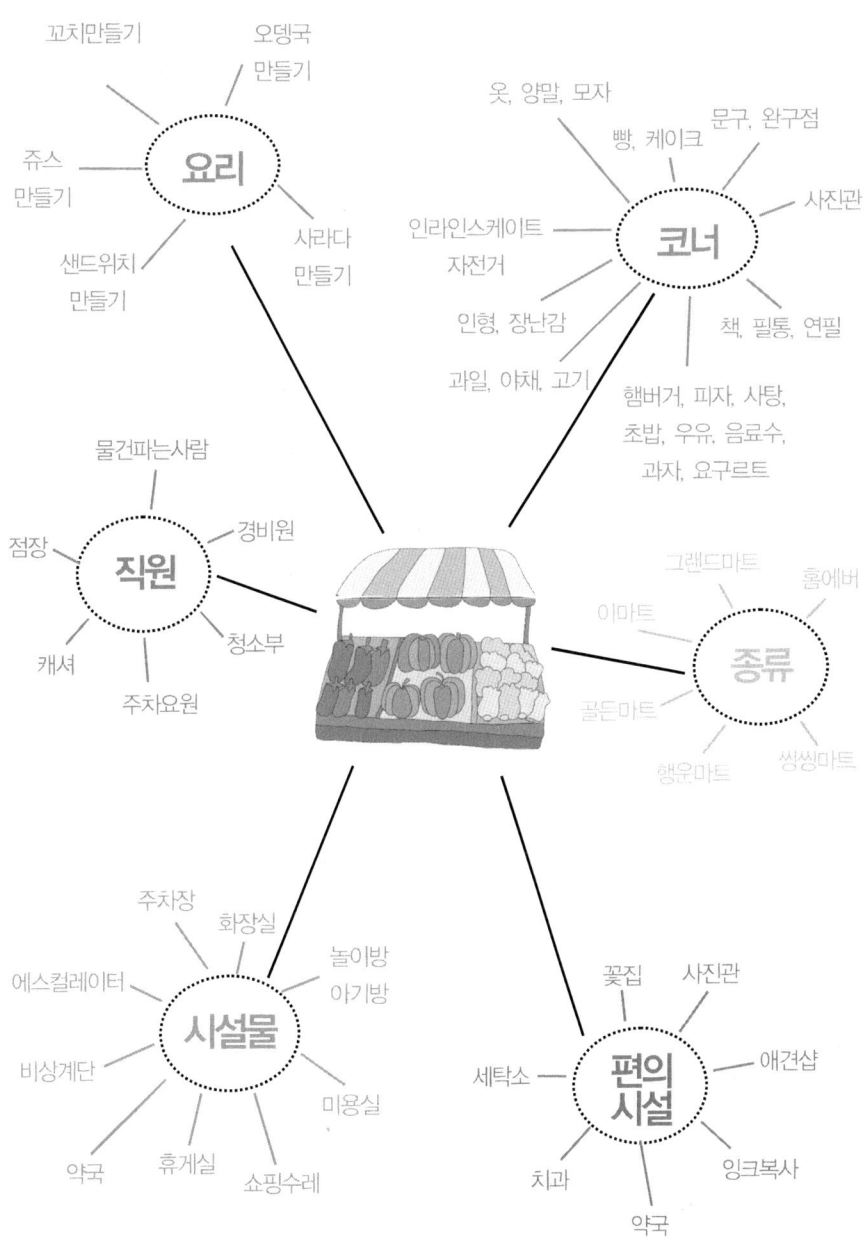

6. 조사활동(과제)

제일 잘 팔리는 코너는?
① 마트 주변 살펴보기 ② 제일 많이 팔리는 것은? (직원에게 물어본다)

- 인터뷰 조사

어느 시간이 가장 바쁜가요?		
아 침	점 심	저 녁

- 관찰 조사

우리 가족이 자주 찾는 마트는 어디일까?						
종류	할아버지	할머니	엄마	아빠	나	동생
이마트						
홈플러스						
홈에버						
그랜드마트						
행운마트						
롯데마트						

- 기호도조사

II단계 (전개)

1. 호기심 모으기???

호기심 상자를 만들어 놓아둔다.

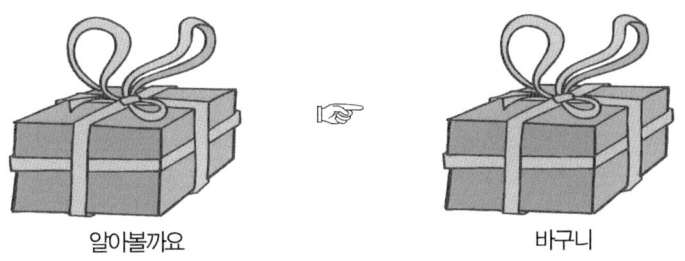

알아볼까요   바구니

2. 호기심 분류와 해결하기

호 기 심	호기심 해결방법
• 마트는 왜 물건이 싸나요?	토의하기. 직원에게 물어보기
• 고기 육류는 왜 비싸요?	조사하기. 토의하기. 물어보기
• 마트는 왜 시설이 좋아요?	점장에게 물어보기. 관찰하기
• 카드를 왜 사용하나요?	토의하기. 조사하기
• 세탁기는 왜 파나요?	조사하기. 토의하기. 관찰하기
• 휴게실은 왜 있나요?	토의하기. 물어보기. 견학하기

III단계 (마무리)

1. 전과정 다시 살펴보기
2. 전시
3. 평가하기

월간 계획안

	월	화	수	목	금
1단계 (도입) 1주	·이전경험 나누기 ·그리기 - 생각, 경험, 느낌	·마트하면 생각나는 것 ·낱말 나열하기	·유목화(친구찾기) - 같은 것 끼리 분류하기	·교사와 유아의 공동 주제망짜기 - 창의성 : 내가 만약 마트 사장이라면?	과제에 대한 토의 - 호기심 자극하기
2단계 (전개) 2주	과제발표하기 (호기심 모으기)	호기심모으기 (호기심 상자에 호기심이 생기는대로 모은다)	·호기심 분류하기 (마트는 물건이 왜 싸나요?) ·왜시설이좋나요?	·호기심 해결하기 - 토의하기 - 인터넷 - 직원에게 묻기	·과제 내주기 ·인터뷰 조사 ·관찰조사
2단계 (전개) 3주	·과제발표하기 ·요리 (샌드위치 만들기)	·마트에서의 지켜야 할 약속 정하기 ·궁금한 것 미리 정리해가기	견학 ·마트의 코너 살펴보기 ·편의시설, 시설물 살피기	견학 후 경험 나누기 - 그림 그리고 발표하기	·과제 내주기 ·기호도 조사 (가족이 선호하는 마트는?)
3단계 (마무리) 4주	·전과정 살펴보기 ·전시계획 "아이들과 토의하여 계획"	·전시준비 - 마트놀이 - (필요한 소품 조별로 준비)	·전시준비 ·간판 만들기 ·동생들에게 초대장만들어 보내기	·전시준비 마트놀이에 필요한 것 점검하기	· 마트놀이 "동생들이 손님되기" "다함께 즐겨요"

주간 계획안

주제 : 마트						
목표 : 마트에서 하는 일을 알 수 있다.						
		월	화	수	목	금
대그룹 활 동	중심활동 이야기 나누기	이전경험 나누기	낱말 나열하기	유목화(친구찾기)	공동 주제망 짜기	과제 토의하기
		마트에 가보았 어요	마트하면 생각 나는 것은?	같은 종류대로 분류하기	마트에 대한 주 제망 짜기	마트의 코너에 대해 알아보기
소그룹 활 동	언어	내가 맡고 싶은 코너는?				
	신체	직원 되어 보기				
	과학	물건 탐색하기(코너)				
	미술	옷 디자인 하기				
	음악	노래 부르기 (시장잔치)				
	수	동네에 있는 마트 세어보기				
	창의성	내가 만약 마트 시장이라면?				

 # 인터넷 프로젝트

1. 주제 선정 - 인터넷

2. 주제 선정의 이유

 * 컴퓨터를 대부분의 유아·컴퓨터를 대부분의 유아·유치의 친구들이 다루고 있으며 인터넷을 통해 놀이 이외도 교육을 받고 있는 상황에서 볼 때 충분히 유아들의 관심과 흥미 있는 분야이기에 선정했다.

3. '인터넷'에 대한 중심개념

 * 인터넷을 활용한 유아 흥미의 프로그램의 종류를 알아 볼 수 있다.
 * 인터넷을 사용 시 주의 점을 알 수 있다.
 * 가장 좋아하는 사이트를 친구들과 애기도 하고 공유해 볼 수 있다.

4. 교사의 주제망 (예비 주제망)

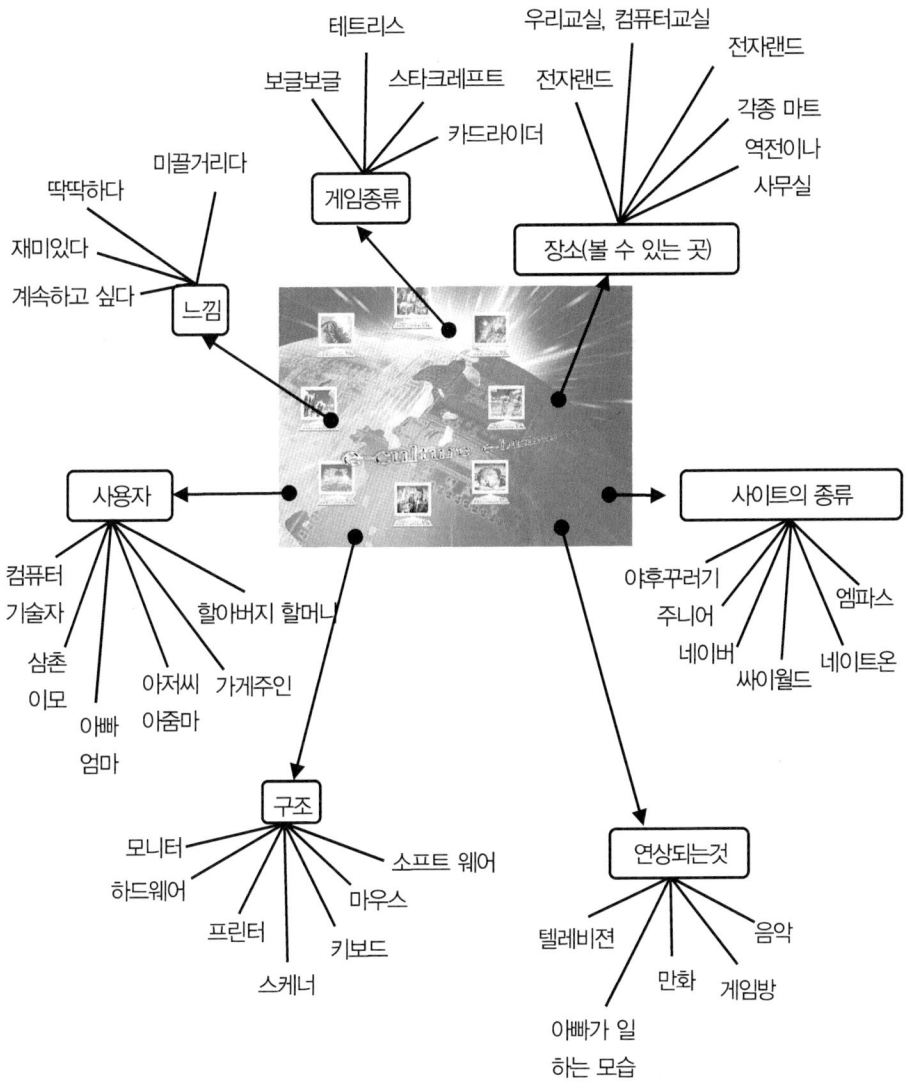

게임종류
- 테트리스
- 보글보글
- 스타크레프트
- 카드라이더

느낌
- 미끌거리다
- 딱딱하다
- 재미있다
- 계속하고 싶다

장소(볼 수 있는 곳)
- 우리교실, 컴퓨터교실
- 전자랜드
- 전자랜드
- 각종 마트
- 역전이나
- 사무실

사용자
- 컴퓨터 기술자
- 할아버지 할머니
- 삼촌 이모
- 아저씨 가게주인
- 아빠 엄마
- 아줌마

사이트의 종류
- 야후꾸러기
- 주니어
- 네이버
- 싸이월드
- 엠파스
- 네이트온

구조
- 모니터
- 하드웨어
- 프린터
- 스캐너
- 소프트 웨어
- 마우스
- 키보드

연상되는것
- 텔레비젼
- 만화
- 음악
- 게임방
- 아빠가 일 하는 모습

5. 자원 목록표

1 차 적 자 원	실 물	* 네이버, 다음, 야후, 엠파스 등의 인터넷 사이트
	전문가	* 컴퓨터 교사, 일반교사, 컴퓨터를 만드는 사람, 프로그래머, A/S기사
	현장 견학장소	* PC방, 컴퓨터 학원, 사이트 관련 기관 프로그래머가 있는 곳
2 차 적 자 원	사진/그림	* 프로그램 만드는 과정을 표현한 그림이나 사진
	비디오	* 인터넷 강좌CD나 비디오
	책/신문	* 책 – 파워포인트, 엑셀, 컴퓨터를 알고 싶어요 * 신문 – 인터넷 기사 모음

6. 활 동 목 록 표

사회성
〈역할놀이〉
- 컴퓨터 프로그래머 되어보기
- 인터넷 게임주인공 되어보기
- 컴퓨터 만드는 사람 되어 보기
〈현장견학〉
- 프로그래머 만나기
- PC방 견학
- 컴퓨터실 돌아보기

신 체
〈신체표현〉
- 게임 주인공 표현하기
- 내가 프로그래머라면
〈게임〉
- 인터넷 빨리 접속하기
- 내가 좋아하는 노래를 인터넷으로 찾아 들려주

언 어
〈이야기나누기〉
- 인터넷이 어디에 쓰일까?
- 아빠, 엄마가 주로 사용하는 사이트는?
- 이런 것은 조심해요
- 인터넷이 좋아요
- 내가 프로그래머라면
〈동시〉
- 인터넷
- 동시 짓기 –
내가 좋아하는 것(사이트)
〈동화〉
- 짜잔~ 컴퓨터는 마법사

미 술
〈그리기〉
- 이전경험 그리기 (기억에 남는 게임의 주인공 그리기)
- 인터넷하면 연상되는 것 그리기
- 내가 찾고 싶은 것
〈만들기〉
- 게임 주인공 점토로 만들기
- 상자로 컴퓨터 만들기

인터넷

과 학
- 인터넷 속도 알기
- 좋아하는 사이트 그래프활동
- 컴퓨터 속 관찰하기

음 률
〈새 노래〉
(개작 곡)
- 내가 좋아하는 사이트
- 컴퓨터에서 나는 소리
〈손 유희〉
- 손가락 가족 (사이트 넣어서)
〈음악 감상〉
- 동요사이트에서 좋아하는 동요 감

시·공간 활동
- 일반 사이트와 어린이 관련 사이트 분류하기
- 컴퓨터그림 도안 바느질하기
- 좋아하는 사이트 그래프활동

l 단계 〈도입〉

1. 환경구성

❖ 언어영역

- 인터넷 사이트 관련된 도서를 가져다 둔다.
- 컴퓨터 프로그램과 관련된 도서를 가져다 둔다.
- 컴퓨터를 다루는 방법에 관한 도서를 가져다 둔다.
- 과제 파일을 전시해둔다.

❖ 역할놀이 영역 – 모형 컴퓨터를 비치한다.

예) 컴퓨터 프로그래머가 입는 옷(하얀 가운),

모니터, 본체, 키보드, 마우스,

적을 수 있는 수첩과 펜 등

❖ 문화영역

- 어린이 관련 사이트 사진을 전시해둔다.
- 친구들이 좋아할 만한 게임을 선전하는 사진을 전시해둔다.

2. 이전 경험나누기

- 교사의 이전경험을 이야기하고, 유아들이 인터넷을 직접 다루어 보았거나, 어떨 때 인터넷을 사용하였고, 기억이 나는 인터넷 사이트나 게임을 이야기 하고, 인터넷을 사용하는 다른 주변 사람의 모습을 연상해 보며 인터넷을 직접 사용하는 것을 지켜본 경험을 바탕으로 이야기를 하고, 이전경험을 그림으로 표상활동을 해 본다.
- 선생님이 박물관에 견학을 하러 가려고 했는데 길을 잘 몰라서 인터넷으로 검색해서 길을 알고 잘 찾아 갈 수 있었어요.

– 우리 아빠는 항상 컴퓨터로 작업하세요.

– 전 요즘 주니어 네이버에서 동요를 들어요.

– 너무 오래했더니 눈이 아팠어요.

– 엄마는 요리를 할 때도 인터넷을 이용하세요.

❖ 교사의 이전 경험이야기

선생님은 인터넷을 많이 사용해 친구들은 인터넷을 어떤 상황에 사용하는지 선생님의 얘기를 들어보고 친구들도 얘기 해 보았으면 해.

선생님은 아버님 생신날 미역국을 맛있게 끓여 드리고 싶었어. 그래서 선생님은 인터넷을 이용해서 미역국 만드는 법을 알아보려고 했더니만 선생님 동생이 야후 사이트에서 검색하고 있었어요. 그래서 뭘 하냐고 물었더니 친구 결혼식에 가야 하는데 위치를 잘 몰라서 검색하고 있다고 말했어요. 선생님 동생이 길 찾기가 끝나서 선생님이 네이버 사이트를 검색해서 미역국 끓이는 방법을 검색란에 쳐서 드디어 미역국을 맛있게 끓이는 방법을 알아서 아버님께 맛있는 미역국을 끓여 드릴 수 있었단다. 선생님의 엄마는 인터넷으로 쇼핑을 좋아하시고, 선생님 아버지는 한게임 사이트에 오목을 좋아하셔. 그러고 보니 선생님 가족은 컴퓨터를 정말 많이 사용하는 가족인 것 같다.

우리 친구들은 인터넷에 대한 어떤 경험이 있을까?

3. 낱말 나열하기

◆ 인터넷하면 생각나는 단어(말)를 기록하고, 모아보는 시간을 갖는다.

예) 낱말 기록 종이는 인터넷에 관련된 모양으로 종이를 오리거나, 색깔이 있는 모양 종이를 활용^^;

4. 유목화 하기

궁금해요	주로 사용하는 사이트	사용하는 사람들	찾았어요
편지보내기 간식 만들기 숙제 찾아보기 동화 찾기 동요 찾기 게임 찾기	주니어 네이버 한게임 싸이 월드 네이트 온 야후 꾸러기 다음	컴퓨터프로그래머 선생님 아빠 삼촌 엄마 가게 주인 이모 고모 할아버지 할머니 언니 오빠 나 동생	신나는 게임 즐기기 생일카드 보내기 사진보기 동화듣기 동요듣기

5. 과 제

1. 조사하기	2. 관찰하기
♥ 인터넷에 사이트와 관련된 사진이나 신문을 찾아오기 ♥ 가족 구성원이 많이 사용하는 사이트 알아오기	♥ 가족들이 어떠한 사이트를 어떻게 활용하는지 실제적인 예를 함께 경험하며 지켜본다.

II 단계 〈전개〉

1. 호기심 모으기 (호기심 상자)
2. 호기심 분류하기
3. 호기심 해결하기

호기심 모으기	호기심 해결

1. 답을 누가 가르쳐줘요?
2. 카페를 왜 만드나요?
3. 형은 왜 게임을 계속하나요?
4. 물건을 어떻게 구입하나요?
5. 내가 쓴 편지가 어떻게 전달될까요?
6. 컴퓨터로 어떻게 대화가 가능할까요?
7. 화상채팅이 뭔가요?
	❖ 전문가 초빙
	  (프로그래머, A/S기사, PC 방주인)
	❖ 인터넷 검색하기
	❖ 현장 견학
	  (컴퓨터 프로그래머 작업실, 컴퓨터가게,
	PC방)
	❖ 인터넷을 활용하여 간식 만들어 보기

Ⅲ 단계 〈마무리〉

1. 전 과정 살펴보기
2. 전시하기
3. 평가하기

2. 전시하기

❖ 마무리 단계 행사 준비 (학부모 초대)

⑴ **인터넷 – 인터넷 프로젝트 마무리 활동 계획**
① 컴퓨터가 되어보기
  ◆ 컴퓨터와 사용자 (투표로 정하기)
  ◆ 인터넷 검색 시 해결해주는 도우미
② 어떤 것을 검색할지 선정하기
③ 사용자가 원하는 활동 진행시키기
    예) 아빠 – 인터넷 사이트에서 골프채 구입(택배신청)
        엄마 – 요리 시 참고
        나 – 동화, 동요 찾기
        동생 – 게임 찾기
④ 컴퓨터 되어보기 활동 시 소품 만들기
– 대형 컴퓨터 모형 만들기, 요리기구, 골프채, 동화책, 게임CD

⑵ **컴퓨터 프로그램 전시관 관람하기**
① 전시장 돌아보기
  – 전시 행사에 초대된 사람들은 프로젝트 활동사진과 그림, 설명으로 이루어진 '인터넷' 프로젝트 진행표, 유아들이 만든 컴퓨터, 다양한 활동사진, 그래프 같은 프로젝트의 결과물이 전시된 교실을 둘러본다.

3. 평가하기

1) 전반적인 평가

- '인터넷'프로젝트 활동은 유아들의 수준에 구애받지 않고, 친숙하게 다가갈 수 있는 주제로 여겨진다. 특히 친구들 전체가, 전반적으로 인터넷을 많이 사용하고 있던 터라, 인터넷의 장점과 단점에 대해 바로 알려주는 계기가 된 것 같다.

2) 활동 영역별 평가

- '인터넷'프로젝트 활동이라는 주제는, 쉽고 친숙한 듯 했으나 활동이 국한 될 수 있다는 단점이 있었다. 4주간 계획으로 구상하려 했으나 2주간 프로젝트 활동으로 마무리를 지려고 한다. 나름대로 각 영역별 활동을 골고루 포함시켰는지에 대해서는 언어영역, 조사와 관련된 활동은 비교적 활발하게 이루어졌지만, 미술영역, 수영역, 과학영역 활동과 관련된 프로젝트 활동은 상대적으로 비중이 적었음을 알 수 있다.

주제 : 인터넷

기간 : 11월 6일 - 11월 10일

목표 : 인터넷에 관한 경험들이 친구들과 나눠보고, 인터넷에 관한 궁금 상자를 해결해 보도록 한다.

		월	화	수	목	금
자유선택활동	언어	이런 것은 조심해요				
	수학	좋아하는 사이트 그래프 활동				
	과학	컴퓨터 속 관찰하기				
	미술	상자로 컴퓨터 만들기				
	조작	사이트 퍼즐 맞추기				
	역할	인터넷 게임 주인공 되어보기				
	쌓기	컴퓨터 만들기				
이야기 나누기		인터넷에 관한 경험 나누기	인터넷하면 생각나는 것들 주제 망 짜기	궁금 목록 만들기	궁금 목록에 관한 해결 방법 논의	인터넷이 어디에 쓰일까?
음률 · 미술		(개작 곡) 컴퓨터에서 나는 소리		상자를 이용해서 컴퓨터 만들기	동요 사이트 동요듣기	인터넷하면 연상되는 것 그리기
탐구 · 언어		컴퓨터 활동	일반 사이트와 어린이 사이트 분류하기		▼호기심▼ 해결하기 물건을 어떻게 구매하고, 편지가 전달되나요?	▼호기심▼ 해결하기 화상채팅이 뭔가요?
게임 · 실외활동		좋아하는 사이트에 스티커 붙이고 오기		컴퓨터 가게 방문	인터넷으로 노래 찾아 듣기	인터넷 게임 주인공 되어 게임 해 보기

주제 : 인터넷

기간 : 11월 13일 ~11월 17일

목표 : 인터넷이 우리 생활에 있어 어떤 도움이 되는지 알고, 주변사람들이 사용하는 인터넷의 용도와 주의점에 대해 알아본다.

		월	화	수	목	금
자유선택활동	언어	인터넷이 있어서 편리해요				
	수학	좋아하는 사이트 그래프 활동				
	과학	인터넷 속도 알아보기				
	미술	점토를 이용해서 게임 주인공 만들어 보기				
	조작	컴퓨터 그림 도안 바느질하기				
	역할	게임의 주인공 되어보기				
	쌓기	만능 블럭을 이용하여 컴퓨터 작업실 만들어 보기				
이야기 나누기		프로그래머가 하는 일	아빠가 주로 사용하는 사이트와 활동	엄마가 주로 사용하는 사이트와 활동	이런 것은 조심해요	인터넷이 좋아요
음률 · 미술		(개작 곡) 사이트를 이용한 노래	내가 궁금한 것을 그림으로 표현하기		컴퓨터를 이용하여 그림을 그려 본다	
탐구 · 사회		▼호기심▼ 해결하기 답을 누가 가르쳐주나요?	전시준비 무엇을 전시할지 토의하기 (초대장준비)	컴퓨터가 되어 원하는 검색에 관련된 사항을 직접 인터넷이 되어 해결해보는 역할극 준비	컴퓨터 되어보기 역할극	전시 후 평가 활동
게임 · 실외활동		프로그래머 작업실 방문		인터넷으로 동화 빨리 찾기	컴퓨터를 만드는 사람 되어보기	

프로젝트 조사용지 양식

◆ 조사활동
● 프로젝트에서 조사활동은 주로 과제 내주기에서 활용한다.
● 프로젝트의 보다 나은 전개를 위해서는 가정의 도움과 가정과의 연계성을 유도해야
한다.
● 과제로는 조사활동이 많으며 조사활동은 여섯 가지로 나눌 수 있다.

◆ 조사활동의 종류
● 인터뷰 조사
● 기호도 조사
● 비교조사
● 관찰조사
● 실험조사
● 설문조사

◆ 과제 내줄 때 유의사항
● 과제를 내줄 때는 유아의 수준과 부모의 입장을 고려해야 한다.
● 과제를 자주 내 주어 유아에게 부담을 주거나 부모에게 곤란한 과제를 내 주어 불편
을 주면 안 된다.
● 부모의 특기나 취미, 직업 등을 고려하여 부모가 즐겁게 할 수 있는 관심사를 고려해
보는 것도 중요하다.

◆ 인터뷰조사
● 인터뷰조사는 가격조사, 가장 많이 팔리는 것과 안 팔리는 것, 가장 비싼 것과 싼 것
등을 알아보는 것이다.
● 인터뷰조사 예 – 어떤 빵이 제일 잘 팔리나요?

◆ 인터뷰조사 예) – 먹을 수 있는 꽃과 없는 꽃

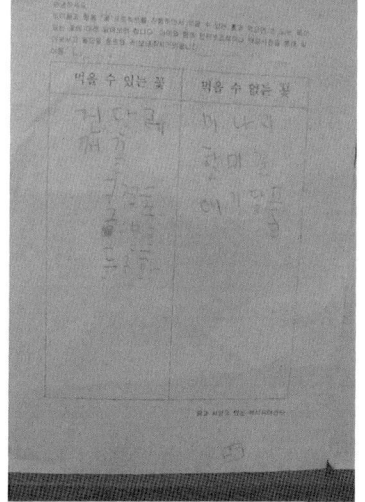

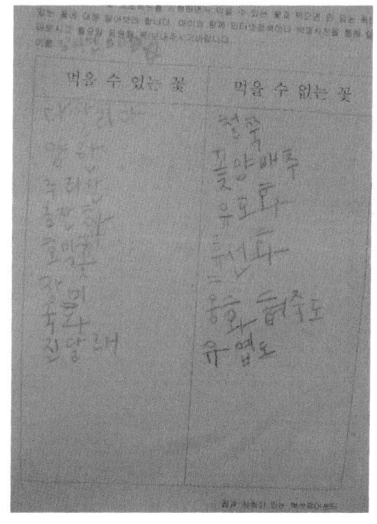

◆ 비교조사

● 비교조사란 사물을 서로 비교해서 조사하는 방법으로 가격을 비교하고, 공통점과 차이점을 비교한다.

● 옛날 것과 오늘날 것을 비교하기도 한다.

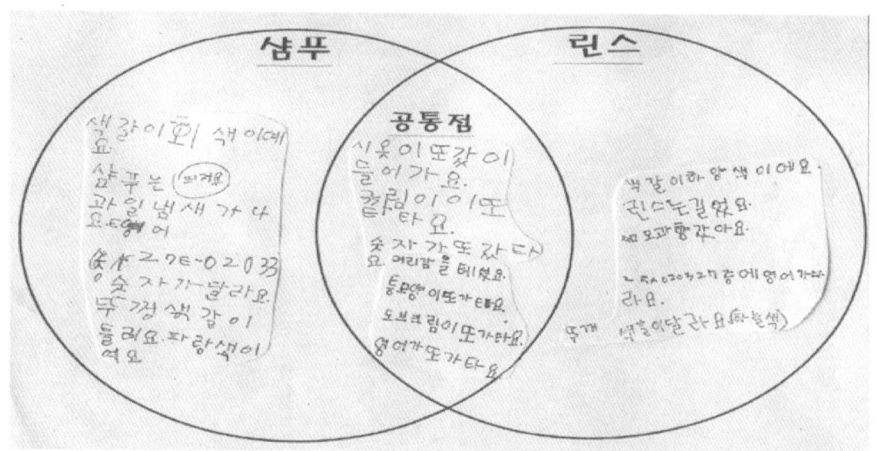

비교조사 양식의 예)   출처 - 행복한 아이들 유치원

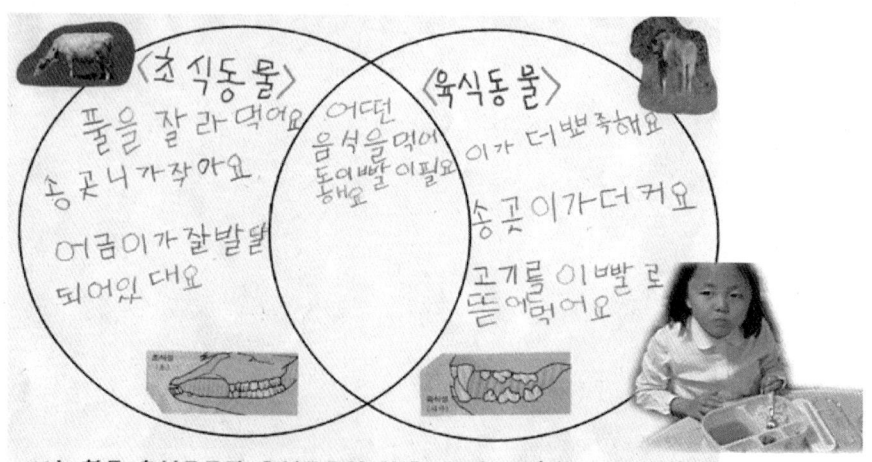

초식동물과 육식동물 이빨 비교   출처 - 행복한 아이들 유치원

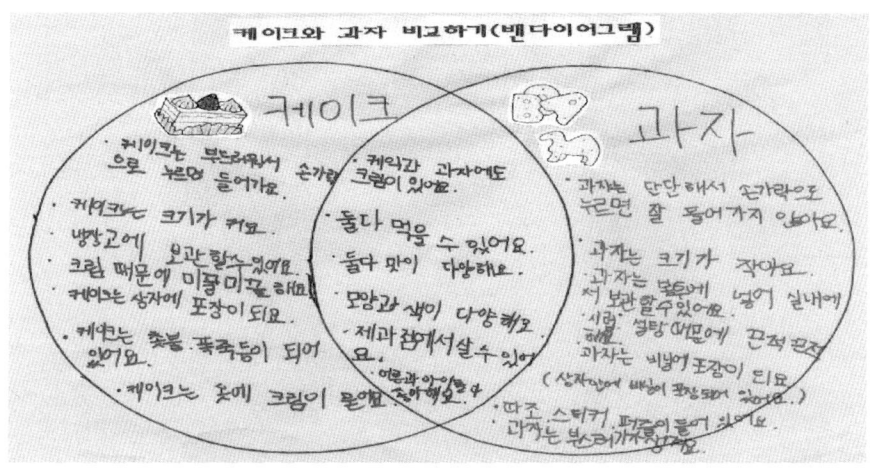

케이크와 과자 비교 　　출처 - 행복한 아이들 유치원

◆ 기호도 조사

● 기호도 조사는 좋아하는 것과 싫어하는 것을 조사하는 과정이다.

● 내가 좋아하는 꽃과 싫어하는 꽃

● 내가 좋아하는 과자와 싫어하는 과자

● 내가 좋아하는 악기와 싫어하는 악기

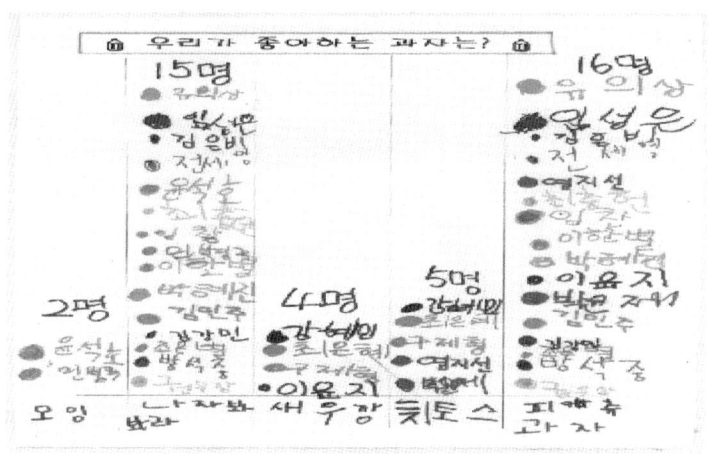

우리가 좋아하는 과자 　　출처 - 행복한아이들유치원

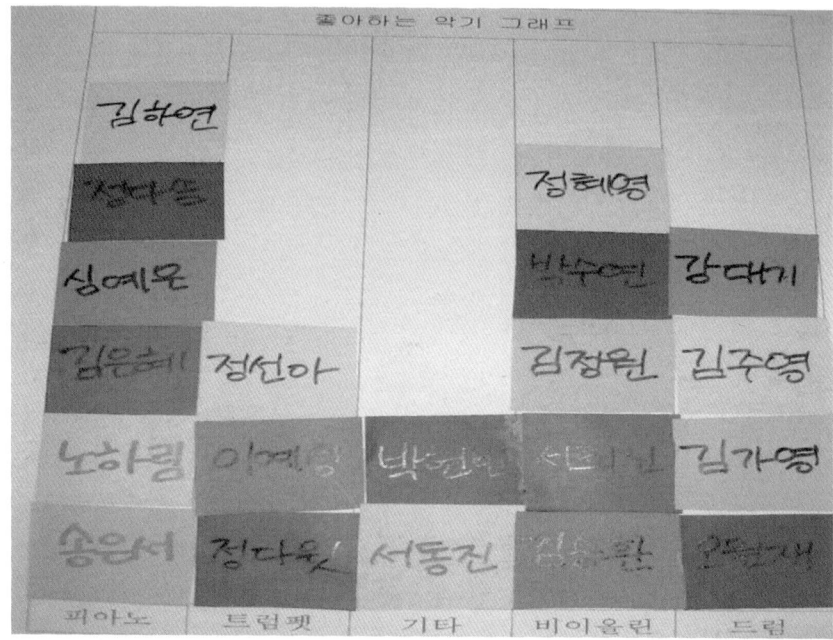

좋아하는 악기

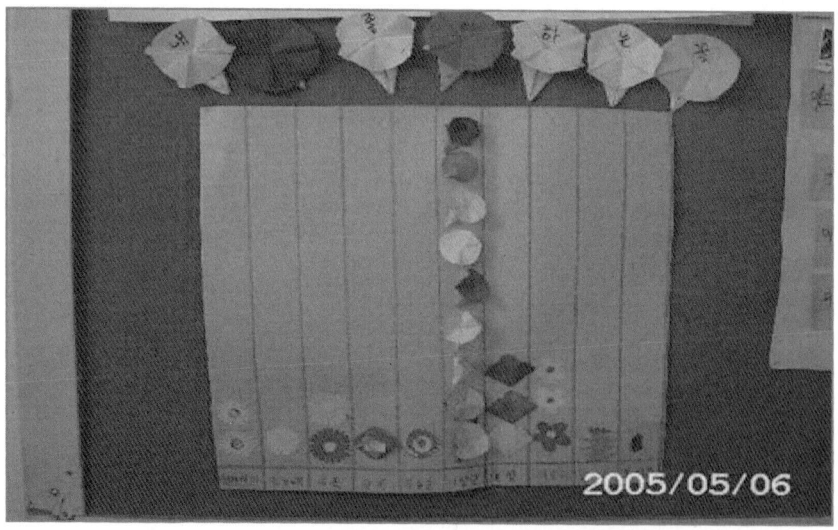

기호도 조사 예) - 내가 좋아하는 꽃   출처 - 상록유치원

안녕하세요.
아이들과 함께 "꽃"프로젝트를 진행하면서 우리 가족들이 좋아하는 꽃에 대해 알아보려 합니다.
좋아하는 꽃에 표시하셔서 월요일 등원 때까지 꼭! 보내주시기 바랍니다.

이름 :＿＿＿＿＿＿＿＿＿＿

우리 가족이 좋아하는 꽃은?												
종류	할아버지	할머니	아빠	엄마	언니	오빠	누나	형	남동생	여동생	나	기타
장미												
무궁화												
프라지아												
백합												
개나리												
진달래												
튤립												
해바라기												
채송화												
기타												

◆ 관찰조사

● 관찰조사란 어떤 사물을 지속적으로 관찰조사 하여 기록을 남기는 방법이다.

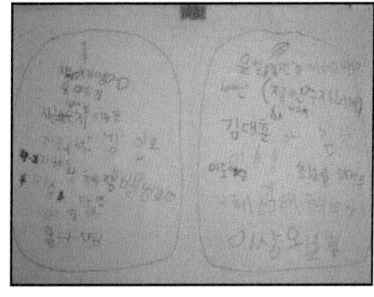

물이 있는 비커에 휴지를 넣고 강낭콩 씨앗을 심어서 관찰해요.

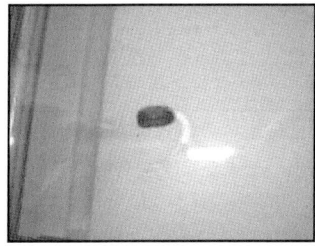
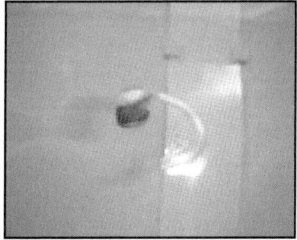

관찰해 보았더니 뿌리가 먼저 나고 잎이 나중에 나와요. 뿌리가 먼저 나와야 물을 먹고 더 크게 자랄 수가 있어요

관찰조사 예)　　　출처 – 상록유치원

싹이 나온 화분을 실
험 상자에 넣었어요.

관찰해 보았더니 신기
하게 구부러져서 구멍
으로 올라갔어요

줄기가 구멍을 찾
아서 가요.

관찰했어요.   출처 - 상록유치원

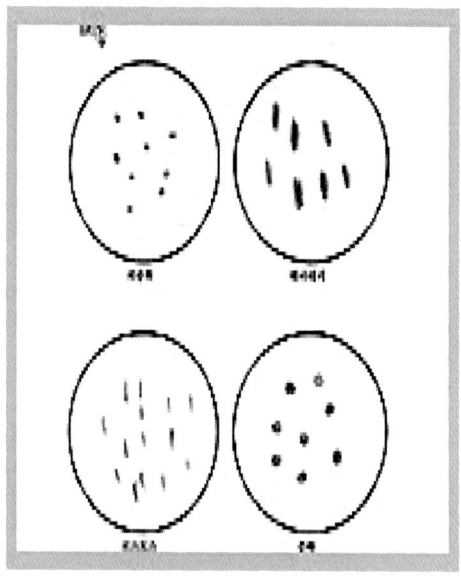

씨앗을 관찰했어요   출처 - 예인유치원

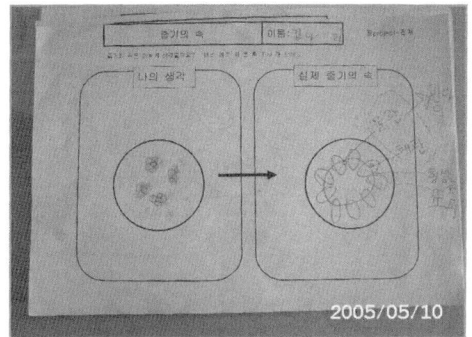

칼로 잘라 줄기의 속을 관찰하자

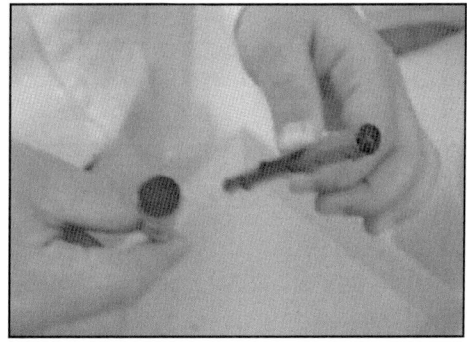

색깔 물을 먹고 난 후 줄기를 잘라보자

"줄기가 진짜 물을 먹나 봐
줄기의 색깔이 바뀌었어"

줄기를 관찰해요   출처 – 상록유치원

◆ 실험조사

● 어떤 사물에 대해 왜 그렇게 됐는지, 예상과 달리 결과가 어떻게 나오는지 실험을 통해 그 결과를 알아보는 방법이다.

싹들이 모두 햇빛을 보고 있어요

화분을
돌려 놓자

다시 제자리로 돌아왔어요

실험조사 예)   출처 - 상록유치원

　창가에 둔 화분에서 싹이 났다. 집에서 가져 온 화분도 창가에 두어 잘 자라게 했다.
　그런데 새싹들이 모두 창 밖을 향해 있었다. 아이들과 토의 한 결과 햇빛을 보고 있다는 결과가 나왔다. 진짜 햇빛을 보고 자라는지 알아보기 위해 실험을 해 보았다. 화분을 교실 쪽을 향하게 돌려 놓고 일주일 동안 관찰해 보았다.

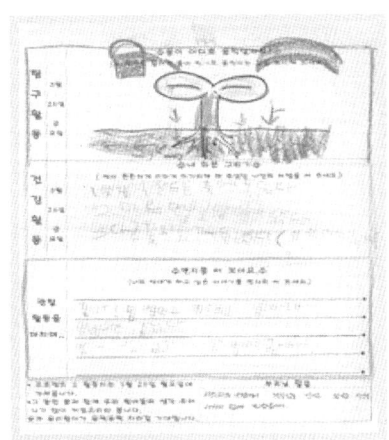

씨앗 관찰일지   출처 – 예인유치원

-실험 요리활동
• 우리가 먹을 수 있는 곳으로 요리를 한 후 사진을 찍어 보내달라고 부탁했습니다.

실험조사		이름:
	민들레를 이용한 요리 해보기(사진 찍어 붙이기)	
준비물	민들레, 고추장, 참기름, 깨, 소금, 마늘, 설탕	
방법	1. 민들레를 다듬는다. 2. 다듬은 민들레를 물로 여러 번 깨끗하게 씻는다. 3. 깨끗하게 씻은 민들레를 끓는 물에 데친다. 4. 데친 민들레에 고추장, 소금, 깨, 설탕, 마늘, 파등 온갖 양념을 넣고 버무린다. 5. 맛있게 먹는다.	

-다듬은 민들레-   -여러 번 물로 씻는 모습-

-깨끗하게 씻어서 채반에 건짐-   -끓는 물에 데치고 건져냄-

실험조사 – 요리실습

◆ 설문조사

● 설문조사는 기술, 탐색, 설명의 목적을 위해 개인이 분석단위인 연구에서 주로 사용

● 규모가 너무 커서 직접 관찰 할 수 없는 모집단을 기술하기 위해 최초의 자료를 수집할 때 이용할 수 있는 최선의 방법

● 설문조사기관으로는 갤럽, 해리스, 로퍼 등이 있다.

● 설문조사란 어떤 일에 대한 결과에 대해 얼마나 만족하는지 그 결과를 조사하는 방법이다.

◆ 설문조사 예) – 시장과 마트의 차이

● 1. 성별

　　(1)남 (2)여

● 2. 당신의 연령은 어떻게 되십니까?

　　(1)10대　　(2)20대　　(3)30대　　(4)40대 이상

● 3. 거주지가 어떻게 되십니까?

　　(1)인천시　　(2)서울시

　　(3)부산시　　(4)기타( )

● 4. 다음 중 어느 곳을 더 자주 이용하십니까?

　　(1)재래시장　　　(2)대형마트

● 5. 위의 곳을 더 자주 이용하시는 이유는 무엇 입니까?

　　(1)시설이 좋아서　(2)값이 싸서　(3)직원들이 친절해서　(4)가까워서　(5)기타( )

● 6. 다음 중 어느 곳이 더욱 환경이 좋다고 생각하십니까?

　　(1)재래시장　　　(2)대형 마트

● 7. 요즘 대형 마트로 인해 재래시장이 밀려나고 있습니다. 이를 어떻게 생각하십니까?

　　(1)안타까울 뿐이다.　(2)대형 마트가 더 좋은 건 사실이다.　(3)모르겠다.

● 8. 대형 마트와 재래시장에 생기는 문제는 무엇이라 생각 하십니까?

　　(1)대형마트와 재래시장의 시설문제

　　(2)대형마트와 재래시장의 환경문제

(3)대형마트와 재래시장의 품질문제

(4)잘 모르겠다.

◆ 갯벌에 대한 설문   출처 - 현대유치원

( ) 반 이름( )

[갯벌]이라는 주제로 교육을 통해 아이의 생각과 행동이 변하게 되었는지를
설문하고자 하니, 부모님들께서는 신중하게 답해 주시면 감사하겠습니다.

★ 갯벌의 개념

● 1. 갯벌에 가 본 경험이 있습니까?

    ① 1~2번 ② 3~4번 ③ 여러 번

● 2. 갯벌에 대해 부모님께 묻거나 이야기한 적이 있습니까?

    ① 그렇다   ② 그런 것 같다   ③ 그렇지 않다

● 3. 갯벌이란 무엇인지 아이가 알고 있습니까?

    ① 그렇다 ② 그런 것 같다   ③ 그렇지 않다

● 4. 갯벌 생물을 몇 가지 알고 있습니까?

    ① 1가지   ② 2~5가지   ③ 5가지 이상

● 5. 집에서 갯벌의 생물을 글이나 그림으로 표현한 적이 있습니까?

    ① 그렇다 ② 그런 것 같다   ③ 그렇지 않다

● 6. 갯벌 매립으로 인한 환경오염에 대해 이야기한 적이 있습니까?

    ① 그렇다 ② 그런 것 같다   ③ 그렇지 않다

● 7. 갯벌 매립으로 인해 피해를 받은 사람에게 불쌍한 마음을 가진 적이 있습니까?

    ① 그렇다 ② 그런 것 같다   ③ 그렇지 않다

★ 실천사항

● 1. 인터넷이나 신문, 잡지에서 갯벌에 대한 탐구학습에 관심을 갖습니까?

    ① 그렇다 ② 그런 것 같다   ③ 그렇지 않다

● 2. 열 가지 실천 사항 중 잘 지켜졌던 약속을 순서대로 세 가지만 적어주세요.

    ①   ②   ③

● 3. 열 가지 약속 지키기(실천사항)에 자발적으로 참여합니까?

　　① 그렇다　② 그런 것 같다　③ 그렇지 않다

● 4. 갯벌의 고마움에 대해 느끼고 그것을 표현한 적이 있습니까?

　　① 그렇다　② 그런 것 같다　③ 그렇지 않다

● 5. 갯벌이 필요하다고 느끼십니까?

　　① 그렇다　② 그런 것 같다　③ 그렇지 않다

● 6. 이번 주제가 아이들이 활동하기에 적합합니까?

　　① 그렇다　② 그런 것 같다　③ 그렇지 않다

※ 유아가 갯벌에 대한 탐구 활동을 하면서 얼마나 관심을 갖고 심리적 변화를 보이는지 부모님의 의견을 써주세요.

※ 갯벌이 계속적으로 매립되고 있습니다. 아이들의 활동을 통해 부모님 스스로 느낀 점이 있다면?

◆ 그 밖의 활동지

나의 이야기
책 만들기

내 친구를 소개합니다!

NIE – 내가 좋아하는 음식

내 꿈을 그려보세요

언어 – 말 풍선 넣기

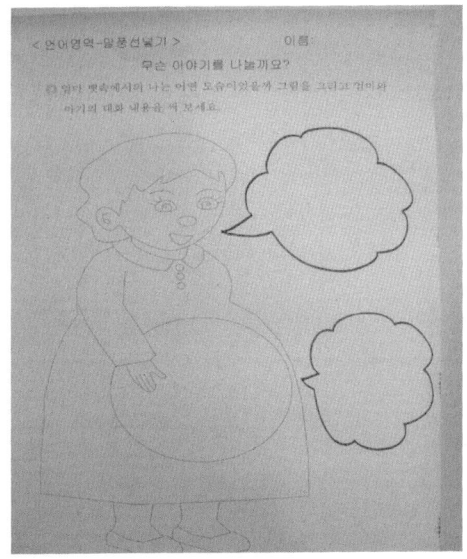

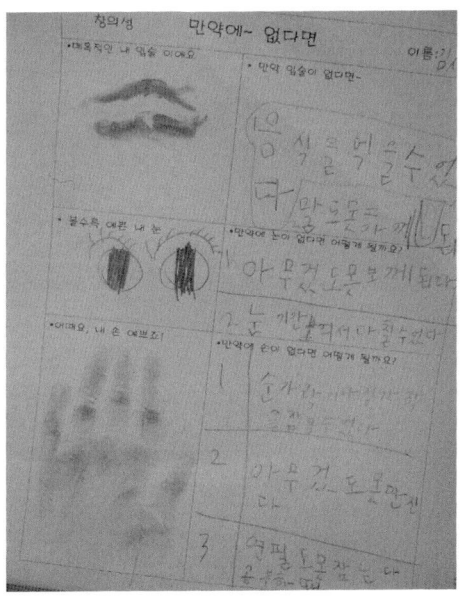

창의성 – 만약에~

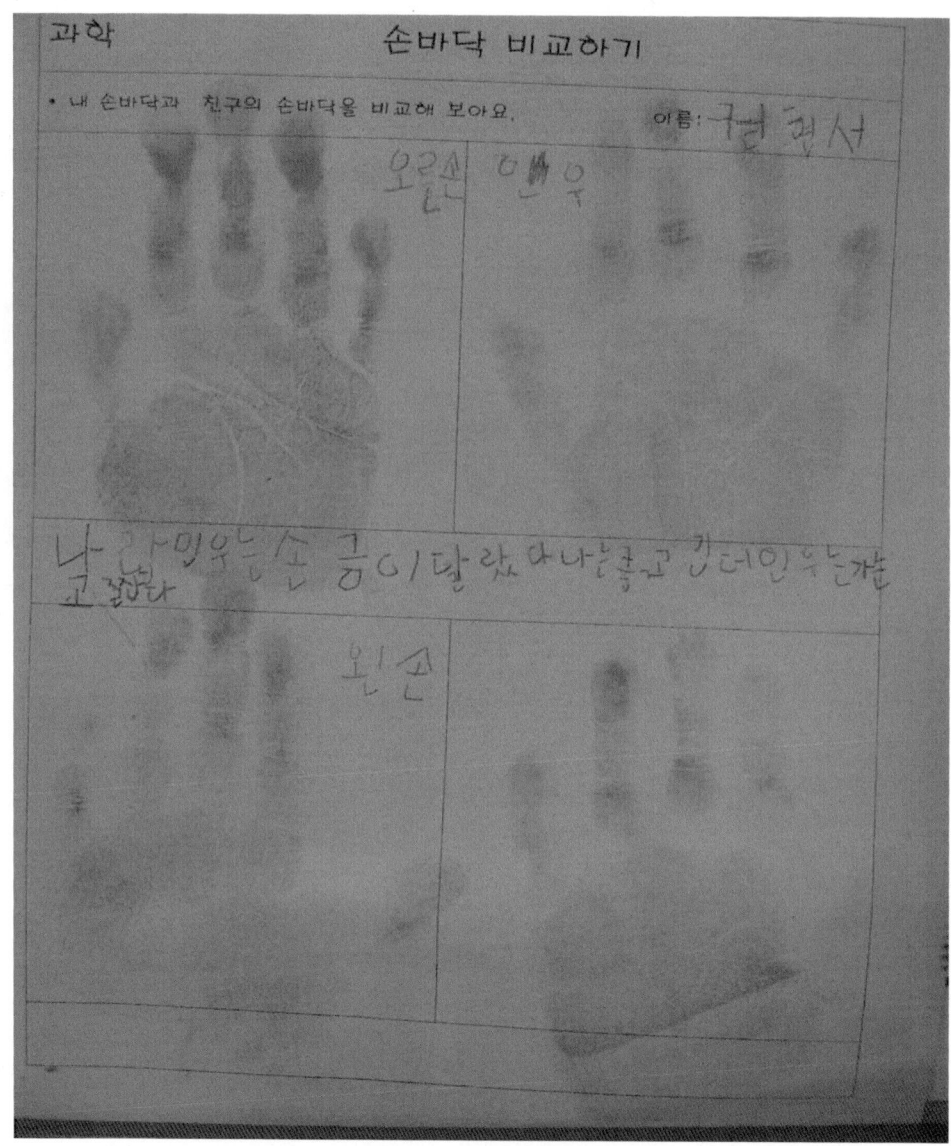

과학 – 손바닥비교하기

현장학습 보고서	이름 :_____	
언 제		
장 소		
무엇을 보았나요?		
기억에 남는 것을 그림으로 그리거나 글로 써 보세요		
느 낌		

뮤지컬 관람 보고서	이름 :_____	
언 제		
어디서		
제 목		
등장 인물		
재미있었던 일이나 기억에 남는 것을 그림으로 그리거나 글로 쓰세요.		
나의 느낌		

* 나비가 되는 과정의 그림입니다. 순서대로 번호를 적어
봅니다. (알-애벌레-번데기-나비)

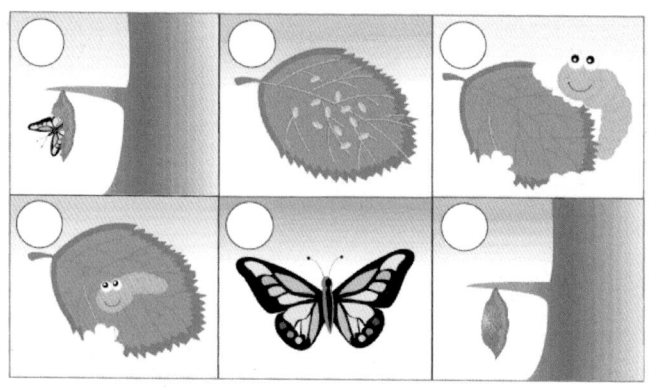

과학놀이	이름 :_____		
여기에도 거울이 있어요.			
다음 중에서 내 얼굴이 비치는 것을 찾아보세요.			
스테인리스	도자기	헝겊	호일
숟가락	나무 판	플라스틱	종이

NO WAY, THE HUNDRED IS THERE
어린이의 백 가지 언어

Loris Malaguzzi (이태리 레지오 에밀리아 창시자)

어린이는 백 가지로 이루어져 있습니다.

어린이는 가지고 있습니다.

백 가지의 언어

백 가지의 생각

백 가지의 생각하는 방법

백 가지의 놀이방법

백 가지의 말하는 방법

백 가지의, 언제나 백 가지 것에

귀 기울여 듣고, 감탄하고,

사랑하는 법을 노래하고

이해하는 것에 대한 백 가지의 기쁨

탐구해 나갈 백 가지의 세상

만들어 나갈 백 가지의 세상

꿈꿀 수 있는 백 가지의 세상

어린이는 백 가지의 언어를 가지고 있습니다.

그러나 사람들은 백 가지 중에

아흔아홉 개는 훔쳐가 버립니다.

학교와 문화는 우리의 몸과 머리를 따로 분리해 놓습니다.

사람들은 어린이에게 말합니다.

- 손으로 생각하지 마라
- 머리로 생각하지 마라
- 듣기만 하고 말은 하지 마라
- 기쁨은 느끼지 말고 이해만 해라
- 단지 부활절이나 성탄절에만 사랑하고 감탄해라
- 사람들은 말합니다.
- 이미 만들어져 있는 세상을 발견하도록 하라
- 그리고 백 가지 세상 중 아흔아홉 개는 훔쳐버립니다.
- 사람들은 어린이에게 말합니다.
- 공부와 놀이
- 현실과 상상
- 과학과 상상
- 하늘과 땅
- 논리와 꿈
- 섞어질 수 없는 것이라고 말합니다.
- 그리고 사람들은 어린이에게 말합니다.
- 백 가지의 것은 존재하지 않는다고
- 그러나 어린이들은 외칩니다.
- 천만에요! 백 가지는 있어요.

참고 문헌

김영호(1999). 프로젝트 교육사례: 레지오 에밀리아 접근법의 이론과 실제. 서울: 학지사.

이기숙(1997). 유아교육과정(개정판). 서울:교문사.

지옥정(1997). 유아교육현장에서의 프로젝트 접근법. 서울: 창지사

Berk,E.L.,& Winsler,A.(1995).어린이들의 학습에 비계설정(Scaffokling): 비고스키와 유아교
육 홍용희(역),서울: 창지사.1995.

Carolyn Edwards・Lella Gandini,George Forman(1996). 어린이들의 수많은 언어 – 레지오
에밀리아의 유아교육. 김희진・오문자(옮김).서울: 정민사

Chard,C.S.(1992,1994). 프로젝트 접근법: 교사를 위한 실행 지침서, 지옥정(역). 서울: 창지사.
1995.

Dewey,J.(1916). 존듀이: 민주주의와 교육. 이홍우(역). 서울: 교육문화사. 1987.

Donaldson,M(1978). Children's mind. New York: Norton

Katz,G.L & Chard,C.S.(1989). 유아들의 마음 사로잡기. 이윤경・석춘희(공역)서울: 이화여자
대 학교 출판부. 1996.

Katz,L.G.(1996).프로젝트 접근법의 이론과 실제. 한국유아교육학회 1992년도 교사 워크숍.

Katz,L.G. The Project Approach. Urbana, IL: ERIC Clearinghouse on Elementary and
Early ChildhoodEducation, 1994, EDO−PS−94−6.

Kilpatrick,J.W. (1925) Foundation of methods: Informal talks on teaching. New York:
The MacMilan Company.

〈프로젝트법에 관한 논문명(제목 발표자 학위)〉

채순희(2002). 프로젝트 접근법이 유아의 과학적 문제해결력에 미치는 영향. 大邱大 敎育大學院 학위논문(석사)

이화영(2001). 프로젝트 접근법에 의한 슈퍼마켓프로젝트 프로그램이 유아의 경제기본개념 형성에 미치는 영향. 成均館大學院 학위논문(석사)

조정숙(2001). 프로젝트 접근법이 유아의 창의성 및 프로젝트 수행능력에 미치는 효과. 啓明大 敎育大學院 학위논문(석사)

신여정(2001). 프로젝트 접근법이 유아의 언어 발달과 사회적 능력에 미치는 효과. 啓明大敎育大學院 학위논문(석사)

손영미(2001). 프로젝트 중심 방과후 교육활동이 초등학교 1학년 아동의 학교생활 인식에 미치는 영향. 한국교원대 교육대학원 학위논문(석사)

김숙희(2001). 프로젝트 접근법이 유아의 어휘력 및 언어 표현력에 미치는 영향. 대구대 교육대학원 학위논문(석사)

박민정(2001). 레지오 에밀리아 프로젝트 접근법에서의 유아미술의 효과 연구. 淑明女大 敎育大學院 학위논문(석사)

채기숙(2001). 빛과 그림자 프로젝트 전개 과정에 나타난 유아의 과학적 사고과정의 변화 中央大 敎育大學院 학위논문 석사

김시은(2000). 프로젝트 접근법과 유아의 창의력성에 미치는 효과 덕성여대 교육대학원 학위논문(석사)

허지영(2000). 프로젝트 프로그램이 유아의 창의성에 미치는 효과. 신라대 교육대학원 학위논문(석사)

김지영(2000). 프로젝트 접근법과 몬테소리 프로그램의 상호작용 비교. 신라대 교육대학원 학위논문

박현선(2000). 프로젝트 중심 유아환경교육의 운영과 효과에 관한 연구. 淑明女大 敎育大學院 학위논문(석사)

김태호(2000). 프로젝트 접근법이 유아의 사회·정서적 발달과 일과 수행에 미치는 영향. 全北大 敎育大學院 학위논문(석사)

장진옥(2000). 나를 주제로 한 프로젝트 접근법이 유아의 자아개념과 社會·정서 발달에 미치는

영향. 順天鄕大 敎育大學院 학위논문(석사)

강정희(2000). 프로젝트 접근법이 유아의 언어 및 사회·정서 발달에 미치는 영향. 順天鄕大 敎育大學院 학위논문(석사)

이정선(2000). 프로젝트 접근법이 유아의 사회적 유능감에 미치는 영향. 원광대 교육대학원 학위논문(석사)

박현진(2000). 프로젝트 접근법의 적용이 유아의 발달수준 및 자아개념에 미치는 영향. 원광대 교육대학원 학위논문(석사)

김경미(2000). 프로젝트 접근법이 유아의 언어 및 사고능력에 미치는 영향: '우리 몸' '떡', '나뭇잎'프로젝트 활동을 중심으로. 명지대 교육대학원 학위논문(석사)

박정언(2000). 유치원 교실 내 프로젝트 활동에 관한 참여 관찰 연구: 교사의 역할을 중심으로. 영남대 교육대학원 학위논문(석사)

이경철(2000). 프로젝트 접근법이 만4·5세 유아의 사회·정서 및 창의성 발달에 미치는 효과. 金山大 敎育大學院 학위논문(석사)

최기분(1999). 「브레인스토밍활동」의 유아교육현장 적용상의 문제점과 대처방안. 서원대 교육대학원 학위논문(석사)

이분삼(1999). 프로젝트 접근법에 대한 교사들의 관심도와 활용수준. 서원대 교육대학원 학위논문(석사)

이경희(1999). 프로젝트 접근법이 유아의 언어 및 사고능력에 미치는 영향. 한국외국어대 교육대학원 학위논문(석사)

김경숙(1999). 프로젝트 접근법에 의한 유아의 표상능력의 변화. 인제대 교육대학원 학위논문(석사)

백선희(1999). 프로젝트 접근법이 5세 유아의 상호작용에 미치는 영향. 順天鄕大 교육대학원 학위논문(석사)

윤종남(1999). 프로젝트 접근법이 유아의 학습준비도와 사회·정서발달에 미치는 효과. 順天鄕大 1999 372.218 ㅇ532ㅍ 학위논문(석사)

서현옥(1999). 프로젝트 접근법에 혼합연령 집단과 단일 연령 집단 간의 사회적 행동과 프로젝트 수행능력의 차이. 啓明大 敎育大學院 1999 372.218 ㅅ224ㅍ 학위논문(석사)

유순자(1999). 프로젝트 접근법을 통한 유아의 진로 인식 효과에 관한 연구. 建國大 敎育大學院 학위논문(석사)

이무선(1999). Project 접근법을 위한 유아 미술교육에 관한 연구. 詳明大 敎育大學院 학위논문(석사)

김정희(1999). 프로젝트 접근법의 효율적 실시를 위한 부모교육. 慶南大 敎育大學院 학위논문(석사)

강혜경(1999). 프로젝트 접근법 활용이 유아의 창의력 사고에 미치는 영향. 東國大 敎育大學院 학위논문(석사)

김성은(1999). 2~3세 유아의 프로젝트 접근법의 과정 및 교사의 역할. 東國大 敎育大學院 학위논문(석사)

최수경(1999). 유치원에서의 프로젝트접근법 실시 현황 및 교사의 인식 梨花女大 敎育大學院 학위논문(석사)

서경희(1999). 프로젝트 접근법이 유아의 언어 및 사회·정보발달에 미치는 영향 仁川大 敎育大學院 학위논문(석사)

왕경순(1999). 다중지능에 기초한 프로젝트 활동이 초등학교 아동의 과학 학업 성취도에 미치는 영향. 釜山敎育大學院 학위논문(석사)

김지연(1998). 빛과 그림자 프로젝트 전개과정 관찰. 中央大 敎育大學院 1998학위논문(석사)

이정순(1998). 프로젝트 활동이 유아의 사회정서 발달 및 프로젝트 수행 능력에 미치는 효과. 啓明大 敎育大學院 학위논문(석사)

강은정(1999). 단원중심 교육과정에 기초한 프로젝트 접근법의 적용. 慶南大 敎育大學院 학위논문(석사)

배장주(1998). 프로젝트 접근법과 몬테소리 프로그램의 비교연구. 成均館大 敎育大學院 학위논문(석사)

권 옥 (1998). 프로젝트 접근법에서 집단크기에 따른 유아의 사회적 행동 및 프로젝트 수행능력에 관한 연구. 啓明大 敎育大學院 학위논문(석사)

박명숙(1998). 프로젝트 접근법이 유아의 미술활동에 미치는 영향. 誠信女大 大學院 학위논문(석사)

박경은(1998). 프로젝트 접근법에 의한 자아개념 증진 프로그램이 유아의 긍정적 자아개념 형성에 미치는 영향. 成均館大 敎育大學院 학위논문(석사)

우명자(1998). 레지오 에밀리아의 접근법에 따른 자전거 프로젝트의 전개과정. 中央大 敎育大學院 학위논문(석사)

최송림(1998). 프로젝트 접근법이 아동의 사회·정서발달과 창의성 발달에 미치는 영향. 全北大 敎育大學院 학위논문(석사)

김정희(1998). 프로젝트 활동이 유아의 사고력에 미치는 영향. 大邱大 敎育大學院 학위논문(석사)

안소영(1998). 프로젝트 접근법이 유아의 상호작용에 미치는 영향. 淑明女大 敎育大學院 학위논문(석사)

김혜선(1998). 유아교육과정 운영에서의 프로젝트 접근법 적용에 관한 연구. 梨花女大 敎育大學院 학위논문(석사)

지옥정(1998). 프로젝트 접근법이 유아의 학습준비도, 사회·정서발달, 자아개념 및 프로젝트 수행능력에 미치는 효과. 韓國敎員大 大學院 학위논문(박사)

전남련(2006.12)프로젝트 접근법의 이론과 실제(유아교육기관 교사를 위한) 양서원

최소자외(2005.8)프로젝트 접근법의 사례연구1 창지사

지옥정(2005.5)프로젝트 접근법의 유아교육현장 적용(프로젝트 학습 공동체를 통한) 창지사

이명조(2007.5)프로젝트 접근법(유아교육현장에 쉽게 적용할 수 있는) 동문사

최소자(2006.2)프로젝트 접근법의 사례연구5 창지사

최소자(2005.9)프로젝트 접근법의 사례연구4 창지사

최소자(2004.2)프로젝트 접근법의 사례연구3 창지사

조형주(2004)프로젝트 접근법에 대한 유치원교사들의 인식과 현장적용실태에 관한 연구. 관동 대학교 교육대학원 학위논문(석사)

박선미(2004)웹프로젝트 접근법의 활용 방안에 관한 분석 연구. 숙명여대 교육대학원 학위논문(석사)

채행찬(2004)프로젝트 접근법이 유아의 인지양식에 미치는 영향. 상명대학교 대학원

서성주(2003)프로젝트 접근법을 통한 공과 공부. 영남 신학대학교 신학대학원

박남희(2004)프로젝트 접근법이 유아의 발달 수준과 프로젝트 수행능력에 미치는 효과

구성수(2004)프로젝트 접근법이 만5세 유아의 창의성의 미치는 영향 순천향 대학교 교육대학원 학위논문(석사)

전정민

- **약력**

  성균관대학교 미술학(전공: 시각디자인) 석사
  성균관대학교 아동학(전공; 유아교육) 박사
  서울대학교 교육학과(전공; 교육심리 특별수강생)박사과정수료
  월간유아문화센타 전문강사(프로젝트)
  엔젤유치원 원장
  성균관대학교 강사
  군장대학 강사
  성균관대학교 BK21 인재양성문화사업단 연구원
  국제디지털대학교 겸임교수

- **주요논저**

  「유아기의 인지발달을 위한 시각디자인의 역할(수 개념 중심)」, 석사논문
  「창의영재프로그램 효과 확인 연구(Art 프로젝트 중심)」, 박사논문
  「유아용 다중지능측정도구 타당화 연구」, 학회논문
  「창의영재 레오나르도 다빈치 연구(다중지능 중심)」, 학회논문
  『신 아동교육 실천을 위한 프로젝트 접근법』, (어린이 뜰)
  『프로젝트 창의자료전집』, (교육아카데미)
  『칼 섬머 창작인성교육동화자료전집』, 편저(교육아카데미)

〈프로젝트 연구원〉

김정미

  현 성균관대학교 생활과학대학원 보육경영 석사과정
  현 백석유아센터 원장
  현 프로젝트사랑 연구소 책임연구원

이은주

  현 성균관대학교 생활과학대학원 보육경영 석사과정
  현 소망어린이집 교사
  현 프로젝트 사랑 연구소 연구원

이론과 실제를 함께 배우는
프로젝트 접근법

· 초판 인쇄	2008 년 2 월 29 일
· 초판 발행	2008 년 2 월 29 일
· 지 은 이	전정민
· 펴 낸 이	채종준
· 펴 낸 곳	한국학술정보㈜
	경기도 파주시 교하읍 문발리
	파주출판문화정보산업단지 513-5
	전화 031)908-3181(대표) · 팩스 031)908-3189
	홈페이지 http://www.kstudy.com
	e-mail(출판사업부) publish@kstudy.com
· 등 록	제일산-115 호(2000. 6. 19)
· 가 격	30,000원

ISBN   978-8   book)
          978-89-534-8174-9 98370 (e-book)